脱离

中等收入

陷阱

苏京春——著

山西出版传媒集团
山西经济出版社

图书在版编目（CIP）数据

脱离中等收入陷阱 / 苏京春著.—太原：山西经
济出版社，2019.11
ISBN 978-7-5577-0576-3

Ⅰ.①脱… Ⅱ.①苏… Ⅲ.①中国经济 — 经济发展 —
研究 Ⅳ.①F124

中国版本图书馆CIP数据核字（2019）第209921号

脱离中等收入陷阱

TUOLI ZHONGDENG SHOURU XIANJING

著　　者：苏京春
出 版 人：张宝东
选题策划：李慧平
责任编辑：熊汉宗
复　　审：李春梅
终　　审：李慧平
封面设计：张志奇工作室　　张志奇

出 版 者：山西出版传媒集团·山西经济出版社
地　　址：太原市建设南路21号
邮　　编：030012
电　　话：0351-4922133（市场部）
　　　　　0351-4922085（总编办）
E - mail： scb@sxjjcb.com（市场部）
　　　　　zbs@sxjjcb.com（总编室）
网　　址：www.sxjjcb.com

经 销 者：山西出版传媒集团·山西经济出版社
承 印 者：山西人民印刷有限责任公司

开　　本：787mm×1092mm　　　1/16
印　　张：18
字　　数：266千字
版　　次：2019年11月　第1版
印　　次：2019年11月　第1次印刷
书　　号：ISBN 978-7-5577-0576-3
定　　价：58.00元

序

京春的新书《脱离中等收入陷阱》邀请我作序，看到她不断有科研成果问世，心中甚慰。她的博士研究生阶段是由我任指导教师，近些年来我们又合作努力深入研究了一系列理论和政策问题，我对她的成长比较了解，也很高兴看到她继续在学术研究之路上踏实努力而形成的新作。

"中等收入陷阱"这个概念最早是世界银行于 2006 年在《东亚经济发展报告》中提出的。相关研究表明，近半个世纪来全球 100 多个中等收入经济体中，仅有其中约十分之一、占绝对少数的国家和地区，能够如愿跨越"中等收入陷阱"，即成为从上中等收入再上升为高收入的经济体。其中，巴西、塞舌尔、委内瑞拉等国家，都经历过"晋级—退出—再晋级—再退出"的痛苦过程。

中国是否面临"中等收入陷阱"？能否跨越？近年来学界对此众说纷纭。我不赞成"中等收入陷阱"是"伪问题"的"否定派"观点，也不赞成中国跨越陷阱毫无悬念、指日可待的"乐观派"观点。"中等收入陷阱"显然是个比喻性的说法，用语如何更为准确，完全可以见仁见智，但其所指，则是世界范围内基于大样本的一种可归纳、需注重的统计现象。"从未如此接近伟大民族复兴愿景"的中国，切不可对前面 90% 经济体的前车之鉴掉以轻心，切不可在已有发展成就基础上忽视"行百里者半九十"的挑战性。可以说，如何跨越"上中等收入陷阱"是一个关乎现代化"中国梦"命运的顶级真问题。对此，非常有必要"高瞻远瞩",以"老成谋国"之心看待。当前阶段,特别需要居安思危、防患未然,保持战略思维的应有水准,高度重视对可能的种种风险及时察觉,清晰预警。虽然中国拜改革开放之功,已成功跨越了"下中等收入陷阱",但当前却是站在"上中等收入陷阱"边缘:"黄金发展期"的特征正在消退,而"矛盾凸显期"的特征日益显著,近年来经济增长正在认识、适应和引领"新常态"中形成一系列的纠结和"两难"。在"改革"和"社会矛盾累积"这"两只老虎的赛跑"中,在不期而至的中美贸易摩擦升级面前,我们惟有坚定不移地推进改革,保证以有效制度供给和包容性增长化解种种矛盾和风险的威胁,才能使新常态由"新"入"常",打造中高速的高质量发展"升级版"而奋力跨越上中等收入陷阱。

本书对"中等收入陷阱"的系统化分析论述,是京春在近年与我合作研究的相关学术论题基础上的进一步充实和发展。这个问题在认识上仍争议纷纭,不是一两个人、一两本书能够说得完的。京春在攻读博士学位期间,听过我名为"中国当前面临的十大问题"的讲座后,即提出对其中涉及的"中等收入陷阱"问题十分感兴趣,有意开展研究,我很鼓励她。那时,她作为研究切入点的概念,被称为"福利陷阱",与经济赶超理论相结合,经过约一年半时间的攻读研讨,形成了一部像模像样的博士研究生毕业论文,由经济科学出版社出版,可算是她在这方面研究迈出的重要的第一步。此后,我和她又深入研讨分析世界银行的相关数据,陆续于 CSSCI 期刊发表了关于此问题的系列文章,并最终形成了《中国的坎:如何跨越中等收入陷阱》这本专著,由中信出版集团出版,荣获中国图书评论协会和央视联合举办评选的 2016年"中国好书",也成为她在这方面研究的第二步。现今这本专著,又是在以上研究基础上的新进展,其中包括我们在合作研究中所形成的一些共识与成果,也展现了她着力认识全球格局过程中的分析路径和工作量可观的数据处理,进而展开考察论述经济增长中的多种相关要素，并以发展经济学视角对中国省域发展阶段进行了分组比较研究。可以说，形成了一份拉长线、有所积淀、又有新的发现的第三步成果。

  京春对学术研究始终怀有好奇心与极大热忱，做出了坚持不懈的努力。我期待她今后能保持这种执著，并更多注重开展现实调研，进一步拓宽学术视野，以及优化方法论方面的功力积淀，从而更好地发挥她于经济科学研究和相关政策研究方面的潜力，为国家的现代化更多贡献研究人员的一分力量。

贾 康

2019 年 11 月于北京

原财政部财政科学研究所所长

华夏新供给经济学研究院院长

目

录

中等收入发展阶段的特殊性

虽然这一概念的表述在其形式上及量化边界上还带有某种弹性与模糊性，但"中等收入陷阱"绝非一个有些论者所称并不存在的"伪问题"。

迄今为止，对"中等收入陷阱"这一概念的相关讨论已有许多。虽然这一概念的表述在其形式上及量化边界上还带有某种弹性与模糊性，但"中等收入陷阱"绝非一个并不存在的"伪问题"。

中国经济发展正处于国际比较参照系下的中等收入发展阶段，同时也处于推进全面改革与全面法治化的"攻坚克难"时期。有关"中等收入陷阱"到底是否存在、如何解读与应对的讨论中，近来异常激烈，特别是有观点直指中等收入陷阱概念本身，认为其根本上就是一个伪问题和认识上的"概念陷阱"。

判断中等收入陷阱是伪命题的观点和看法主要分为四种类型：其一是认为"中等收入陷阱"缺乏系统的发展经济学理论和增长经济学理论的支撑和实践依据。比如有些观点认为中等收入经济体目前并没有合适的经济理论加以描述。其二是质疑中等收入陷阱这一概念被贴标签、被扩大化且其量化指标不具合理性。比如一些专家学者认为中等收入陷阱这一概念范畴被扩容，中等收入陷阱的概念应当仅局限于劳动力要素成本上升后本国产业结构升级和科技创新受阻从而遭遇的发展困境，而不是发展中国家在经济发展过程中面临的所有问题。并指出经济增长过程的任何阶段都会出现因改革受阻和原有优势消减而出现的阶段性经济增长停滞。其三是认为"中等收入陷阱"的判定标准不科学。比如有些观点认为将一国的人均 GNI（国民总收入）视为是否跨越"中等收入陷阱"的量化指标不具有合理性，且量化指标的不同选择会影响对低、中、高经济体经济发展的差距判断。其四是质疑中等收入陷阱在中国的适用性，将"中等收入陷阱"用于刻画中国目前面临的经济社会发展的挑战不利于解决现有问题。比如一些观点认为中国面临的并非"中等收入陷阱"而是"转型陷阱"，用"中等收入陷阱"这个概念会促使人们过度关注经济停滞现象而忽视了实质性改革受阻造成的隐患。与此同时，还有一些观点认为中国面临的是"现代化陷阱"而非"中等收入陷阱"。

根据对多个进入中等收入阶段经济体样本的发展实证情况和相关问题的追踪，我们认为必须强调：中等收入陷阱显然是世界范围内一种可归纳、需注重的统计现象，反映着现实生活中无可回避的真问题。而且，应进一步强调：立足于当下，放眼于中长期经济社会发展，对于艰难转轨、力求在"和平发展"中崛起的中国来说，这是一个关乎其现代化"中国梦"命运的、必须严肃面对的顶级真问题。针对这一中国在经济社会发展过程中关乎"中国梦"如期实现的顶级真问题，本书尝试为读者全面解析中等收入发展阶段，力求通过翔实的数据分析，展示经济发展阶段判断标准基础上的全球经济演进格局，并以长期发展视野为背景来筛选、认定成功跨越"中等收入陷阱"的经济体，描述其中代表性国家和地区的发展轨迹以及跨越陷阱的一些相关指标，从而为中国直面这一真问题而寻求经济学视角的底线标准和可借鉴经验。在认识成功者的同时，我们还应注重已经落入陷阱的为数更多的经济体的前车之鉴。本书基于世界银行数据，同口径描述全球中等收入组的概貌，进而认识中国在中等收入组的位置和特征，而落入陷阱者的经济发展轨迹，则是我们特别关注的另一方面。

对于经历"黄金发展期"又于近年遭遇"矛盾凸显期"且经济发展态势已步入"新常态"的中国宏观经济，讨论如何避免"中等收入陷阱"这一问题，其现实意义是显而易见的：不能认为前面三十几年总体发展得还不错，GDP（国内生产总值）年均增长近两位数，经济总量持续名列前茅，只要照原样一路发展下去，就可以理所当然达成高收入阶段的到来和实现"现代化伟大民族复兴中国梦"了。如不能有效化解矛盾攻坚克难实现升级换代式的发展，有大量"中等收入陷阱"案例作为前车之鉴。

在已有的发展经济学相关研究当中，拉美和加勒比地区是公认的落入陷阱者的代表，其国内盛行的民粹主义情愫和福利赶超路径选择，实际上是导致其落入陷阱的起点和重要原因，中国与拉美地区发展轨迹和发展背景在一定程度上的相似性，足以警示我们以此为鉴。

中国的经济发展已经走到现代化过程的关键性历史时期。直面"中等收入陷阱"这一真问题，应当坚持从追赶到赶超的发展大计，信念坚定地寻求在超常规发展中突破"天花板"的路径与方略。全球格局下，中国当然不能仅仅依靠"比较优势"，而是必须顶住经济发展先行者对后来者的压力，力求通过经济追赶真正达成赶超！在追赶过程中，中国基本已经走过技术模仿的阶段，赶超阶段中制度红利的发挥及其对技术创新激发作用的重要性愈发凸显，而中国的制度变革必须完成攻坚克难取得决定性成果。因此，我们必须强调、再强调：制度供给是中国经济社会现代化最可选择的"关键一招"和"后来居上"的龙头支撑因素，而具有公共品性质的"制度"，需要政府发挥强有力的作用来加强其有效供给。制度与行为的联通，决定着中国国家治理的现代化与潜力、活力释放。在优化制度供给的过程中，还应当特别注意在和平发展、全球"命运共同体"中寻求共赢，通过制度变革的成功，来保障科学技术"第一生产力"的潜力释放、实体经济"升级版"的实现，从而真正以"追赶—赶超"，真正脱离"中等收入陷阱"。

本书是在十余年持续研究基础上形成的，其最初的研究源自博士研究生阶段的思考，而后随着逐步的深入探索与反思，点点滴滴地形成了多篇阶段性成果。在此过程中，笔者博士研究生阶段的导师贾康先生一直给予着重要持续指导、多方鼓励支持，本书学术研究方法、结论与思想，均承于恩师。笔者在此对贾康先生表示特别感谢。本书非竞争性要素的研究，是在博士教学过程中与许静博士教学相长互动所获成果，在此对许静博士表示感谢。本书整理、出版、联络等事宜，我的硕士研究生孙蕾和盛中明付出了诸多努力，在此也对他们表示感谢。最后，本书的出版还得益于山西经济出版社的领导，以及责任编辑熊汉宗先生一如既往的支持，特此感谢。

经济发展与增长是一个引人入胜的领域，其动态变化的脚步却从未停歇，囿于知识体系、视野、学科基础、相关研究训练、精力与时间等的限制，此书还有许许多多不尽如人意之处，笔者只能憾请诸位读者海涵，并报以更多的研究努力吧。

第 一 章

什么是中等收入陷阱

"中等收入陷阱"的实质是增长陷阱，即中等收入阶段经济增长停滞徘徊状态，实际上是在全球范围内不同经济体经济发展水平比较基础上产生的概念，或者说是能够从统计数据的比较中明确观察到的一种统计现象，是对真实存在的情况的概念总结。

中等收入陷阱的本质 📌

世界银行于 2006 年在《东亚经济发展报告》中，首度提出"中等收入陷阱"这一名词，并描述性地指出："使各经济体赖以从低收入经济体成长为中等收入经济体的战略，对于它们向高收入经济体攀升是不能够重复使用的，进一步的经济增长被原有的增长机制锁定，人均国民收入难以突破 10000 美元的上限，一国很容易进入经济增长阶段的停滞徘徊期。"在这种特殊的停滞徘徊期内，经济增长往往呈现低速、停滞甚至急转直下、雪上加霜并难以企稳向好的特征，被形象地称为"落入中等收入陷阱"。

"中等收入陷阱"的实质是增长陷阱，即中等收入阶段经济增长的停滞徘徊状态。中等收入陷阱实际上是全球范围内不同经济体经济发展水平比较基础上产生的一个概念，或者说是能够从统计数据的比较中明确观察到的一种统计现象，是真实存在情况的概念总结。

基于全球实践的研究表明，可以将已经跨越中等收入陷阱的成功者代表分成两类，一类是通过引领产业革命，靠技术硬实力跨越中等收入陷阱的英国和美国，另一类则是通过后发"追赶—赶超"度过中等收入发展阶段的日本和韩国。成功者之所以能够成功，可以说最直接的原因就是无论通过技术研发还是技术扩散或模仿，最终都达成了全球范围内的技术领先，一方面使本国经济腾飞，另一方面也不断从供给侧改变着国人的生活方式。同时，我们需特别注意的一种现实情况，是经历"追赶—赶超"而成功的案例中，罕有大国。这些又引发了我们对制度和技术两大成功支撑基点相互关系的思考。通过考察和描述经济增长实践模型的演变，我们能够看出经济增长研究中对制度因素和技术因素的应有重视，实际上两者关系的"黑箱"尚未打开。"制度"作为一项人们在不断尝试却尚未成功做出全方位描述的因素，其与技术并非简单的"鸡生蛋"或"蛋生鸡"的关系，而是在不同阶段表现出不同的特点：就成功者的经验看，在经济的后发追赶阶段，技术受到外溢性影响而水平不断提升，倒逼制度生成和发展，而在赶超实现的阶段上，往往是制度红利得到更大发挥并扮演更为关键的角色，从而刺激技术自主研发进而实现引领。

基于数据的研究表明，中等收入陷阱还可细分为"下中等"和"上中等"两段，中国已经成功跨越"下中等收入陷阱"，但结合全球格局，从经济社会发展现状来看，正面临"上中等收入陷阱"的严峻考验。这一点，从城镇化的相关研究也能够得到印证。除了全球和总量视角以外，中国经济发展还存在一些十分关键的时代元素与基本国情，致使"中等收入陷阱"这一问题更加无可回避、必须高度重视。

中国正在践行的"三步走"现代化战略，实际上可清晰勾画出和平发展中的"追赶—赶超"路线。时至今日，经济增长已然步入"新常态"，上下行因素不断对冲，下行压力愈发凸显，中国经济"升级版"增长平台的打造置身于国际合作与竞争中的"五位一体"与"四个全面"大背景下。产业革命加速更迭，给中国经济带来"紧迫压力"，技术战略储备亟待未雨绸缪；中国经济已然在全球经济发展格局钳制下坐上了炙热的"第二把交椅"，增长中面临着"胡焕庸线"格局下的能源、资源和生态环境制约，世界最大基数的人口规模与老龄化等结构性问题，使"矛盾凸显"与制约仍在不断加剧；悠久历史下形成的传统文化与科学技术飞速发展的现代文化形成对冲力量，在一定程度上产生"软实力"不足的负面影响；制度变革正处于改革深水区攻坚克难的状态；诸多因素的综合作用下，中国直面"中等收入陷阱"而力求做出跨越的问题，就显得更加严峻，有更强烈的紧迫感！

▎经济发展中还有哪些陷阱 📌

在"中等收入陷阱"这一概念影响下，学界又出现许多名词描述中等收入发展阶段中产生的"陷阱"，常见的说法包括：修昔底德陷阱、转型陷阱、拉美陷阱、福利陷阱、金融陷阱、塔西佗陷阱、捧杀陷阱等等。实际上，这些名词使我们对中等收入发展阶段的判断和认识视角趋于多样化，并使相关讨论开阔而复杂。

古希腊著名历史学家修昔底德曾感慨古希腊与斯巴达之间的战争，总结道："使得战争无可避免的原因是雅典日益壮大的力量，还有这种力量在斯巴达造成的恐惧。"公元前 5 世纪，古雅典迅速崛起，这让地处伯罗奔尼撒半岛的强权霸主斯巴达陷入恐慌，斯巴达人迅速对此做出反应，威胁古雅典的发展，这种对抗逐渐演变成冲突，而持续的冲突最终导致两个城邦的覆灭。时移世易，修昔底德的这种感慨在现实中只是换了角色，其逻辑仍似乎颠扑不破。国际关系范畴中，修昔底德陷阱已被奉为"铁律"，用来表示一个新崛起的大国必然要挑战现存大国，而现存大国必然会激烈回应这种威胁最终使战争难以避免，结果往往是两败俱伤。

"福利陷阱"描述的是拉美化问题。拉丁美洲及部分加勒比海地区的经济体，在经济发展过程中曾经经历了三十余年的黄金增长期，但在还没有完成工业化全部发展任务的情况下，国内不断滋生的"民粹主义"情愫就对公共政策实施"绑架"，逼迫经济崛起中的经济赶超战略中断，转而大幅提升福利水平，进而在这种福利为宏观经济带来沉重负担、别无他法的情况下，只能以盲目扩大财政赤字来保障福利水平，最终彻底拖垮了宏观经济，从而使经济陷入长期低迷，即陷入所谓的"福利陷阱"。

"塔西佗陷阱"是古罗马著名历史学家塔西佗提出的，指当政府部门失去公信力时，无论其所言是真是假、所为是好是坏，都无法得到公民的承认，或都会被认为在说假话、做坏事。这种颇具前瞻性的见解在全球许多经济体崛起过程中得到反复印证，成为西方政治学所强调的"塔西佗陷阱"，也就是在发展过程中遇到的政府公信力丧失的陷阱。

鉴于此，不难看出，拉美地区所发生的"福利陷阱"实际上直接拖垮了宏观经济，从而导致经济陷入"中等收入陷阱"，其直接原因是这些经济体没有继续坚持经济赶超战略，而转向了福利赶超，一方面丧失了经济增长的动力，另一方面又无限抬高了经济发展成本。而"修昔底德陷阱"所表达的国际关系"铁律"，是后发经济体尤其是如中国这样的"大国"在崛起过程中最显得难以逾越的坎儿，现阶段中国所面临的位于"世界第二"所受到的多方面钳制，其中就显露着"修昔底德陷阱"的逻辑，而一旦这个坎儿迈不过去，在挑战现存大国已有地位的过程中处理不好相关国际关系，产生了剧烈的冲突与反冲突，势必导致国力严重消耗，经济发展停滞，结果落入"中等收入陷阱"。随着经济迈入中等收入发展阶段，人民生活水平有了大幅提高，民粹主义情愫的蔓延也会导致人民"端起碗吃饭，放下筷子骂娘"的情绪滋生，尤其是对于中国这样的经济体而言，一方面处于中等收入发展阶段，另一方面处于经济体制从计划经济向市场经济转轨，政府职能、体制机制等都在转变，改革也步入攻坚克难阶段，政府成为连接多利益渠道的枢纽，居民部门、企业部门、政府部门之间的关系也发展得更加微妙，信息时代背景下真真假假敏感消息的广泛传播和迅速蔓延，等等，实际上都对政府公信力产生挑战，这种错综复杂的发展时期，最是"塔西佗陷阱"容易形成的时期，一旦多方关系处理不好，"塔西佗陷阱"将导致经济体内部冲突无法了结，从而逼停经济增长，使国民经济陷入长期紊乱和矛盾胶着状态、落入"中等收入陷阱"。金融陷阱、捧杀陷阱则反映了作为经济发展后来者不得不面对的与先行者之间如何处理关系的反思。这些表述中，有一些的确可以称之为"陷阱"，比如：塔西佗陷阱，然而它所强调的政府公信力危机多是处于中等收入发展阶段经济体的一种普遍表现，也可以说是可能致使该经济体落入

"中等收入陷阱"的原因之一。而其他表述，我们认为，若比照世界银行给出的官方描述性概念以及相关翔实的数据基础，这些问题似乎并不能够成为与"中等收入陷阱"这一概念相提并论的、"中国梦"所必须面对的真问题，甚至不应当动辄冠以"陷阱"的名号来混淆视听，影响我们对中等收入发展阶段的判断。因此，在这一发展阶段中，中国经济所必须直面的最为重要的问题，就是怎样跨越"中等收入陷阱"的问题，这一问题既不能回避，也不应被眼花缭乱的表述所稀释。

基于"修昔底德陷阱""福利陷阱""塔西佗陷阱"与"中等收入陷阱"之间逻辑关系的思考，我们不难看出，中等收入陷阱的实质就是增长陷阱，而经济增长所需要的条件是复合的，中等收入阶段，凡是影响国际格局、影响工业化升级进程、影响稳定和政府公信力等等负面因子，都有可能抑制甚至综合地逼停一国经济增长，从而使经济社会较容易落入中等收入陷阱。

因此，我们认为，特别需要强调的是："十三五"时期正是中国"全面深化改革"的攻坚克难时期，在实现"全面小康"的同时必须配之以"全面依法治国"和"全面从严治党"及制度创新的实质性推进，这总体上成为进一步打开管理创新和技术创新空间、化解种种矛盾和困难的关键。立足于"十三五"时期，放眼中长期经济社会发展和进入中等收入状态后的敏感期，在十八大和三中、四中、五中全会之后关系到国家前途、民族命运的关键阶段上，能否冲破利益固化的藩篱，克服既得利益的强大阻力和障碍，把"硬骨头"啃下来从而在制度变革的探索中获得化解种种隐患威胁，解放生产力，进入新常态，打造升级版的成功，直接决定着中国经济社会是否能够相对顺利地跨越中等收入陷阱、跻身发达经济体之林。

┃ 中等收入陷阱的界定 📌

根据2013年世界银行发布的人均GNI（国民总收入）数据显示，非洲国家布隆迪的人均GNI仅为260美元，是全球有统计数据显示的经济体中人均 GNI 的最低值，而北欧国家挪威作为同一年度全球范围内人均 GNI 最高值的拥有者，其人均 GNI 高达 102700 美元。与此同时，巴西的人均 GNI 为 11690 美元，大致处于全球经济体的中间水平，但其基尼系数却是全球范围内最高的几个国家之一，远超 0.4 的国际警戒线。

经济水平是我们用来认识这一现象的重要线索，而在这一线索下对富国和穷国的描述却不尽相同。按照经济发展程度，我们将布隆迪之类的国家称为不发达国家，将巴西之类的国家称为欠发达国家或者发展中国家（Developing Country），而将挪威之类的国家称为发达国家（Developed Country）。在发展中国家，有一部分国家的经济增长速度很快（比如金砖五国），原因是这些国家的工业产出在快速增长，这些国家在一些情况下被称为新兴经济体（Emerging Economies）。在发达国家中，一些国家的收入水平是很高的，这些国家的产业结构类似，多以服务业为主，所以这些国家也被称为后工业化国家或者服务型经济体，而其他发达国家则多被称为工业化国家（Industrialized Countries）。

为了更好地认识建立在经济水平不同基础上的富国与穷国，世界银行对全球范围内的经济体进行了较为系统的划分，分为低收入经济体（Low-income Economies）、下中等收入经济体（Lower Middle-income Economies）、上中等收入经济体（Upper Middle-income Economies）和高收入经济体（High-income Economies）。其中，下中等收入经济体和上中等收入经济体，其经济发展都处于中等收入发展阶段。

而在世界各国的经济实践中，并不是每一个经济体都能顺利实现收入阶段的转换。对于某些从低收入阶段跃升至中等收入阶段的经济体，因为以往的经济发展战略在国民收入提升过程中并不能继续发挥作用，以致其人均国民收入难以突破中等收入阶段与高收入阶段的界限，使其经济增长容易进入停滞徘徊期。在这一特殊时期，这些经济体又往往呈现急转直下、难以企稳向好的特征，这一过程可以被形象地称为"落入中等收入陷阱"。

经济发展阶段的划分是动态的 📌

发展经济学意义上所说的"中等收入"，与收入阶层划分中的"中等收入阶层"截然不同，是用来描述某一经济体的发展阶段，实质上指的是中等收入发展阶段。自 2000 年起，世界银行采用阿特拉斯法计算每年度的人均国民总收入（GNI），并在此基础上对国家和地区收入水平进行了分组：低收入（LIC）、下中等收入（LMC）、上中等收入（UMC）和高收入。这种分组随着每个财政年度数据的变化而产生相应的分组指标，或者我们可以理解为，对某一个国家或地区而言，其组别和排位是动态变化的，它考察的是某一国家和地区与全球经济体发展的相对水平。当然，每年划分指标的浮动情况也从某种程度上反映了全球经济水平的发展方向和程度。（如表 1 所示）

表 1　2000—2017 年世界银行国家和地区分组指标　单位：美元

年度组别	低收入国家 LIC	中等收入国家		高收入国家
		上中等收入 LMC	下中等收入 UMC	
2000	[0，755]	[756，2995]	[2996，9265]	[9266，＋∞]
2001	[0，745]	[746，2975]	[2976，9206]	[9206，＋∞]
2002	[0，735]	[736，2935]	[2936，9075]	[9076，＋∞]
2003	[0，765]	[766，303W5]	[3036，9385]	[9386，＋∞]
2004	[0，825]	[826，3255]	[3256，10065]	[10066，＋∞]
2005	[0，875]	[876，3465]	[3466，10725]	[10726，＋∞]
2006	[0，905]	[906，3595]	[3596，11115]	[11116，＋∞]
2007	[0，935]	[936，3705]	[3706，11455]	[11466，＋∞]
2008	[0，975]	[976，3855]	[3856，11905]	[11906，＋∞]
2009	[0，995]	[996，3945]	[3946，12195]	[12196，＋∞]
2010	[0，1005]	[1006，3975]	[3976，12275]	[12276，＋∞]
2011	[0，1025]	[1026，4035]	[4036，12475]	[12476，＋∞]
2012	[0，1035]	[1036，4085]	[4086，12615]	[12616，＋∞]
2013	[0，1045]	[1046，4125]	[4126，12745]	[12746，＋∞]
2014	[0，1045]	[1046，4125]	[4126，12735]	[12736，＋∞]
2015	[0，1025]	[1026，4035]	[4036，12475]	[12476，＋∞]
2016	[0，1005]	[1006，3955]	[3956，12235]	[12236，＋∞]
2017	[0，995]	[996，3895]	[3896，12055]	[12056，＋∞]

数据来源：世界银行，世界发展指标 2002—2014，中国财政经济出版社，

2002—2014 年版，世界银行，中低收入划分标准 1989—2017。

上表年度分组指标均采用前两年的人均 GNI 数据作为依据，例如 2010 年分组指标采用的是 2008 年人均 GNI 数据。可见，世界银行对国家和地区最新分组指标是：2017 年人均 GNI 小于或等于 995 美元的国家和地区，划为低收入；在 995 美元至 12055 美元区间内的国家和地区，划为中等收入；大于 12055 美元的国家和地区，划为高收入。

纵观 2000 年至 2017 年数据：划分低收入和中等收入的分界值分别为：755，745，735，765，825，875，905，935，975，995，1005，1025，1035，1045，1045，1025，1005，995；增长率分别为：-1.3%，-1.3%，4.1%，7.8%，6.1%，3.4%，3.3%，4.3%，2.1%，1.0%，2.0%，1.0%，1.0%，0，-2.0%，-2.0%，-1.0%；平均增长率为 1.74%。按照世界银行的划分标准，中等收入国家和地区又细分为下中等和上中等两组：在 995 美元至 3895 美元区间内的国家和地区，划为下中等收入；在 3895 美元至 12055 美元区间内的国家和地区，划为上中等收入。中等收入阶段内部划分上中等收入和下中等收入的分界值分别为：2995，2975，2935，3035，3255，3465，3595，3705，3855，3945，3975，4035，4085，4125，4125，4035，3955，3895；增长率分别为：-0.7%，-1.3%，3.4%，7.2%，6.5%，3.8%，3.1%，4.0%，2.3%，0.8%，1.5%，1.2%，1.0%，0，-2.2%，-2.0%，-2.5%；平均增长率为 1.54%。

中等收入发展阶段是世界银行分组标准下的一个动态概念，也是一个相对概念。说它是一个动态概念，原因是判断某一经济体是否处于中等收入发展阶段，应依据每年的划分标准，有些经济体可能第一年处于低收入阶段、第二年就步入了中等收入阶段，当然也不乏第一年已步入中等收入阶段、第二年却退回为低收入阶段的案例，本书下文中将详细论述。由此可见，中等收入发展阶段其实并不是一个静态概念，所谓将是否突破 12000 美元作为关口，其实仍然不免陷入静态理解之嫌。预测某一经济体是否即将进行阶段调整，可以通过几年来的人均 GNI 增长水平与划分标准增长水平的比较分析进行判断。总之，理解中等收入发展阶段，应当放在中长期动态视角中。

　　基于本书上文的相关论述，我们可以尝试给出中等收入发展阶段的描述性定义，以此更加便于认识此发展阶段及相关经济增长、发展问题。

　　所谓中等收入，就是以当年全球各个经济体发展水平为大背景，对阿特拉斯法计算出的各经济体人均 GNI 作为核心指标进行排序，位于中等位次经济体的最高及最低人均 GNI 指标所形成的区间标准。所谓中等收入发展阶段，就是指某经济体在自身发展过程中，按照当年人均 GNI 在全球的动态排序，从步入中等收入最低区间标准到跨越最高区间标准的经济发展阶段。

　　位于中等收入阶段的经济体的经济增长一般仍处于"经济赶超"阶段：一方面，这一阶段具有规模性收益递增的特性，加之存在技术赶超、人口红利、资源加工与开采和制度优化等增长空间，经济增长机会多、速率高；另一方面，随着经济赶超进程的推进，经济发展将逐步进入转轨阶段，经济规模性发展将逐渐饱和，边际效用递减开始发力，与此同时，原有增长空间也将逐步缩小，例如，人口红利消失、资源制约及资源与环境矛盾凸显、制度选择及理顺亟待落实、技术学习转为自行研发等。由此可见，由步入中等收入阶段到彻底跨越中等收入阶段，某一经济体必将面临多次数、全方位的经济转轨路径选择及多维度、全行业的经济生产关系协调。

　　现阶段处于中等收入经济赶超阶段的经济体有三种可能的发展路径：第一，平稳衔接步入发达阶段，是指中等收入经济体可能在经济赶超的过程中成功处理转轨路径和各项关系，沿着发达经济体的经济发展路径平稳步入下一个经济增长阶段，例如，日本和亚洲"四小龙"步入发达经济体的增长历程大体如此；第二，技术发力跨越中等收入阶段，是指中等收入经济体可能在经济赶超过程中没有处理好转轨路径选择和生产关系协调而出现经济危机，但其在技术方面大举自主研发取得成果，从而拉动整个产业链发展，推动整个经济体 GDP 增长，进而摆脱经济危机、步入发达经济体行列（例如：美国 70 年代经济危机及后来的增长历程）；第三，动荡混乱落入中等收入陷阱，是指中等收入经济体也可能在经济赶超的过程中没能处理好转轨路径选择和生产关系协调，从而出现了可能由早期历史遗留下来的制度（阿西莫格鲁等，2001）、语言民族多样化制约（阿莱西纳等，2004）、政治动荡（罗德里格斯等，2001）、发展战略选择失误（林毅夫等，1994）及不当的中等收入阶段福利赶超等因素，而导致经济增长路径扭曲从而落入"中等收入陷阱"，例如：拉美一批经济体的发展轨迹。

正是鉴于全球范围内既有相对平稳度过和成功跨越中等收入经济阶段的经济体，也有在这个阶段追赶失败而落入"中等收入陷阱"的经济体，加之中国正处于中等收入经济发展阶段，因而中等收入阶段的经济增长与社会发展问题，尤其值得关注和重视。

第二章

Chapter two

世界上成功脱离中等收入
陷阱的国家

1903 年，全球第一架飞机在莱特兄弟手中制成，这一事件似乎是想告诉全世界，第二次产业革命带来的惊喜绝不止于此，供给侧的创新绝非仅仅是德国在艰难探索中完成的腾笼换鸟式的升级，更意味着凤凰涅槃式的重生。

第一次产业革命的发源地英国 📌

英国为何能成为第一次工业革命的发源地

15 世纪之后，英国农奴制解体过程中，新贵族和新兴资产阶级通过暴力等形式把农民从土地上赶走，强占农民份地及公有地，圈占后变成私有的大牧场（养羊获利更丰厚）、大农场，史称"圈地运动"，它在 18 世纪后期和 19 世纪中期达到顶峰。1714—1820 年间，英国有超过 600 万英亩的土地被圈占，原来以土地为生的农民本就贫穷，再加上失去了自己的土地，生活更加苦难，整个社会由于圈地运动更加混乱和动荡。然而，这一消极的社会效应，却对英国的经济发展产生了前所未有的积极影响——失去土地的劳动力变得"自由"，贫穷使他们不得不到城市里寻找生计，圈地运动为先期工业的发展提供了充足的劳动力。

第一次工业革命爆发于英国并不是一个巧合。在当时的欧洲各国中，英国是采煤工业和炼铁工业方面的发达国家，据历史学家总结的 1789 年数据显示，英国每年可以生产 1000 吨煤，而法国当时仅能生产 70 吨。由于煤资源的供应非常充足，所以英国可以将率先发明的炼铁高炉投入使用，大大提升了铁的生产率。从产量方面来看，英国在 1780 年铁产量不足法国三分之一的基础上，于 1840 年已跃升为法国铁产量的 3 倍，成为欧洲名副其实的技术高地。英国不仅在工业方面的技术水平领先，在农业方面也具有很高的技术水平，这一点，不得不说与圈地运动大有关系：由于羊毛价格很高，在圈地后大多数土地都为放牧服务、粮食供给短缺的情况下，英国人不得不尝试在有限的土地上寻求更大的产量以此来满足大量城市人口对粮食的需求，这一点刺激了英国农业技术水平的提升。

一方面具备充足的劳动力，另一方面在资源开采、资源利用方面拥有高技术水平，使英国工业产品的价格相对更具优势，产量也更多上升。这些前提条件为英国带来了大量的商业利润，源源不断汇聚英国的这些利润，形成了大量可供工业继续发展使用的资本，大量的流动资本也刺激了英国银行业的发展，为工业企业提供了更稳定、更充足的资本，从而进一步促进了英国的工业发展。

这样，从相关要素来看，当时的英国具有充足的劳动力、高技术水平，而且享有可观的资本资源，这些俨然已经可以成为英国人挥霍的本钱，然而事实并非如此。从高层来看，英国宫廷的支出总量以及军事开支都比法国要低得多，所以英国的执政体系就无须特别高额的税收收入来保障行政运转，利润、红利可以留在工业企业内部，为再生产所使用。节俭之风不仅见于宫廷，也普遍见于英国的工业企业家，他们并不将高额利润用于纸醉金迷的挥霍，而是再投资于实业，从而加快了英国工业企业规模的扩大。除此之外，英国的企业家精神还不仅仅停留于节俭层面，他们更注重技术的创新，在不同行业，这些企业家往往并不是一个商业头脑发达者，往往本人就是一个技术狂人或者是技术崇拜者，这些企业家为英国的工业企业管理运行、技术创新、产品多样化等，做出了巨大贡献。

"瓦特"出现在英国不是"黑天鹅"

通常情况下，我们更多听到这样一个史实结论：1776年，瓦特发明蒸汽机，人类进入"蒸汽时代"，标志着第一次工业革命的诞生。然而，"瓦特"究竟是如何产生的？这是本书非常关注的一个问题。试图探索这一问题的答案，首先需要认清当年的背景，那就是英国其时已经是全球范围内机械化的先行者，新发明可谓层出不穷，包括了1773年的"飞梭"、1769年的水力纺纱机、1770 年的珍妮纺纱机、1779 年的走锭纺纱机等等。

在"需求刺激供给、供给又创造需求"的互动中，当时的技术发明首先是源自产业对满足其技术需求的供给创新的倒逼。从 18 世纪的英国看，纺织工业是最为重要的产业之一，因为需求刺激了纺织工业的技术发展，从而使其成为英国最早实现机械化的产业。我们发现，不少发明创造的起点，是源自 1700 年行业主导者鼓动决策层通过的禁止进口棉布或棉织品的法律，该法律在经济方面产生的主要影响有两个：第一，在英国国内对印度进口的棉织品有大量需求的情况下，利用行政手段掐死了进口通道；第二，为英国国内尚未完全发展起来的纺织工业带来了无限的发展商机。在这两点的共同作用下，英国的纺织业以技术大发展为依托，迅速成长。

通常，我们对制度的思考很容易落后于关于技术作用的感知，一个最简单的例子即可说明，例如：在我们认识工业革命时，往往会以这样的逻辑来认识——工业革命加速了经济发展，带来了新的工艺和技术，极大地促进了生产力水平提高，但新机器对劳动者提出了新的要求，从而刺激了职业教育的发展。在类似这样的认识逻辑中，我们总能够更早、更快、更多地发现技术水平提升之后对我们的生活带来的影响。但随后，另一个问题就开始困惑我们：到底是什么导致技术创新发生的？当然，我们已经在这个问题的外围有了很多感想和认识的积淀，比如本书刚刚在涉及"从纺织工业开始"的小节中那样，我们知道了综合的需求对技术研发产生的刺激。但这些外围的思考似乎并不足以成为技术创新实现的最主要原因，在欧洲这个拥有较多国家的区域，技术创新的出现固然可能是因为这样的需求而发生在英国，但是似乎有一些更关键的条件决定着技术创新在英国的实现。如果从当时英国的社会制度来思考这一问题，答案就会变得清晰起来。

欧洲盛行一种制度——学徒制，通常是贫困家庭的孩子经过家长或者监护人允许后到匠师作坊，以签订合同的方式，协助匠师工作并学习相关技术。这一种制度在英国更是走在欧洲的前列，早在 12、13 世纪就已有学徒制教育的记载，在当时的行会中，徒弟、工匠、师傅这三种身份是按照资历排列出来的，等级非常严格，且一个师傅只能带一个徒弟，徒弟经过一段时间的学习和锻炼后，可以上升为工匠，再经过一段时间的种种历练，方能上升为师傅，这种制度在英国盛行了 4 个世纪之久。

16 世纪中叶以后，英国开始展现工业发展势头，作为欧洲先进的经济体，原来的学徒制显然已经无法满足要求，数量巨大的劳动者投入工厂中，学徒制这种慢工出细活的升级体制和传授方式，导致劳动力培养速度大大低于工业化发展中需求上升的速度，加之经济逐步向机械化转变之后，原来一个匠师包揽全程的分工方式，显然与机器生产线上要求以更精细分工为主的经济组织方式背道而驰。而从劳动生产率来看，机械化生产远远高于手工业生产，这更加速了学徒制的衰落。

瓦特是学徒制中的受益者之一。1736 年生于苏格兰格拉斯哥附近一个港口小镇格里诺克的瓦特，20 岁时离开故乡，远赴伦敦寻求仪器制造匠师的培训，实际从事的是仪表修理工作。一年后，瓦特回乡，本想开一家仪表修理店，但是按照当时英国严格的学徒制，瓦特并没有达到做 7 年学徒的"硬杠子"，因此被格拉斯哥锤业者协会拒绝。回乡第二年，格拉斯哥大学的教授给了瓦特一个机会，使他能够以苏格兰格拉斯哥大学"数学仪器制造师"的头衔在大学里开一间小修理店。1762 年，瓦特开始了对蒸汽机的实验，并在其大学教授朋友的帮助下，实现了技术上的突破。

1765 年，瓦特已经取得了技术层面的关键性进展，但距离建造出一台实实在在的蒸汽机还很遥远。瓦特开始遇到发明之路中第一次资金短缺问题，而最终问题的解决是通过英国的市场机制实现的。虽然瓦特的朋友布莱克教授提供了一些帮助，但是大批量的资助则是来自当时英国一位成功的企业家——罗巴克。作为卡伦钢铁厂的拥有者，罗巴克具有充足的资金，按照现代中国资本市场中蓬勃发展的风险投资来理解罗巴克的行为，并无任何违和，罗巴克与瓦特共同成立了新公司，并成为公司的合伙人。在许多年的研发过去后，由于受到当时工艺水平不高的钢铁制造品的制约，发明试验一直未能成功。后来，企业家罗巴克破产，瓦特遇到发明之路中第二次资金短缺问题，而后铸造厂老板博尔顿接手罗巴克的相关产业，瓦特又开始了与博尔顿的合作，资金问题也得到了良好解决。由于博尔顿从事的是铸造厂，所以瓦特的发明在加工制造工艺方面得到了前所未有的巨大支持，技术问题的最终突破归功于精密镗孔加工技术的发明者威尔金森。

英国专利制度对技术的保护，使瓦特成为蒸汽机成功发明之后的最大获利者，尽管第一代蒸汽机只能提供往复直线运动，但抽水泵等的应用还是为瓦特赢得了许多商业机会。在合伙人企业制度下，出资方博尔顿则更多发挥了企业家精神，督促瓦特进行产品升级，将蒸汽机的直线往复运动转化为圆周运动。这其中的一个十分重要、但易被人忽略的小插曲，有关于英国专利制度：本来蒸汽机直线变为曲线的方式非常简便，就是通过曲柄传动，但这种看似比较简单的技术，已经在专利上属于斯蒂德，在与斯蒂德的协商中，瓦特不能接受其要求分享瓦特此前发明的蒸汽机专利的要求，于是坚定拒绝。1781 年，终于由瓦特公司的员工默多克发明了"太阳与行星"曲柄齿轮传动系统，并以瓦特的名义申请了专利，从而开启了蒸汽机大规模应用的时代。

瓦特与博尔顿合作到期后，博尔顿与瓦特的孩子吸收默多克为新合伙人，保障了父辈公司的持续成功。

我们可以设想一下：如果没有上面提及的一系列相关制度安排（规则和保障规则有约束力的法治），瓦特和他与工业革命齐名的蒸汽机，能够在英国成功地开启这个影响整个人类社会发展的新时代吗？

第一次工业革命后英国称霸全球 📌

作为世界上第一个开始工业化时代的国家，英国政府通过法律层面和政策层面多管齐下，推进本国工业的发展。"蒸汽机"的发明不仅仅为纺织业带来了革命，更重要的是它改变了生产方式，原来依靠双手进行生产的传统状况，第一次得到颠覆性改写，手工工人的双手被解放出来的同时，手工业的时代也随之结束。工业化时代以骄傲的高生产率迅速席卷全球，引爆人类历史上自"农业革命"之后世界上的第一次产业革命。以英国为引领者的第一次产业革命，首先席卷的地区当然是欧洲和欧洲人的移民区域：蒸汽机开始走遍法国、德国、俄罗斯以及美国。

从 1769 年瓦特发明蒸汽机开始，蒸汽机的动力机制就在不断探索和升级。单动式蒸汽机、复动式蒸汽机的出现，使棉纺织厂可以以蒸汽机作为动力，1789 年全面应用于棉织业。当然，蒸汽机的脚步并未止于纺织业，它的问世很大程度上推动了冶铁业和煤炭产业的发展。在冶铁业中，蒸汽机产生的新动力促使 1828 年尼尔森发明鼓风炉，完成了冶铁技术的革新，史密斯也于 1838 年发明汽锤，并随着卡尺、车床等常用工具的升级，为冶铁业带来了后续金属加工业的革命性发展，生产效率得到全面提升。煤炭产业方面，蒸汽机的发明主要是为"催生"蒸汽抽水机，煤炭矿主在矿井中普遍使用它，一方面促进了机器再生产，另一方面大大提升了煤炭产业的生产率。

如果说蒸汽机作为一种供给侧的创新，为整个工业生产翻开了革命性的新一页，那么其带动的产业广泛繁荣，则使生活发生了翻天覆地的变化。供给侧产生的新技术带来了纺织业、冶铁业、矿业的繁荣发展，生产率的提高使产品产量大幅提升，大量产品供给又对交通运输产生了极大的需求，陆路交通的少承载量及缓慢效率显然不能满足要求，而火车的广泛使用则使这一问题得到解决。蒸汽机带来的新动力有了空间更大的用武之地，1821 年兴建的铁路，使用的就是发明家斯蒂芬森设计的"动力 1 号"蒸汽机车，从斯托克顿到达灵顿，从利物浦到曼彻斯特，直至 19 世纪 50 年代，英国的铁路干线飞速发展建设，普遍出现于主要城市之间。同时，蒸汽机还广泛应用于船舶业，蒸汽渡轮和蒸汽轮船都获得成功，并投入经济社会的生产生活。

"世界工厂"这个名号在现代经济社会看来，似乎已经带有一定程度的负面色彩。然而，这个名号冠于 19 世纪的英国，则毋庸置疑地成为天之骄子的代称。截至 18 世纪末期，英国的工业以起步早、发展快、范围广等特点一跃成为世界头号经济强国，是全球工业化程度最高的国家。作为享有最大规模效应以及最高生产率的经济体，英国当然也是当时世界范围内当之无愧的市场主宰者。无论是在欧洲，还是在全球范围内，无论是技术水平和生产效率，还是国民财富和公民生活，英国都是引领者。30 年的发展对英国的产业巨变意味着什么？从 1851 年维多利亚女王年方少艾的时候开始，到 1881 年步入而立，英国劳动力从业比率从 25% 从事农业的相关工作，升级为只有 10% 不到。站在工业化的高地，英国工业品迅速占领"地理大发现"后的全球，一方面以规模效应和比较优势占领市场，另一方面则以巨大的产量占领市场。从出口贸易额来看，英国 1820 年为 3640 万英镑、在全球贸易总额中占比为 18%，1870 年增长至 19960 万英镑、在全球贸易总额中的占比提升至 22%。供给侧改革一方面使英国成为最大的工业消费品出口国，纺织品、机器、煤、铁等等技术装备的出口，为英国带来巨大财富，另一方面，英国也是最大的原材料进口国，棉花、羊毛、生丝、木材、谷物等等，都要靠外国来供应，供应国分布全球，主要来自美国、印度和巴西。英国在大量形成海外殖民地打造"日不落国"辉煌的同时，还特别注重控制原料的价格，通过运输工具承载力的提升等方式不断提升工业生产中的利润，以独一无二的经济地位和贸易地位成为"世界工厂"。

第二次工业革命首先实现赶超的德国 📌

英国引领第一次产业革命之后，欧洲各国随即开启了工业化之路，但发展速度各自有所不同。与法国相比，德意志显然步伐更快，在 19 世纪 40 年代末期进入第一次产业革命浪潮后，德国于 1847 年开始出现蒸汽机作为动力的纺织业，冶铁炼钢业也得到迅速发展，并以铁路产业的振兴走在欧洲的最前列。1835 年，德国第一条铁路落成，而后成为德国的支柱型产业。尽管铁路的发展与德国的军事发展存在密切联系，而至他人内心有两者沆瀣一气的愤慨情愫，但仍然不可否认其对于德国成为第二次产业革命策源地重要地位的支撑。以电器工业产业和化工工业产业为代表，西门子等企业的创立和经久不衰的发展，使德国以很快的速度完成第一次工业革命而继续升级，成为全球为数不多的高工业化程度的经济体。当然，欧洲地区走在工业化前端的国家还有法国和俄罗斯，但它们完成第一次工业革命的速度都无法与德国相比。

从 1880 年的数据来看，制造业产品贸易结构中，英国占据了全球出口产品 40% 以上的份额，而这一数值在 1913 年下降为 29.9%，德国同年的这一数值则突破了 10%。尽管英国仍然是当时全球范围内汇聚了最多财富的国家，但是德国的发展已开始崭露头角。完成第一次产业革命之后，各国的经济发展选择明显不同，英国作为第一次产业革命的策源地，仍然保守着自己在第一次产业革命中开发的技术和形成的产业结构，而德国并没有止步于第一次产业革命的喜悦，而是通过不间断的创造和发明，意在对英国第一次产业革命中产生的技术实现全面赶超。

1831 年，英国人法拉第发现了电磁感应现象，电学作为一门重要学科成为对接工业化生产的潮流，在研制发电机的过程中，德国人抢占先机，于 1866 年在西门子公司制成发电机，四年后，比利时人格拉姆发明电动机，从而开启了电力带动机器的时代。作为一种更为高级的能源，电力能够完美替代并全面超越蒸汽机产生的动力，通过电能与机械能的互换，引爆了全球第二次产业革命。在第二次产业革命浪潮来临后，德国人奥托于 1876 年制造出第一台以煤气为燃料的四冲程内燃机，随后的 1883 年，德国人戴勒姆又制成了以汽油为燃料的内燃机，这种马力大、自重轻、体积小、效率高的小型动力机在工业化生产中得到了广泛认可和大范围应用，并带来了新的一次"供给侧"革命，随后的 1897 年，德国工程师狄赛尔发明了柴油内燃机，以更为低廉的成本和更大的动力成为重型交通工具的主要动力装置。以汽油内燃机的发明为基础，德国人卡尔·本茨发明了汽车，而柴油内燃机则被广泛应用于船舶、火车机车、载重汽车。从 1851 年到 1900 年，德国人的相关发明创造总数量达到 202 项，超过了英国和法国两个国家的总和。

新兴制造业的兴起和发展以及新技术的发明和应用，势必大大提升原有重工业的效率而推动其发展。从煤炭产业、化工产业到钢铁产业，德国的总产量都稳居世界首位。电气时代的来临，更为主要的影响是使钢铁产业发生了革命性变化，产生于西门子企业的通过电气动力技术使钢铁冶炼工艺突破原有限制的重要事件，使得钢铁产量大幅度提升的同时价格大幅度降低，钢铁材料从此可以广泛使用。这就更进一步推动了机械制造、铁路建设、房屋桥梁建设等等行业的繁荣发展。德国工业总产值于 1910 年攀升至欧洲地区的冠军位置，成为全球范围内经济增长的非凡成功者。

第二次工业革命的新技术产生于德国的制造业企业，也大量应用于德国的制造业企业。德国从此开启以制造业发家致富的道路，超越英国，占领欧洲乃至全球技术的高地，完成了第一轮"追赶—赶超"。

第二次和第三次工业革命赶超居上的美国 📌

除了欧洲以外，英国第一次产业革命带来最大影响的地区在北美。以作为原材料主要进口国身份试图跻身工业化道路的美国，秉承着突出的技术优势，最终也成为全球范围内最早一批完成第一次产业革命的经济体。从棉纺织业开始，美国在服装、制革、玻璃、毛纺等行业逐步实现机器化生产。南北战争以后，美国的重工业异军突起，采矿、冶金、石油开采业等得以发展，"西进运动"后大量耕地对劳动力的需求更是在很大程度上促进了美国农业机器化的发展，而南北之间互通的需求则大大推动美国国内交通业的发展。从公路到汽船，美国在一边修公路、一边挖运河的自然改造和技术升级同步进行中，得到迅速发展，铁路方面则更多通过私营企业投资铁路、国家进行补贴、向海外发行铁路债券等方式形成巨额投入落成了大批重要铁路项目。1869 年，太平洋铁路在开工 7 年后顺利通车，可连接太平洋和大西洋，紧随其后的圣菲铁路、北方太平洋铁路、南方太平洋铁路和大北铁路等东西干线以及中央太平洋—联合太平洋、圣塔菲试路、北太平洋铁路、南太平洋铁路和大北方铁路等南北干线相继落成，为美国经济发展奠定了坚实的交通运输基础。与此同时，交通运输业的发展当然也带动了钢铁产业的发展。

美国崛起："梦想照进现实"的经济增长版

如果说德国经济赶超的实现是在"地上跑"实现的，那么美国经济的崛起看起来就更像源自"空中楼阁"，是在"天上飞"实现的。无论是从地理位置还是从工业化程度，当时的美国都无法与德国相比，甚至无法与欧洲一些先进的工业化国家相比。然而，1903年，全球第一架飞机在莱特兄弟手中制成，这一事件似乎是想告诉全世界，第二次产业革命带来的惊喜绝不止于此，供给侧的创新绝非仅仅是德国在艰难探索中完成的腾笼换鸟式的升级，更意味着凤凰涅槃式的重生。在铁路作为主流交通工具的大背景下，法国和美国政府作为莱特兄弟新发明的大客户，与发明人一起将人类文明推向航空时代。

说得偏激一点：德国人恪守本分艰难探索的技术升级所带来的财富与荣耀，美国人似乎只用一件发明就实现了。

全球经济学研究都试图对飞机的发明于美国经济产生的影响进行估值，但都并不成功，因为从飞机发动机、专利技术到飞机制造以及相关产业的发展，实在是一个太庞大的链条和传导网络。毕竟，飞机的发明继人类开辟陆地和海洋的世界之后又开辟了一个新的世界。

当然，作为一个一直在坚持不懈地进行技术创新的经济体，在原子核能、互联网之前，美国还有很多成就，虽然不像飞机的发明那样具有划时代意义，但是也为美国经济的发展做出了巨大贡献。在一步一步崛起的过程中，美国人与德国人所习惯的顺藤摸瓜不同，他们更具开创性精神。在对欧洲技术进行追赶、模仿的基础上，美国人发明了电灯、电车、电报、电话、电焊技术、火力发电站及发电网络等等，美国人的上述每一件发明对人类生活都具有里程碑式意义，这些发明也大力推动着美国经济的跨越式发展。1917年，美国的公用电站数量达到4364座，电力工业产业位居世界首位，火力和水力发电站的建立同时带动了其他产业的发展，并且从根本上改变了人类生活的方式。1876年贝尔发明电话，1891年斯特罗齐发明电动交换机，电话作为一个新兴技术投入生产领域，无线电、三极管等的发明和应用更是推动了电讯业的发展。供给侧的不断创新使全球产业结构悄然而加速式发生改变，更新、更快、更便捷的产业增长点和互联链条不断形成。美国完成第二次产业革命之际，信息时代的种子早已种在北亚美利加的土地上了。

科技改变世界，美国改变科技

论及美国所完成的第二轮"追赶—赶超"，就不得不认识美国于两次世界大战中积累财富的作用。以两大洋作为天然屏障，美国通过两次世界大战尤其是第二次世界大战所积累的物质财富，无疑是在这片土地上爆发第三次工业革命的基础。与此同时，美国对科技研究的重视程度，世界范围内其他国家无可比拟，各种学会组织使得科研体制更加灵活和多元化，科研成果也更多与军事相结合。1945 年，美国成为全球范围内首个成功爆破原子弹的国家，原子能作为一种新型能源正式登上历史舞台，随后，美国于 1952 年成功研制出氢弹。后来在这条路上，世界范围内一些其他国家，如：苏联、英国、法国、中国也相继研制成功。在军事运用的科技研发基础上，苏联于 1957 年研制成功全世界范围内第一艘核动力破冰船。原子能还被广泛运用于发电，20 世纪 70 年代中后期，全球范围内 22 个国家和地区共有核电站反应堆 229 座。1964 年，美国研制成功第一台电子计算机，这一技术随着 20 世纪 50 年代的晶体管技术、60 年代的集成电路技术、70 年代的大规模集成电路技术、80 年代的智能计算技术、90 年代的光子计算和生物计算等技术的发明，得以更为广泛的应用。这一供给侧的创新全面改写了人类生产生活方式，使其得到了前所未有的高速发展，自动化、信息化所带来的史无前例的高效率，推动美国经济坐上了世界经济的头把交椅。

美国之所以是非凡的成功者，主要是因为它是自德国崛起后全球范围内几乎所有重大技术创新的引领者。美国经济在历经一段较长时期的追赶后，迎来了全面赶超的实现。基于供给侧的创新，美国经济的发展为全球经济带来的绝不仅仅是新技术，而是新产业：航空航天、探测测绘、生物工程、人造纤维工业所带来的相关产业可说不计其数，手表、照相机、电视机、百变服装、化学肥料、高产粮食及农作物、电脑、克隆技术、海洋工程、新材料等等技术和产品的产生，大大拓展了产品市场和要素市场，并改变资本市场的结构。

不得不谈的战争

第一次工业革命后，美国紧随英国的脚步，成为世界范围内最早完成工业化转型的国家之一，并且在随后的历史阶段成功跟随了第二次产业革命，并对接和引领了第三次产业革命，一跃至全球科技的制高点。然而，美国真正由科技领先者步入通过本国公共政策而主导世界秩序，与两次世界大战紧密相关。鉴于天然的地缘优势，美国本土避免了世界大战带来的灾难，尽管也带来了诸多负面影响，但美国宏观经济发展在很长一个时期内都相对稳定。原先比美国发达的欧洲地区，却饱受两次世界大战的战火之苦，英国、法国、德国等老牌资本主义国家在战争中实力大大削弱，截至第二次世界大战之前，美国的工业生产总值已经接近世界工业生产总值的五分之二，占据着比欧洲发达经济体大得多的国土面积。美国拥有丰富的土地资源、人力资源，并且在战争过程中通过并不那么光彩的特殊贸易攫取了大量财富，这些财富为美国经济发展提供了充足的资本。美国并没有满足于地缘优势、经济总量优势、科技高地优势等所带来的地位，而是继续在第二次世界大战结束后的1945年，基于自己已经成为世界范围内最大的资本输出国和债权国，建立了以美元为中心的布雷顿森林体系，成为全球贸易格局和金融格局的绝对主导者。

他国一般学不来的制度

美国是个法治传统十分深厚的国家，各级政府的权力内容必须以法律所确定的条文为依据。法律规定着、保障着并制约着政府的权力边界、活动范围与行为方式，包括政府全部工作系统的运行。与美国的总体经济制度模式相适应，政府不介入一般营利性企业的活动，职责集中于不能由市场有效提供的公共品，包括行政、国防、外交、社会治安、社会福利、公共基础设施等等。在财政联邦制下，美国这些职责在不同层级的政府之间以法律为基础做出比较清晰的划分。政府与市场、政府与企业、政府与社会之间的关系清晰、明确，政府主要充当"守夜人"角色，并以"罗斯福新政"成功开启了以"国家干预"实施反周期宏观调控的时代，市场运行体系相对完善，"看不见的手"可相对自主并有效地完成资源配置，知识产权制度完备，加之诸多促进科技创新的政策，美国科技发展飞速，同时税收制度设计相对合理，企业得以长足发展，而社会成员之间过大的收入差距也通过税收得到一定调节，遗产税等机制设计，还促进了非政府组织的发展，形成了实力雄厚、影响广泛而巨大的公益慈善"第三部门"，提供了经济社会运行重要的润滑剂。

促进中小企业创新发展的政策体系

美国特别注重中小企业的发展，其管理机构主要有三个：第一，是联邦政府小企业管理局（SBA, Small Business Bureau）；第二，是白宫小企业会议（White House Small Business Conference）；第三，是两院设立的小企业委员会（Small Business Committee）。这三个管理结构中，最为核心的机构是于1953年设立并于1958年被美国国会确定为"永久性联邦机构"的小企业管理局，作为美国政府制定小企业政策的主要参加和执行部门，其职责定位于支持小企业发展，包括制定中小企业发展的相关政策、规划、提供咨询、信息、培训等。其机构规模较大，在美国十大城市设有分局或称区域办公室，下设69个地区办公室，17个分支办公室以及96个服务点，总人数超过4000人，是美国支持中小企业发展的中坚力量。美国小企业管理局将小企业定义为雇佣员工少于等于500人的企业。作为世界上最发达的国家之一，美国市场中的小企业数量超过2500万家，占美国全部企业数量的98%，科技型中小企业数量非常多，科技投资回收期普遍快于大企业。此外，美国国会于1953年起，相继制定了《小企业法》和《小企业融资法》，对中小企业的经营和融资进行立法保护。除美国联邦小企业管理局以外，白宫总统小企业会议主要负责就与小企业相关的法律制定、政策协调、社会服务等问题进行讨论，为总统提供决策支持，而两院设立的小企业委员会的主要职能是听取联邦小企业局和总统小企业会议对有关小企业发展政策的建议和意见，从外围保障小企业发展体系的良性运转。

美国小企业投资公司计划（Small Business Investment Companies, SBIC）由美国小企业管理局（SBA）设立于 1958 年，是一项致力于弥补美国小企业的融资需求和融资来源之间巨大缺口的金融援助项目，其核心任务是为"获得融资不足"的小微企业"补充私募投资和长期贷款的资金"。小企业管理局是独立的美国联邦政府机构，资金由美国财政负担。SBA 创设 SBIC 项目的原因，是根据联邦政府的一项研究，小微企业获得的融资经常无法满足其技术改进的需求。SBIC 计划，以政府资金和私有资金合作的方式来运作。在该计划之下，符合条件的私营投资基金可以向 SBA 申请注册，成为美国小企业投资公司（SBIC），SBA 向成为 SBIC 的基金提供长期融资支持，以便它们更好地开展业务，为高风险的小微企业提供长期的债务和权益融资。截至 2014 年 6 月，在 SBA 注册过的 SBIC，累计已有 2100 多家，这些 SBIC 已累计进行了超过 16.6 万笔投资，为美国的中小企业配置了超过 670 亿美元的资金（其中约 64% 为私人资本）。苹果、英特尔、联邦快递、惠普、好市多等许多知名企业，都是在得到该计划支持下诞生和发展壮大起来的。

美国在 1978 年通过《报酬法》以及 1981 年通过《经济复兴税法》的目的，是减少投资所得税来鼓励投资。不久，英国通过了《1998 年金融法案》来激励投资。法案规定了资本利得税逐渐缩减原则：即自 1998 年 4 月 5 日起持有资产的时间越长，享受资本利得税减免就越多；持有营业资产 4 年后，资本利得税税率将由 40% 下调到 10%；对非营业资产则由 40% 逐步下调至 24%。同年，法国财政法规定，创业不到 7 年的企业，其主要雇员可认购资本股，3 年后适用税率为 16%，对超过 7 年的企业，其课税率为 30%，认购期可延至 1999 年 12 月 3 日；当转让收益重新投资于创业企业，至少持有 10% 资本的自然人所获得的非上市公司股票或股份的转让增值可延迟课税；如至少有 50% 的股本投资合同用于人寿保险产品，其中 5% 股本用于风险产品，则可享受免税。1980—1981 年，美国先后推出《1980 小型企业投资激励法案》和《激励股票期权法》，使自主创新企业不受《投资顾问法案》的限制，可享受基于绩效的补偿；同时恢复使用股票期权作为一种激励手段，并且对其实行课税的时机改在股票出售之时，而非行权之时。

第三次工业革命实现赶超的日本、以色列和亚洲"四小龙" 📌

兴盛一时的日本

许多经济体都曾经历过"黄金增长"的阶段，但最终得以通过后发追赶进入高收入发达经济体行列的为数不多，在世界性影响意义上达成"崛起"意愿的国家则少之又少。对此，日本可说是一个通过黄金增长追赶而最终实现崛起的典型代表，而拉美地区则是经历黄金增长后仍然裹足不前的典型代表。日本 1955—1973 年呈现经济起飞时期，GDP 年均增长率达到了 9.4%，实际上，在此之前的 1947—1955 年，日本 GDP 年均增长率也达到 9.0%，即在 1947—1973 年这 27 年间，经历了经济高速增长的黄金时期，1973 年之后增长率则逐步回落（如表 2 所示）。

表 2 日本 GDP 年平均增长率 （单位：%）

年份	年均增长率
1947—1955 年	9.0%
1955—1973 年	9.4%
1973—1985 年	3.6%
1985—1990 年	5.2%
1990—2000 年	1.5%

数据来源：浜野洁、井奥成彦等著，彭曦等译，《日本经济史 1600—2000》，南京大学出版社，2010 年版，第 241、243 页。

以 1955—1956 年作为高速增长期的起点，日本在"以投资带动投资"政策的主导下，形成民间设备投资主导型经济，首先以化学、金属、机械产业为中心的重化工业部门的投资增长带动经济增长，而后在受到明显的资源制约后转向加工组装型产业带动经济增长，并在此过程中运用技术模仿后发优势实现技术进步，并最终实现技术超越，加之1955—1975年间"昭和遣唐使"项目的推动，不断派出由日本企业家和劳动工会人员组成的海外视察团学习现代化企业管理又进而形成"日本式"经营，技术超越与制度革新相结合，从而最终成功跨越中等收入陷阱。

为支持中小企业发展，日本设立了许多相关机构，若按照功能将这些机构进行分类，则主要可以分为两类：第一，为中小企业提供政策性贷款的机构。日本这类机构大都以政府部门的形式出现，包括日本的商工组中央金库、国民金融公库和中小企业金融公库。第二，为中小企业提供政策性担保的机构。日本的信用担保制度始于 1937 年成立的东京信用保证协会，经过 70 多年的发展，如今已建立了一整套比较科学、完整的支撑系统，成为亚洲以及世界信用担保系统的翘楚。日本的中小企业信用担保资金以中央政府财政拨款为主要来源，但政府出资的担保机构不一定由政府部门直接运作，日本的基本经验是政府出资，由协会和基金等专门机构具体运作，政府管理部门加以监控。日本的中小企业信用保证计划与政府的产业政策配合，主要以每个时期的政府产业政策为依据，着重为符合产业政策的项目提供担保，如推进中小企业自动化计划等。日本政府成立的政策性担保机构是"日本中小企业信用保险公库"，这样的信用担保机构也负责提供经营咨询服务。日本有 200 多家公立实验机构，聘用有经验的工程师担任顾问，为中小企业的产品、技术可行性研究和实验提供具体指导。与美国相似，日本政府参与的担保计划也起着引导和带动民间机构的作用，中央政府的中小企业信用保险公库也为地方性担保协会进行再担保等。

智慧国度以色列

作为中东地区唯一的发达国家，以色列在经济优势上突出表现为技术领先，在军事科技、电子、通讯、计算机软件、医疗器械、生物技术工程、农业、航空等领域都具有世界先进技术水平，主要是通过科技强国之路跻身世界发达国家之林。

以色列虽然国土面积很小，但是科技研发水平属于国际先进行列。这一方面得益于以色列对高精尖人才培养的注重，另一方面是源自促进科技创新发展的制度模式。从部门结构来看，以色列支持科技研究的部门和工作系统有：科技部、工贸部、国防部、农业部、卫生部、通信部、教育部等 13 个部门，部际科技委员会是内阁决策的参谋机构，并于 2002 年设立了国家研究开发理事会。在此基础上，以色列政府非常重视对民间科技研发的投入。2007 年，以色列产业研发经费约为 3 亿美元，主要用于竞争性工业研发计划、技术孵化器计划等，涉及通讯、电子、生命科学、软件等高新技术行业。此外，以色列制定了扶持科技发展的一系列法规与政策措施，从 1959 年的《鼓励资本投资法》到 1984 年的《鼓励工业研究与开发法》，再到 1990 年的《投资促进法》，发展至今日的《鼓励研究与开发法》和《鼓励投资法》，以色列以政策法规为依据推行切实措施发展科技创新。

以色列最早的科技企业孵化器建立于 1991 年，至 2002 年，已经有 23 家科技企业孵化器。发展至今，以色列成规模的科技企业孵化器共有 24 个，每家孵化器孵化项目数在 8—15 个之间。据 2010 年数据，所有孵化项目均已实现私有化，绝大多数孵化项目有风险资本和产业资本参股，力求实现与市场的对接，表明以色列科技企业孵化器模式的逐步成熟。以色列科技企业孵化器是由政府设立的非营利组织，最终目的在于孵化科技创业项目、催生科技企业，具体的孵化期限最长是两年。以色列通过工业贸易部首席科学家办公室（OCS：Office of Chief Scientists）对科技企业孵化器提供资金支持，并不直接由政府固定地向孵化器拨付资金。孵化器对孵化数量并没有明确的限制，但是孵化项目的筛选要严格经历"预选—评审—最终选择"三个阶段，才能得到批准，并对孵化项目采用直接项目公司制度，即从孵化项目入驻科技企业孵化器的第一天起，就注册成为一家公司，知识产权 100% 属于公司，公司董事会由发明人、创业人、孵化器管理者、第一轮投资者和产业界人士组成，公司资金的使用必须经过孵化器管理者签字授权，且未经孵化器管理者同意不可擅自转让公司股权。公司成立时典型的股权构成为：发明人占股50%、孵化器占股 20%、员工占股 10%、投资人占股 20%。孵化器自身运转中有一个亮点，就是孵化器所占股份的 20% 中，按照相关规定可分 3% 给孵化器管理者，而剩余股权则要留在孵化器内，以扩大孵化器规模，帮助孵化器扩大和成长，来支持更多的项目。项目固化过程中的风险，由政府侧重承担。以色列科技企业孵化器的孵化目标，并不是直接将企业做大、做强，而是帮助目标企业提升自身质量，寻求和吸引市场中的风险投资。换言之，在科技企业与金融投资之间，以色列的科技企业孵化器扮演着至关重要的桥梁作用，一方面在科技企业最难的起步阶段对其进行支持，另一方面寻求将其成功推向市场的途径，这也是以色列科技企业孵化器取得良好效果的关键。为了鼓励商业天使投资，以色列于 2011 年修订了《天使投资法》，对工薪阶层从事天使投资给予税收优惠。

1992 年，以色列成立 YOZMA 政府投资引导基金，最初规模是 1 亿美元，于 1993 年开始正式实施。基于此基金，以色列开启了十几个相关基金，方法是风险投资企业和政府投入 1∶1。由于以色列政府非常鼓励私人资本回购政府基金股权，所以截至 1997 年，YOZMA 基金以私人资本买断政府股权的形式而完全被市场吸收，真正实现政府基金对市场的引导作用。在此过程中，政府并不是通过直接投资来获得利润，而是通过"鼓励风险投资—新企业开张—企业运营而缴纳税收、解决就业、刺激消费—促进经济增长"的链条来间接实现，以色列将此过程称为政府投资基金从第二个循环中获取了收益。除了直接活跃在市场中以外，YOZMA 基金还经常与科技企业孵化器模式相结合。在项目企业酝酿初期，其主要融资途径必然是风险投资，而 YOZMA 计划的实施正是开启了高度国际化的风险投资行业，且该计划盘活的风险资金已经完全实现私有化。以色列 2011 年通过修改法律的方式来支持社会机构资金参与风险投资，进一步扩大了风险资本的来源。在 YOZMA 基金和科技企业孵化器各自成立后，风险基金往往能够通过介入孵化器运作的方式实现与科技企业的顺利结合，由于孵化器能够帮助严格筛选项目、设立公司、经营运转而实现科技企业的起步，相比市场中毫无保障的投资而言，风险基金会更加倾向于投资科技企业孵化器中的项目，从而顺利实现将市场中的风险资金引导至早期创业科技企业的目标。

随着以色列特拉维夫证券交易所放宽对高科技企业的上市门槛，科技企业还可以在早期就实现上市融资。融资起点规定为1600万谢克尔（约合3200万元人民币），公众最低持股比例仅为10%。此外，以色列还特别注重在科技企业发展中，为科技企业提供国际合作方面的相关支持：一方面，以色列设立了许多帮助科技企业实现国际合作的基金，主要有：以色列—美国跨国产业研发BIRD基金，以色列—新加坡SIIRD基金，以色列—韩国KORIL基金、以色列—加拿大CIRDF基金；另一方面，以色列还启动了"全球企业合作计划"，帮助科技企业跨国开展研发和产业化合作。2011年，以色列推出1亿谢克尔（约合2亿元人民币）的"印中计划"，鼓励科技企业加强与印度、中国的合作。

实现短期跃升的亚洲"四小龙"

20世纪60年代后，位于亚洲地区的中国香港，新加坡、韩国，中国台湾在短期内实现了经济的腾飞，跃升至全球发达国家的水平，亚洲"四小龙"正是对它们的形象描述。这四个国家和地区在很大程度上具有相似性，例如占地面积小，产业结构相对单一，都有相似的独具区位优势的贸易港口，尤其是都采取了出口导向型战略。

从结构上看，中国香港的突出优势首先表现在金融业方面。以股票市场为代表的金融业作为香港经济的支柱产业，使香港地区也是全球最重要的融资平台之一，与此相关的国际贸易、外商投资、银行金融等相关产业的繁荣发展，极大地推动了香港的经济增长。金融业在香港的繁荣发展，在很大程度上与香港健全的法制、货币体制、金融监管体系、完善并开放的市场经济体制等密切相关，具有相对优势，而其繁荣在很大程度上满足了香港地区经济发展的资金需求，第三产业也得到了极大发展。以金融业、旅游业、贸易业、物流业为基础的第三产业，是香港地区传统的四大支柱产业，加之全球先进人才和技术的汇聚，文化及创意产业、创新科技产业、环保产业、医疗服务产业、教育服务产业等新兴的第三产业也得到迅速崛起。第三产业繁荣发展不仅为香港经济增长贡献了持久动力，而且为人文社会的长足进步提供了条件，除诸多与住宅小区紧密连接的文化艺术区等，还汇聚了博物馆、音乐厅、展览中心、大型剧场等高水平的文化设施，这些人文社会的高端因素，也与旅游业、金融业形成了互相促进的良性发展循环。

　　作为一个多民族移民国家的"弹丸之国"，新加坡在崛起途中面临的问题不可谓不严峻：约四分之三的华人，加上马来人、印度人以及欧亚混血人，佛教、伊斯兰教、印度教等并立，交织着汉语、马来语、泰米尔语等多种语言，接受相对强势的政权引导，逐步走向了多维平等的局面，种族平等、宗教平等下的同心同德，是新加坡经济腾飞最为重要的基础。与中国香港不同，以国际贸易、加工业、现代物流业和旅游业作为支柱产业的新加坡，拥有较为强势的第二产业。新加坡制造业的重要支柱是化工业，作为世界三大炼油中心和石油贸易中心，新加坡油气产业极高端的技术水平，使得其石油化工和相关专用化学品得到高速发展。在化工业的基础上，新加坡还拥有世界范围内最领先的清洁能源技术，太阳能、水处理与水循环利用、生物燃料、风能、潮汐能、碳排放等能源集约利用项目在新加坡遍地开花，加之原本就较为发达的电子业，综合构成强大的知识密集型制造业。新加坡能够成为全球技术高地的重要制度保障，就是完善的知识产权保护制度，这不仅推动本土技术水平的提升，而且为国外技术安家落户提供坚实基础。此外，新加坡颇具优势的人力资本结构的形成，得益于其先进的教育制度。据麦肯锡的调研，新加坡教育制度是全球最优质的教育制度之一，高素质的教师、一流的教学和先进的教育体制机制，一方面为经济发展奠定了坚实的人力资本基础，另一方面也为新加坡吸引了大批优秀海外人才，并形成了教育产业化发展。

　　韩国最早并不是亚洲"四小龙"中的佼佼者，但自20世纪60年代以来，实行了"出口主导型"开放经济战略，从而以出口为动力拉动宏观经济飞速发展，形成典型的"汉江奇迹"式的发展，并经历学潮、工潮、反腐浪潮等社会考验后，又经历亚洲金融危机和世界金融危机的考验，终得跻身世界发达国家之林。以汽车制造、电子制造、造船等为主的高端装备制造业的高速发展，是韩国经济开始腾飞的最重要的起因，而后又逐步崛起国际贸易、化妆品制造、旅游业、娱乐产业、教育产业和医疗美容产业等，推动韩国经济社会的高速进步。韩国在发展中也曾有过异常难熬的阶段，20世纪90年代中叶，韩国以1988年首尔奥运会作为起点的经济繁荣转入瓶颈期，整个宏观经济的特点是高成本、低效率，在过度投机所导致的房地产泡沫中，刚性工资、政府管制、杠杆攀升等因素大大提升了企业成本。在政府积极作用下度过经济危机后的韩国，以技术水平的跃升迎来了新阶段上的经济赶超，如三星电子迅速占领全球智能手机市场，成为韩国宏观经济的支柱企业代表。在世界银行对韩国经济腾飞原因的分析中，有两点特别值得注意，其一为韩国高等教育95%以上的普及率，其二为韩国高达3.5%左右的"研发费用/GDP"比重，这两个特点一方面推动韩国逐步走向技术高地，另一方面全面提升了韩国国民素质，为长期经济发展奠定了良好人力资本基础。

　　在科技方面，韩国的投入体制以民间投入为主，政府的科技投入主要是在基础研究领域。只有民间开发的投资达到一定强度，所开发的产品很有市场潜力，政府才会在其资金不足时予以一定比例的贷款支持。为了鼓励民间对科技的投入，韩国政府制定了金融优惠措施，还通过设立"技术金融公司"，为科技开发提供专项资金和专项贷款，来支持科技产业发展。此外，韩国政府还通过放松管制、简化手续、改善环境、取消最高投资限额等手段吸收外资对科技的投入，取得了很好效果。韩国为保障中小企业发展，主要有以下扶持机构：第一，政府设立的政策性贷款机构——政策性银行，如韩国为扶持中小企业建立的产业银行；第二，韩国政府成立政策性担保机构"韩国信用保证基金和技术信用保证基金"。此外，税收方面，韩国对于企业研发机构开发新技术或新产品所需的物品，因国内难以生产而从国外进口的，免征特别消费税，并减免关税。法人购置的土地、建筑物等不动产，如果由企业的研究机构使用，则4年内免征财产税和综合土地税。为促进科技成果转化，韩国对于先导性技术产品或有助于技术开发的新产品，在其进入市场初期实行特别消费税暂定税率，前4年按照基本税率的10%纳税，第5年按照基本税率的40%纳税，第6年按照基本税率的70%纳税，第7年起恢复原税率；公民转让或租赁专利、技术秘诀或新工艺所获收入，根据转让或租赁对象的不同免征或者减半征收所得税。对于技术密集型中、小企业和风险投资企业，在创业的前5年减半征收企业所得税，并给予50%的财产税和综合土地税减免，创业法人登记的资产和创业2年内获取的事业不动产，给予75%的所得税减免。此外，韩国对拥有尖端技术的外国高科技企业给予7年的免税期，免税期满后的5年内还可以享受50%的所得税减免，对在韩工作的外国科技人员，5年内免征个人所得税。在韩国，企业研究人员的人员经费、技术研发费及教育培训费等，可在所得税前扣除，并允许在5年内（资本密集型企业为7年）逐年结转。企业购置用于技术研发的试验设备，可按投资金额的5%（国产设备则为10%）享受税金扣除或按照购置价款的50%（国产设备则为70%）实行加速折旧。为促进技术研发的产业化，韩国对国内研发的新技术实现产业化所需的设备投资，给予投资金额3%（国产设备则为10%）的税金扣除或按照购置价款30%（国产器材则为50%）实行特别折旧。再有，实行技术开发准备金制度。韩国从1972年开始实行技术开发准备金制度，企业可按照销售收入总额的3%（技术密集型企业为4%，生产资料企业为5%）在税前提取技术研发基金，用于高新技术研发。另外，韩国设立了自由贸易区，对区内高新技术投资者的财产税减征50%，并减免其进口的研究设备的关税。在区内投资1000万美元以上的高新技术企业，对其实行个人所得税和公司所得税"两免三减半"的税收优惠政策。

与新加坡和韩国依靠大型支柱企业有所不同，中国台湾地区的技术腾飞更多依靠中小企业，具有完备、先进的支持中小企业，尤其是科技型中小企业发展的政策体系。在中国台湾地区，企业引进或使用国外的专利权等，可减免营利事业所得税，新办科学工业企业免征1年的所得税。科学工业园区的企业可以全部免征进口税、货物税、营业税和土地税，5年内免征营利事业所得税，外销产品免税，且期满后可以享受最高税率为20%的低税率政策。公民以个人创作发明的专利权提供或出售给中国台湾境内公司使用而获得的收入免于计入综合所得额课税；对从事科技和学术研究的机构和人员给予所得税、营业税和财产税等多方面的减免税优惠，并对应聘的外国科技人员予以免税待遇。此外，中国台湾税法规定企业必须提取一定比例的营业额用作企业的研发开支，否则将给予惩罚性的税收待遇。企业引进新技术、新产品支付的专利费、许可证费等可在所得税前扣除，中小企业为改进生产技术、开发新产品而支付的研发和实验费用准许在当年应税所得中扣除。企业投资于自动化设备、科技研发和人才培训，可按投资额的5%—20%抵免其应纳所得税额，且可在以后4年内逐年结转。企业可按照购买新设备支出的15%抵免再投资年度新增所得应缴纳的所得税。在折旧方面，中国台湾对用于科技研发、产业升级和改善生产的机器设备，根据情况可以比法定的固定资产使用年限缩短2年或缩短一半计算折旧，折旧年限缩短后不满1年的直接记入成本费用。新设立的风险投资企业，自开始营业之日起5年内免征营利事业所得税；增资扩展的风险投资企业，5年内就其新增所得免征营利事业所得税；投资于创业公司，其投资收益的80%免于计入当年度营利事业所得税。外商投资于高科技风险行业的，可以按照投资额的20%在税前抵扣应税所得，技术先进的重要企业可按投资额的30%在税前抵扣应税所得，并允许在此后5年内继续抵扣。此外，对投资高科技产业的公司除给予税收减让政策外，对其实行退税20%的制度。

  "四小龙"的短期跃升，全面的原因分析当然更为复杂，但前述的一些重要侧面，各有千秋，可以给我们提供一些关于成功者经验的启示。然而，我们还应注意到，"四小龙"的短期跃升与其较小的经济体量、国土面积、人口规模等因素息息相关，而这些特征都是拥有庞大经济体量、国土面积、人口规模等错综复杂因素的中国所不具备的，所以对中国经济发展只可形成一些可供参考的借鉴，很难构成可直接模仿的路径。

第 三 章

Chapter three

成功脱离中等收入陷阱
国家的数据表现

　　就下中等收入阶段而言，新加坡是经济增长速度最快的国家，其 GDP 增长率均值在此阶段内达到 10.02%；就上中等收入阶段而言，韩国是经济增长速度最快的国家，其 GDP 增长率均值在此阶段内达到 9.14%。

成功跨越中等收入陷阱的经济体 📌

基于世界银行研究结论的述评

世界银行研究团队基于相关实证数据，分别以 1960 年和 2008 年作为时间节点，观察了横切面上全球各个经济体的数据表现，形成如图 1 所示的结果：分别以 1960 年、2008 年 GNI 数据为横轴、纵轴的量值，以 1960 年低收入与中等收入、中等收入与高收入这两条分界线作纵向切割，以 2008 年同样这两条分界线作横向切割，直角坐标系上共可分为九个区域。1960 年处于中等收入发展阶段而 2008 年已处于高收入发展阶段的经济体，仅有 13 个，分别为：以色列、日本、爱尔兰、西班牙、中国香港、新加坡、葡萄牙、中国台湾、毛里求斯、赤道几内亚、韩国、希腊和波多黎各，其他大多数国家经济体则在这一长期过程中始终处于中等收入阶段。与此同时，从图 1 位置居中的区域不难看出，1960 年濒于低收入阶段和中等收入阶段交界处的中国，在历经 48 年的发展后，明显由低中等收入阶段向高中等收入阶段过渡，但该区域中更多经济体则呈现出停滞不前的状态，始终在中等收入阶段挣扎。

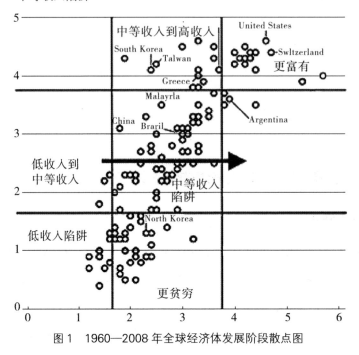

图 1　1960—2008 年全球经济体发展阶段散点图

　　尽管世界银行团队这项研究时间宽度与亚行团队相比少了 10 年，但是建立在统一口径的世界银行官方数据基础上，并较为智慧地采用了时间序列中两个重要节点上横切面数据的比较研究方法，其结论更显得直观而可靠。

　　世界银行这一结论的不足在于，其研究所使用的时间节点分别为 1960 年和 2008 年，而从全球经济实践来看，2008 年爆发了严重的全球金融危机，经济发展水平产生较大波动。鉴于此，我们认为应对世界银行这一重要研究成果进行一些微调，即着重关心那些已经在长期视野中成功跨越 "中等收入陷阱" 的经济体，是否在 2008—2014 年这一阶段中经历了倒退。据世界银行 2013 年数据表明，毛里求斯实际上并未步入高收入行列，而是仍然保持在上中等收入阶段，即时段延长至 2013 年看，成功者为 12 个经济体，其分布为：亚洲地区 6 个，欧洲地区 4 个，非洲地区 1 个，北美洲 1 个，其概况如表 3 所示。

表3　世行总结成功跨越中等收入陷阱的13个经济体概况

国别/地区	所处洲	面积（平方千米）	人口（万人）	人均GDP（美元）
以色列	亚洲	22145	775	36051
日　本	亚洲	377972	12691	38634
新加坡	亚洲	704	507	55182
韩　国	亚洲	99600	5040	25977
中国香港	亚洲	1104	726	38124
中国台湾	亚洲	36192	2344	22597
西班牙	欧洲	505992	4612	29882
葡萄牙	欧洲	91982	1063	21738
希　腊	欧洲	131957	1078	21966
爱尔兰	欧洲	70273	458	50478
赤道几内亚	非洲	28051	67.6	20582
波多黎各	北美洲	8875	366	28529
毛里求斯	非洲	2040	128	9478

说明：1."人口"指标（数据均以"万人"为单位作了取整处理）：日本数据截至2015年3月，来自日本国家统计局；韩国数据截至2011年，来自韩国国家统计局；西班牙数据截至2011年7月，来自西班牙国家统计局；中国台湾数据截至2015年3月，来自"中华民国统计资讯网"；希腊数据截至2011年6月，来自希腊官方2011年人口普查估计文件；葡萄牙数据截至2011年1月，来自欧盟统计机构官方网站；以色列数据截至2011年6月，来自以色列中央统计局官方网站；中国香港数据截至2014年底，来自香港政府统计处官方网站；新加坡数据截至2010年6月，来自新加坡统计局官方网站；爱尔兰数据截至2011年4月，来自爱尔兰中央统计办公室官方网站；波多黎各数据截至2012年7月，来自美国人口调查局官方网站；毛里求斯数据截至2010年7月，来自毛里求斯官方人口估计网站。2."人均GDP"指标统一采用世界银行2013年发布的数据，由于世界银行不发布中国台湾的数据，所以中国台湾采用世界货币基金组织2014年发布的数据。

　　除日本以外，这些经济体的土地面积都很小或非常小，人口数量均属于全球范围内人口少或极少国家（地区）行列。对于中国这样典型的"巨国经济"而言，我们很难直接从这些经济体发现可供自己借鉴而探寻可模仿发展路径的对应性空间。此外，值得注意的是，从世界银行发布的人均GNI数据来看，赤道几内亚的人均 GNI 变动趋势可谓大起大落（详见图 2），原本一直是以种植业为主的世界范围内最不发达经济体之一，由于 1996 年在领海内发现大量石油资源而激发经济快速增长，迅速成为撒哈拉以南非洲第三大石油生产国，并于 1997 年突破低收入上限、2005 年突破中等收入

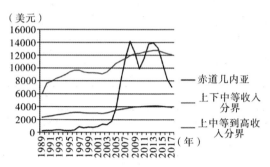

图 2　赤道几内亚 1989—2017 年人均 GNI 变动趋势

下限、2007 年正式跻身高收入行列，2008 年回落至上中等收入阶段，2010年又重新进入高收入行列，2012 年再次回落至上中等收入阶段，其路径可说完全不可为中国复制，于中国而言也没有借鉴意义。因此本书在后续对成功者路径的研究中，不再将赤道几内亚作为对象之一。

基于亚洲开发银行研究结论的述评

全球范围内多家机构都曾对"中等收入陷阱"问题进行过深入探讨：除世行之外，亚洲开发银行 2012 年的报告[①] 显示，基于 1950 年至 2010 年间可追踪到的各个经济体的连续性数据分析，全球 124 个国家中，有 52 个国家位于中等收入阶段，其中有 35 个经济体的经济在此 60 年期间一直处于、按照其经济指标表现于、可预见的未来也将继续处于中等收入发展阶段，即落入了"中等收入陷阱"。"中等收入陷阱"可按照世界银行对全球各个经济体收入组别的划分分为"下中等收入陷阱"和"上中等收入陷阱"两个组别，这 35 个落入"中等收入陷阱"的经济体中，有 13 个位于拉美地区，其中 11

---

① Jesus Felipe, Arnelyn Abdon, Utsav Kumar, *Tracking the Middle-income Trap: What Is It, Who Is in It, and Why?* Asian Development Bank Working Paper, No.306 ,March 2012.

个处于下中等收入陷阱（包括：玻利维亚、巴西、哥伦比亚、多米尼加共和国、厄瓜多尔、萨尔瓦多、危地马拉、牙买加、巴拿马、巴拉圭和秘鲁），2 个处于上中等收入陷阱（包括：乌拉圭和委内瑞拉），无论从绝对数量上观察还是从版图上观察，拉美地区都是落入"中等收入陷阱"的集中区域，因而学界也有人将"中等收入陷阱"形象地称为"拉美化"问题或直称"拉美化陷阱"；有 9 个位于撒哈拉以南非洲，这 9 个国家都处于低中等收入陷阱（包括：阿尔及利亚、埃及、伊朗、约旦、黎巴嫩、利比亚、摩洛哥、突尼斯和也门共和国）；有 3 个位于亚洲，其中 2 个处于低中等收入陷阱（包括：菲律宾和斯里兰卡），1 个处于高中等收入陷阱（马来西亚）；还有 2 个位于欧洲，都处于低中等收入陷阱（包括：阿尔巴尼亚和罗马尼亚）。与此同时，有 23 个经济体步入高收入阶段（如表 4 所示）。经济体要脱离下中等收入陷阱和上中等收入陷阱所需要具备的经济增长条件十分不同：脱离下中等收入陷阱需要的平均年限为 28 年，且平均每年的经济增长速率不能低于 4.7%，而脱离上中等收入陷阱需要的平均年限为 14 年，且平均每年的增长速率不能低于 3.5%。

表 4　1950 年以来步入上中等收入及高收入阶段的国家

国别/地区	所处地域	步入上中等收入阶段的时间（年）	步入高收入阶段的时间（年）
中国香港	亚洲	1976	1983
日　本	亚洲	1968	1977
韩　国	亚洲	1988	1995
新加坡	亚洲	1978	1988
中国台湾	亚洲	1986	1993
奥地利	欧洲	1964	1976
比利时	欧洲	1961	1973
丹　麦	欧洲	1953	1968
芬　兰	欧洲	1964	1979
法　国	欧洲	1960	1971
德　国	欧洲	1960	1973
希　腊	欧洲	1972	2000
爱尔兰	欧洲	1975	1990

续表

国别/地区	所处地域	步入上中等收入阶段的时间（年）	步入高收入阶段的时间（年）
意大利	欧洲	1963	1978
荷兰	欧洲	1955	1970
挪威	欧洲	1961	1975
葡萄牙	欧洲	1978	1996
西班牙	欧洲	1973	1990
瑞典	欧洲	1954	1968
阿根廷	拉丁美洲	1970	2010
智利	拉丁美洲	1992	2005
以色列	中东	1969	1986
毛里求斯	撒哈拉以南非洲	1991	2003

数据来源：Jesus Felipe, Arnelyn Abdon, Utsav Kumar, Tracking the Middle-income Trap: What Is It, Who Is in It, and Why? Asian Development Bank Working Paper No.306, March 2012.

亚行的相关研究虽有一定启发意义，但由于数据源等问题而导致与经济发展现状差距过大，在很大程度上降低了参考价值。以智利一国为例，亚行系列研究中显示，其已经于1992年顺利脱离下中等收入陷阱而步入上中等收入阶段，并于2005年成功晋级高收入阶段，而世界银行的权威数据却表明，智利目前仍处于中等收入阶段。由于在数据处理、建模及研究过程中更多地重视了数据的连续性，考虑到1950年以来的直接数据不可得，亚洲开发银行的系列研究实际上建立在数据口径并不尽统一的基础上，从而出现了较为明显的偏差，虽然在很大程度上仍可为我们带来启发，但是结论的参考价值却有待商榷。

成功者跨越陷阱用了多长时间 📌

世界银行对全球经济体收入阶段的划分标准是动态变化的。基于人均GNI这一指标，世界银行将全球各个经济体划分为四个发展阶段：低收入阶段，低中等收入阶段，高中等收入阶段，高收入阶段。特别值得注意的是，对四个组别的划分标准，基于全球经济发展状况变化，每个发展阶段中呈现逐年上升趋势。仅世行一家机构，对收入阶段划分所依据的人均 GNI 数据口径就有六种之多，包括：2005 年美元值（Constant 2005 US$）、本币值（Constant LCU）、现价本币值（Current LCU）、阿特拉斯法计算下现价美元值（Atlas Method, Current US$）、2011 年国际美元 PPP 值（Constant 2011 International $）和国际现价美元 PPP 值（Current International $）。

分析的基础

世界银行基于 1960 年和 2008 年两个时间横切面数据的相关分析，为我们提供了一个可供观察的时间区间信息。亚行的相关研究采用其他数据源的主要原因，是考虑到世界银行的可观察数据不连续，相关划分标准的数据口径繁多，且覆盖时间区间较短，做长期比较十分困难。我们已观察到，亚行研究团队采用其他数据源分析所得结果，可参考性受到较大影响。因此，我们认为仍应侧重于采用世界银行数据，总体思路是将缺失数据通过后续补充与估测等方法补齐，然后在一个可供观察的长期区间内做相关研究。世界银行研究团队的已得结论是 1960—2008 年期间，仅有 13 个经济体成功跨越"中等收入陷阱"，我们可从这一基本结论出发，在将时间区间从 2008 年更新至 2017 年的前提下，进行深化研究。

在可查询的 2000—2017 年世界银行收入划分标准（详见前面表 1）的基础上，我们首先需要将这一时间区间扩展至 1960—2017 年，加之 1962—2017 年世界各经济体每年人均 GNI 均值是可获得的，所以我们的思路是建立收入划分标准与世界各经济体每年人均 GNI 数据变动之间的关系。考虑到每年收入划分标准应是以世界人均 GNI 均值的变动为基础，所以可设世界人均 GNI 均值为自变量、每年收入划分标准为因变量来做观察，可由 2000—2017 年的收入划分标准得到 1962—1999 年的收入划分标准估计值。

通过比较简单的回归分析，加上可以获得的原有数据，我们可以得到一个从 1962 年到 2017 年区间内完整的低收入上限、上下中等收入分界线和高收入下限的人均 GNI 数值，结合世界银行数据库中可获得的各个国家从 1962 年到 2017 年的人均 GNI 数据，帮助我们认识世界上各经济体的发展格局。处理相关数据是一个纷繁复杂的过程，而且也比较枯燥，我们在书中不做详细回顾。基于这些数据分析结果，我们意在更深入地认识这些成功跨越中等收入陷阱的经济体。当然，另一种视角是反观不成功者。

与上述世界银行的相关研究相比，数据扩展至 2017 年后，进入高收入组的国家又新增了委内瑞拉、巴拿马、帕劳和塞舌尔四个国家。

下图分别展示了委内瑞拉、巴拿马、帕劳、塞舌尔 1989—2017 年人均 GNI 变动趋势，由于委内瑞拉在 2014 年之后的人均 GNI 数据不可得，故其人均 GNI 数据截至 2014 年。委内瑞拉（拉美）于 2014 年晋升高收入组，巴拿马（拉美）于 2016 年晋升高收入组，帕劳（大洋洲）同样于 2016 年晋升高收入组，塞舌尔（非洲）于 2014 年晋升高收入组。

委内瑞拉拥有丰富的石油资源，原油储量位居世界第一，事实上，丰富的石油资源暂时为国内潜在危机盖上了一层"遮羞布"。委内瑞拉推行的拒绝私有化、推行不合理的福利制度并将石油开采收益用来补贴社会福利等政策，使得国内腐败现象严重，体制内人员效率低下，公共服务质量极低。严重依赖资源出口使其国内产业结构呈现出明显的畸形状态：工业基础设施不完善、农业严重依赖进口、严重的通货膨胀一触即发。委内瑞拉虽于 2014 年勉强进入高收入组，但自查尔斯总统去世以来，其国内政局动荡不安且面临较严重的通货膨胀，再加上 2014 年下半年原油价格暴跌势必对国内经济造成重击，其人均 GNI 增长预期不稳，预期有较大可能从高收入组跌落至中等收入阶段。塞舌尔和帕劳属于岛屿国家，国土面积分别为 451 平方千米和 495 平方千米，人口数分别为 95843 人（2017 年统计数据）和 21800 人（2017 年统计数据）。旅游业是两国的支柱产业，其中，塞舌尔旅游业占其国内 GDP 比重高达 70%，帕劳的旅游业占其 GDP 比重 50%。巴拿马国土面积 7.55 万平方千米，人口数为 407 万人（2017 年统计数据）。塞舌尔、帕劳和巴拿马是著名的国际避税地，这三个国家都在垄断资本主义时期被殖民过，殖民时期没有独立税收自主权，独立后仍部分沿用之前有利于资本输入的税制体系。委内瑞拉高收入国家的地位岌岌可危，塞舌尔、帕劳和巴拿马国土面积狭小、人口稀少，其增长模式于中国来说借鉴意义不大，故接下来的讨论中不再深入研究以上四国。（如图3、4、5、6所示）

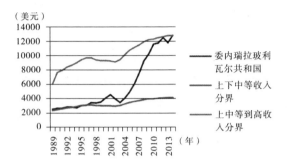

图3　委内瑞拉1989—2014年人均GNI变动趋势

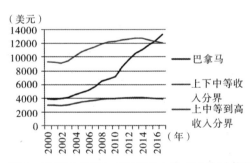

图4　巴拿马1989—2017年人均GNI变动趋势

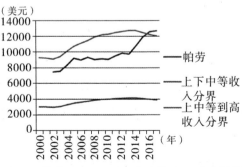

图5　帕劳1989—2017年人均GNI变动趋势

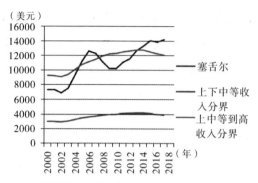

图 6 塞舌尔 1989—2017 年人均 GNI 变动趋势

再有，除毛里求斯和赤道几内亚以外，世界银行数据库中中国台湾数据不可得，因此长期分析中我们只能对 10 个成功者 1960 年以来的收入演变进行相关分析。

基于 1962 年以来的数据观察，日本、以色列、希腊和波多黎各四国早在 1962 年以前，就已经步入了中等收入阶段，所以我们无法得出其跨越"下中等收入陷阱"的完整区间。试想如果我们研究所基于的时间区间能够拉长一些，就能够得到更为合意的研究结果，但为了保证数据口径的统一，我们采用的数据均来自世界银行，而可供参考的数据起始时间便停留在 1962 年，难免有些遗憾。尽管如此，我们还是可以根据估计值较为清晰地判定大部分成功者（除中国香港和爱尔兰以外）脱离"下中等收入陷阱"的年份：日本为 1971 年、以色列为 1971 年、新加坡为 1974 年、西班牙为 1973 年、葡萄牙为 1974 年、希腊为 1972 年、波多黎各为 1971 年。与"下中等收入陷阱"不同，在我们选择的 1962 年以来的时间区间内，能够较为完整地看到成功者跨越"上中等收入陷阱"的时间表，其中最为重要的时间节点，就是这些成功者结束上中等收入阶段的年份，这标志着此年份以后，这些国家不再是中等收入国家，而是晋级成为全球的高收入国家。如上所述，根据我们的研究，成功者晋级高收入阶段的年份分别为：日本 1978 年、以色列 1988 年、韩国 1993 年、新加坡 1984 年、中国香港 1986 年、西班牙 1988 年、葡萄牙 1992 年、爱尔兰 1988 年、希腊 1989 年、波多黎各 1999 年。

成功者跨越陷阱的时间列表

这些成功者跨越"下中等收入陷阱"和"上中等收入陷阱"的持续时间及相应时间区间可总结为表5。从这些数据中,我们不难得出如下初步结论:第一,成功者跨越"下中等收入陷阱"的时间多集中在20世纪70年代,在有数据可考的8个成功者中,有7个都是在这一时间段成功跨越下中等收入阶段的;第二,成功者跨越"上中等收入陷阱"的时间多集中在20世纪80年代,10个成功者中有6个都是在这一时间段成功跨越上中等收入阶段的;第三,从可观察到的完整时间区间来看,大多数成功者跨越"上中等收入陷阱"的时间需要10—20年,10个成功者中有8个都落在这一时间长度内;第四,从表1的数据看来,日本是这些成功者中的强者,因其步入上中等收入阶段的时间属于最早步入这一阶段的三个国家之一,而其跨越"上中等收入陷阱"的持续时间也最短,仅用了8年,成为这批全球成功者中最早步入高收入阶段的经济体;第五,跨越"上中等收入陷阱"的持续时间也可能非常漫长,如:波多黎各,按照我们的估计值,虽然是最早步入上中等收入阶段三个成功者之一,但却是最晚步入高收入阶段的国家,在上中等收入阶段持续了29年之久!第六,就全球范围内的成功者来看,平均跨越"上中等收入陷阱"的持续时间为15.9年,我们认为,这一结论对中国上中等收入阶段的发展可能具有重要启示或参考价值。(如表5所示)

表5　成功者跨越"中等收入陷阱"时间表

国别/地区	跨越"下中等收入陷阱"	跨越"上中等收入陷阱"
日　本	1962—1971年及以前	8年,1971—1978年
以色列	1962—1971年及以前	18年,1971—1988年
韩　国	11年,1974—1984年	10年,1984—1993年
新加坡	13年,1962—1974年	11年,1974—1984年
中国香港		13年,1974—1986年
西班牙	12年,1962—1973年	16年,1973—1988年
葡萄牙	11年,1964—1974年	19年,1974—1992年

国别／地区	跨越"下中等收入陷阱"	跨越"上中等收入陷阱"
爱尔兰		17 年，1972—1988 年
希 腊	1962—1972 年及以前	18 年，1972—1989 年
波多黎各	1962—1971 年及以前	29 年，1971—1999 年
均 值		15.9 年

说明：本表系作者根据世界银行相关数据研究结论编制而成

基于上表，以世界银行发布的 1961 年以来世界各国 GDP 增长率数据为基础，可得到成功者分别跨越"上中等收入陷阱"和"下中等收入陷阱"进程中各年度 GDP 增长率具体数据，从而可总结出下表 6。需要说明，由于成功者跨越"上中等收入陷阱"的时间区间是在估计值基础上确定的，所以相应的 GDP 增长率也是确定的，而部分成功者跨越"下中等收入陷阱"的时间区间，在 1962—2013 年这一时间跨度中是不确定的，但可以确定的是这些成功者在 1962 年均正处于下中等收入阶段，所以其自 1962 年起至晋级上中等收入年度止，这一时间区间内的 GDP 增长率也可在很大程度上反映其跨越"下中等收入陷阱"的 GDP 增长率，但这一量值是带有推算因素的大约值。

表 6 成功者跨越"中等收入陷阱"的 GDP 增长率

单位：%

国别／地区	跨越"下中等收入陷阱"的 GDP 年均增长率（约）	跨越"上中等收入陷阱"的 GDP 年均增长率
日 本	9.30	4.58
以色列	8.91	4.81
韩 国	8.78	9.14
新加坡	10.02	8.12
中国香港		7.75
西班牙	7.42	2.79
葡萄牙	7.88	3.20
爱尔兰		3.90
希 腊	7.95	2.57
波多黎各	7.70	3.96
均 值	8.50	5.08

说明：本表系作者根据世界银行相关数据研究结论编制而成

不难看出，全球成功者跨越"中等收入陷阱"过程中GDP增长率的特征：第一，从均值来看，成功者跨越"下中等收入陷阱"的GDP增长率均值为8.50%，而跨越"上中等收入陷阱"的GDP增长率均值为5.08%。第二，成功者跨越"下中等收入陷阱"的GDP增长率一般情况下都高于其跨越"上中等收入陷阱"的GDP增长率，尽管如本书前文特别说明中所述，部分国家脱离下中等收入阶段的时间区间并不完整，但大致趋势并无异议。这些成功者中，除了韩国跨越"上中等收入陷阱"的GDP增长率略高于其跨越"下中等收入陷阱"的数值以外，其他成功者都显示出此特征，且这些国家跨越"下中等收入陷阱"的数值比跨越"上中等收入陷阱"的数值要高得多，这些在中等收入发展阶段前半段经济高速增长的经济体，到后半段的GDP增长率往往不足4%，甚至不足3%。第三，就下中等收入阶段而言，新加坡是经济增长速度最快的国家，其GDP增长率均值在此阶段内达到10.02%；就上中等收入阶段而言，韩国是经济增长速度最快的国家，其GDP增长率均值在此阶段内达到9.14%；就中等收入阶段综合而言，新加坡是全球成功者中名副其实的先行者，虽然经济总量小，但是经济增长速度是最快的，其GDP增长率均值在整个中等收入阶段达到了9.07%，可以说经济增长从来没有停下过脚步，一路高歌地走完了整个中等收入阶段，成功晋级高收入经济体。第四，就日本和以色列两国数据看来，一个看似存在的悖论引人思考：这两个国家在跨越"上中等收入陷阱"的阶段，GDP年均增长率相差并不多，但是所用时间却大相径庭，日本仅用了8年而以色列则耗费18年之久。实际上，两国数据呈现这样的表现是由于统计口径的不同。如前所述，划分收入阶段所用的数量指标是人均GNI和各国GDP年均增长率的对比，这两个指标之间不仅存在着人均与总量的表现差异（事实上，两国在跨越"上中等收入陷阱"的经济发展阶段，日本人口呈现出更高的增长率，所以人均指标会更低），更重要的是表现在GDP与GNI的指标差异，基于此，我们可判断，日本跨越的过程中资本走出去、企业走出去、劳动力走出去为经济增长贡献很大，虽然与以色列的GDP

年均增长率相仿，但GNI水平增长动力强劲。中国在经济总量指标中更多采用GDP，所以本书在人均GNI基础上又对GDP年均增长率作一轮比较，以期为我国经济发展提供一些较为便利的参考、对比。

▎亚洲地区：日本、以色列、韩国、新加坡、中国香港 📌

以世界银行人均GNI数据及我们所估计的收入划分标准为基础，日本（如图7所示）晋级高收入组应在1978年，由于日本1962年已经步入中等收入组，所以我们无法准确计算日本在中等收入组的持续时间，但由于1962年低收入上限估计值为430美元而日本人均GNI值为610美元，可见日本应为步入低收入组的初始阶段。日本步入上中等收入阶段的年度为1971年，所以日本跨越"上中等收入陷阱"持续时间为8年。

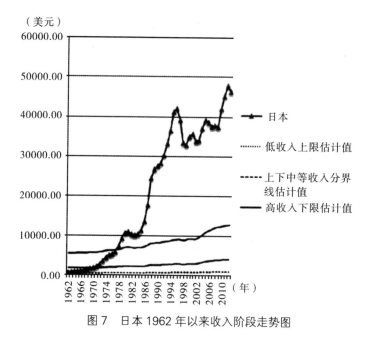

图7 日本1962年以来收入阶段走势图

以世界银行人均GNI数据及我们所估计的收入划分标准为基础，以色列（如图8所示）晋级高收入组应在1988年，由于以色列1962年已经步入中等收入组，所以我们无法准确计算以色列在中等收入组的持续时间。以色列步入上中等收入阶段的年度为 1971 年，所以以色列跨越"上中等收入陷阱"持续时间为 18 年。

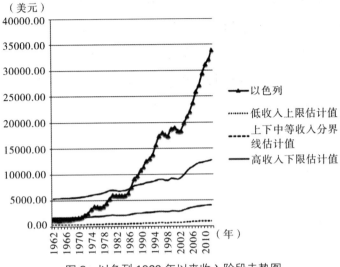

图 8　以色列 1962 年以来收入阶段走势图

以世界银行人均 GNI 数据及我们所估计的收入划分标准为基础，韩国（如图 9 所示）晋级下中等收入组的年度为 1974 年，晋级上中等收入组的年度为 1984 年，晋级高收入组的年度为 1993 年。由此看来，韩国跨越"低中等收入陷阱"的持续时间为 11 年，跨越"高中等收入陷阱"的持续时间为 10 年。

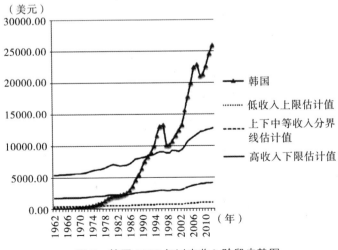

图 9　韩国 1962 年以来收入阶段走势图

　　以世界银行人均GNI数据及我们所估计的收入划分标准为基础，新加坡（如图10所示）晋级高收入组应在1984年，由于新加坡1962年已经步入中等收入组，所以我们无法准确计算新加坡在中等收入组的持续时间，但由于1962年低收入上限估计值为430美元而新加坡人均GNI值为490美元，可见新加坡应为刚刚步入中等收入阶段，加之新加坡步入上中等收入阶段的年度为1974年，不难得出新加坡跨越"低中等收入陷阱"的持续时间为13年，跨越"高中等收入陷阱"的持续时间为11年。

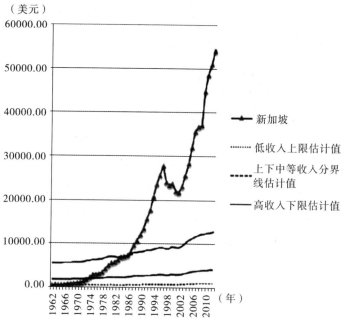

图10　新加坡1962年以来收入阶段走势图

　　以世界银行人均GNI数据及我们所估计的收入划分标准为基础，中国香港（如图11所示）晋级高收入组应在1986年，由于中国香港的数据有缺失，有数据显示的1967年已经步入中等收入组，所以我们无法准确计算中国香港在中等收入组的持续时间。中国香港步入上中等收入阶段的年度为1974年，可得其跨越"高中等收入陷阱"的持续时间为13年。

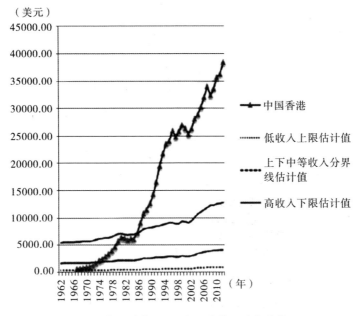

图 11　中国香港 1962 年以来收入阶段走势图

欧洲地区：西班牙、葡萄牙、爱尔兰、希腊 📌

　　以世界银行人均 GNI 数据及我们所估计的收入划分标准为基础，西班牙（如图 12 所示）晋级高收入组应在 1988 年，由于其 1962 年已经步入中等收入组，所以我们无法准确计算西班牙在中等收入组的持续时间，但由于 1962 年低收入上限估计值为 430 美元且西班牙仅为 500 美元，因此可将其视为刚刚步入中等收入阶段，加之西班牙步入上中等收入阶段的年度为 1973 年，可得其跨越"低中等收入陷阱"的持续时间为 12 年，跨越"高中等收入陷阱"的持续时间为 16 年。

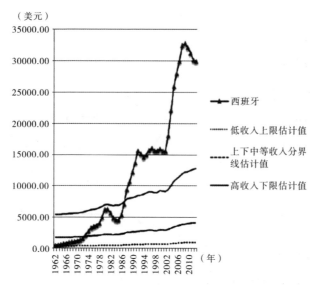

图 12　西班牙 1962 年以来收入阶段走势图

以世界银行人均GNI数据及我们所估计的收入划分标准为基础，葡萄牙（如图13所示）晋级下中等收入组的年度为1964年，晋级上中等收入组的年度为1974年，晋级高收入组的年度为1992年。由此看来，葡萄牙跨越"低中等收入陷阱"的持续时间为11年，跨越"高中等收入陷阱"的持续时间则为19年之久。

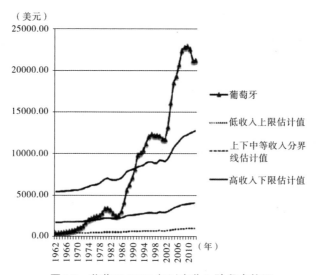

图 13　葡萄牙 1962 年以来收入阶段走势图

以世界银行人均 GNI 数据及我们所估计的收入划分标准为基础，爱尔兰（如图 14 所示）晋级高收入组应在 1988 年，由于爱尔兰的数据有缺失，有数据显示的 1972 年早已经步入中等收入组，甚至已经步入了高收入组，所以我们无法准确计算爱尔兰在中等收入组的持续时间，但由于 1972 年上下中等收入分界线估计值为 1910 美元且爱尔兰为 2070 美元，可认为刚刚步入上中等收入阶段，所以爱尔兰跨越"高中等收入陷阱"的持续时间约为 17 年。

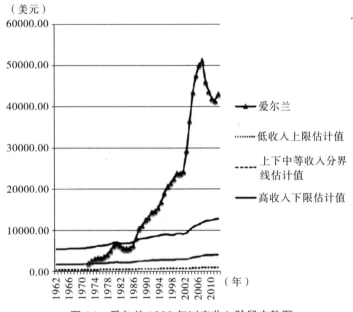

图 14　爱尔兰 1962 年以来收入阶段走势图

以世界银行人均 GNI 数据及我们所估计的收入划分标准为基础，希腊（如图 15 所示）晋级高收入组应在 1989 年，由于希腊 1962 年已经步入中等收入组，所以我们无法准确计算其在中等收入组的持续时间。希腊步入上中等收入阶段的年度为 1972 年，所以其跨越"上中等收入陷阱"持续时间为 18 年。

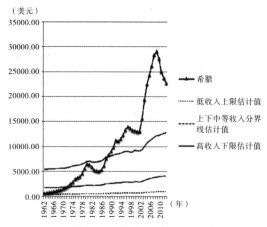

图 15　希腊 1962 年以来收入阶段走势图

北美洲地区：波多黎各 📌

以世界银行人均 GNI 数据及我们所估计的收入划分标准为基础，波多黎各（如图 16 所示）晋级高收入组应在 1999 年，由于波多黎各 1962 年已经步入中等收入组，所以我们无法准确计算其在中等收入组的持续时间。波多黎各步入上中等收入阶段的年度为 1971 年，所以其跨越"上中等收入陷阱"持续时间为 29 年。

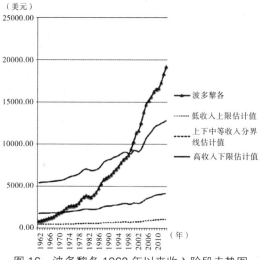

图 16　波多黎各 1962 年以来收入阶段走势图

前工业社会和工业社会的领先者都是成功者 📌

认识全球范围内成功者的视角有很多，在不同视角下，成功者的分类也不同。而若以经济发展阶段的视角看来，我们应当可以按第一次工业革命为界：在前工业社会，全球经济格局中虽然也不乏比较中的领先者，这些领先者是全球的"权力中心"，其中部分领先者亦是全球的经济发达地区，但从经济总量来看，全球基本都处于低收入发展阶段；步入工业社会，全球经济呈现出腾飞态势，其中的引领者，正是我们要认识的非同寻常的成功者。决定这些经济体成为成功者的原因是多维的，本书仅选择从经济增长、经济发展视角来帮助认识前工业社会和工业社会的成功者们。

1500 年前后，全球的"权力核心"可说集中在明朝时期的中国、奥斯曼帝国、印度的穆斯林支脉莫卧儿帝国、莫斯科大公国和德川幕府时期的日本，但是从经济视角来看，领先者主要是明朝时期的中国以及主要位于现代印度地区的莫卧儿帝国。各国经济在这一时期大都以农业、手工业和商业为主，土地和劳动力这两个基本生产要素成为是否能够成为领先者的决定性条件。

在土地方面，明朝时期的中国有宽广的平原及肥沃的土壤，特别值得一提的是开掘于春秋时期、完成于隋朝、繁荣于唐宋时期、取直于元代、疏通于明清的"京杭大运河"，这一贯通南北的运河贯通本就有灌溉之利的沿海平原，使其土地要素的优势得天独厚。在劳动力要素方面，明帝国在 15 世纪就已经拥有 1 亿—1.3 亿人口，这一数字对于当时的整个欧洲而言都是不可想象的（那时全欧洲总人口仅 5000 万—5500 万）。在贸易方面，明朝初期以福建为中心的海运、西南和西北地区的茶马古道，都为经济做出很大贡献。这些条件共同成就了明帝国前工业社会全球经济格局下的"权力中心"、领先者中的领先者地位，文明程度还表现为有儒家理念和机构设置完整的治理制度体系。

奥斯曼帝国虽然也可以说是当时的权力中心之一，但其成为领先者的主要原因并不在经济，而更多是依仗武装掠夺，这与同作为穆斯林国度的莫卧儿帝国截然不同。莫卧儿帝国的主体产业是农业，且其具备农业领先的诸多先天条件。在土地方面，莫卧儿帝国的疆域于1700年达到450万平方千米，全盛时期几乎囊括了整个南亚大陆及阿富汗地区，具有非常丰富的土地资源。在广袤的土地上，莫卧儿帝国的农业技术相对先进，在农作物种植方面更注重扩大经济作物的种植面积，加之水利灌溉设施的发展，使其农业得到蓬勃发展。劳动力方面，莫卧儿帝国的总人口于1700年达到1.5亿，可说享有非常丰富的劳动资源。除了国内贸易，莫卧儿帝国的商品粮、棉花、生丝等专业化产区名扬欧亚市场。

前工业社会的领先者具有两个典型特点：第一，这些领先者都具有很强的区域性特征，全球格局割裂成几大板块，经济发达地区主要依靠本国拥有的丰富自然资源和人力资本；第二，这些领先者的经济总体水平仍非常低，以农业、手工业和商业为主的时代，要素利用率极为低下，国内市场已具备雏形但多方面机制都不完善，全球市场并未形成。

从前工业社会到工业社会，全球经济格局发生了翻天覆地的变化。在前工业社会时期，全球经济中心主要集中于亚洲地区，假如在1500年前后看，人们无法想见今日格局的呈现，因为在中国的大一统王朝已经从盛世开始走向衰败的时期，欧洲还是一个农业洲，绝大多数的人口都住在农村，经济活动较多与耕种田地相关，在反映当时欧洲居民生活的艺术作品中，我们常可以看到收获期间头戴礼帽、身着简易克里诺林裙的人物，并非绅士与淑女，而是劳动后席地而坐饮酒的农民。1492年10月中旬，哥伦布登上了巴哈马群岛中的一个岛，并将它命名为"圣萨尔瓦多"，标志着美洲大陆正式被欧洲人发现。

以1500年为起点，世界在西欧的不断扩张中步入伊比利亚阶段，航海家作为推动经济贸易的重要职业人士，在沿非洲海岸富饶的马德拉群岛、加纳利群岛、佛得角群岛和亚速尔群岛的吸引下，以海外冒险事业帮助葡萄牙和西班牙版图迅速扩张，不同要素在经济发展中的地位开始产生明显的变化，资本作为一个与土地和劳动力并重的要素，开始越来越多地发挥作用，且随着侵略和掠夺不断积聚膨胀。这一积累过程是一个血腥且漫长的过程，从葡萄牙、西班牙到荷兰，无论哪个国家红极一时，最终都落入了量变的历史长河中。这一量变阶段一直在为一个质变做准备，那就是第一次工业革命的到来。

从工业革命开始，每一次产业革命的到来都不是黑天鹅事件。16、17世纪的欧洲，在航海的强烈需求驱使下，地理学和航海术得到极大发展，与此最为相关的科学——天文学开启了人类科学革命的旅程。从哥伦布发现新大陆、伽利略验证两个铁球同时落地到牛顿发现万有引力定律，高高在上的基础学科生于欧洲、长于欧洲。前所未见的大量贸易不断进行，为经济体带来两个方面的压力：一方面是在竞争驱使下对产品质量提升的压力，另一方面则是在供不应求和比较优势的双重作用下对生产率提升的压力。欧洲良好的科学基础以及贸易的需求，开启了制度变革和技术进步的时代。欧洲的诸多国家中，有我们所特别需要认识的第一位非同寻常的成功者——英国，也即第一次工业革命的发源地。

如果说工业革命是全球技术进步的起点，那么战争也成为促进技术以点带面进步的重要原因。尽管电力的发明起源于英国，但历经第一次世界大战、第二次世界大战后，在一个近现代史的起点上才刚刚被发现的大陆上，一个经济体以天然优越的地理位置做屏障，享尽了两次战争带来的、血腥的经济发展红利，以多项技术突破成为真正引领第二次产业革命的领先者。这是我们所特别需要认识的第二位非同寻常的成功者——美国。而后的发展阶段中，美国经济虽在高收入水平上历经起起落落，但最终以美国籍匈牙利人冯诺依曼发明现代计算机为起点，成功地引领了第三次产业革命——信息技术革命。

第 四 章

Chapter four

世界上落入中等收入陷阱的国家

导致拉美一大批经济体落入"中等收入陷阱"的因素，由历史制度遗留、种族多样化、发展战略失误、政治动荡不安和不当的福利赶超等等共同构成。

当下全球正处于中等收入阶段的经济体 📌

从世界银行 2019 年最新发布的 2017 年人均 GNI 数据来看，正处于下中等收入阶段的经济体有 50 个，正处于上中等收入阶段的经济体有 53 个。由于国家非常多，本书以大洲为单位将这些国家进行了分组，可将正处于下中等收入发展阶段和上中等收入发展阶段的经济体，分别总结形成表 7 和表 8。

表 7 2017 年处于下中等收入发展阶段的经济体一览表

所处大洲	国家名称	个数
亚　洲	东帝汶，印度尼西亚，格鲁吉亚，蒙古国，西岸和加沙，菲律宾，斯里兰卡，不丹，乌兹别克斯坦，越南，印度，老挝，巴基斯坦，也门，吉尔吉斯斯坦，孟加拉国，柬埔寨，缅甸	18
欧　洲	科索沃，乌克兰，摩尔多瓦	3
非　洲	佛得角，斯威士兰，埃及，摩洛哥，刚果（布），尼日利亚，赞比亚，加纳，苏丹，莱索托，科特迪瓦，圣多美和普林西比，喀麦隆，肯尼亚，毛里塔尼亚，科摩罗，吉布提，肯尼亚，塞内加尔，津巴布韦，安哥拉，突尼斯	20
北美洲	萨尔瓦多，尼加拉瓜	2
南美洲	玻利维亚，洪都拉斯	2
大洋洲	密克罗尼西亚, 瓦努阿图共和国, 基里巴斯, 巴布亚新几内亚, 所罗门群岛	5

说明：此表系作者根据世界银行数据编制而成

表 8　2017 年处于上中等收入发展阶段的经济体一览表

所处大洲	国家名称	个数
亚　洲	土耳其，马来西亚，哈萨克斯坦，黎巴嫩，伊朗，阿塞拜疆，伊拉克，中国，马尔代夫，土库曼斯坦，泰国，约旦，亚美尼亚	13
欧　洲	罗马尼亚，保加利亚，黑山，白俄罗斯，塞尔维亚，马其顿，波斯尼亚和黑塞哥维那，阿尔巴尼亚，俄罗斯	9
非　洲	加蓬，毛里求斯，博茨瓦纳，南非，纳米比亚，阿尔及利亚，赤道几内亚，利比亚	8
北美洲	墨西哥，哥斯达黎加，格林纳达，圣卢西亚，多米尼克，圣文森特和格林纳丁斯，多米尼加，牙买加，伯利兹，马绍尔群岛，危地马拉	11
南美洲	巴西，苏里南，哥伦比亚，秘鲁，厄瓜多尔，圭亚那，巴拉圭	7
大洋洲	图瓦卢，汤加，瑙鲁，斐济，美属萨摩亚群岛	5

说明：此表系作者根据世界银行数据编制而成

　　以上两表展示了各大洲所包括的正处于中等收入阶段的经济体。我们也许并不能武断地通过个数来判定关注点，主要原因是各个大洲和国家的国土面积差异很大，然而无论各经济体面积的大小，若从数量上来看，它们的分布密度更多与大洲的面积有关，我们从中可以知道，亚洲、非洲和大洋洲是下中等收入经济体颇为密集的洲，亚洲和北美洲则是上中等收入经济体颇为密集的洲。但最为关键的是，结合本书第 2 章和第 3 章中的结论，自 1950 年以来，其实仅有 15 个经济体成功跨越了中等收入陷阱，而 1950 年后步入中等收入阶段的其他经济体，则大多数可视为落入了"中等收入陷阱"。

已经在"上中等收入陷阱"里挣扎了多久 📌

　　按照上文对高收入组成功者的分析方法，我们可对正处于上中等收入阶段的经济体进行相关分析，从而得到中等收入陷阱的事实判断。以世界银行人均 GNI 数据和我们所估计的 1962 年以来每年的收入划分标准为基础，对目前正处于上中等收入阶段的 52 个经济体（除中国以外）进行分析，可总结出表 9。基于此我们得出结论：目前正处于上中等收入阶段的经济体中，有 20 个经济体在此收入阶段的持续时间已超过 16 年，可视为已落入"上中等收入陷阱"。这些国家及相应持续时间为：俄罗斯（至少 27 年）、利比亚（至少 16 年）、巴西（29 年）、土耳其（26 年）、圣文森特和格林纳丁斯（18 年）、加蓬（43 年）、马来西亚（26 年）、墨西哥（28 年）、黎巴嫩（24 年）、伯利兹（18 年）、毛里求斯（26 年）、苏里南（38 年）、哥斯达黎加（25 年）、博茨瓦纳（27 年）、南非（38 年）、格林纳尔（20 年）、保加利亚（至少 36 年）、圣卢西亚（28 年）、多米尼克（25 年）、牙买加（19 年），并由此可得：落入"上中等收入陷阱"的经济体，其在该组别的持续时间均值已达 26.85 年。以上国家中，若将墨西哥也算为加勒比海沿岸，那么拉丁美洲和加勒比海沿岸的经济体数量共有 10 个之多，占落入上中等收入陷阱经济体总量的一半。

表 9　上中等收入组经济体收入阶段现状

国　　别	晋级上中等收入阶段的年度	持续时间
俄罗斯（欧洲）	1991 年（此为数据起始时间）	至少 27 年（曾晋级高收入组）
赤道几内亚（非洲）	2005 年	13 年（曾晋级高收入组）
巴西（拉美）	1989 年	29 年
土耳其（亚洲）	1992 年	26 年
利比亚（非洲）	2002 年（此为数据起始时间）	至少 16 年（曾晋级高收入组）
加蓬（非洲）	1975 年	43 年
马来西亚（亚洲）	1992 年	26 年
哈萨克斯坦（亚洲）	2006 年	12 年
墨西哥（北美洲）	1990 年	28 年
黎巴嫩（亚洲）	1994 年	24 年
瑙鲁（大洋洲）	2009 年（此为数据起始时间）	9 年（曾晋级高收入组）
毛里求斯（非洲）	1992 年	26 年

续表

国　别	晋级上中等收入阶段的年度	持续时间
苏里南（拉美）	1980 年	38 年
哥斯达黎加（北美洲）	1993 年	25 年
罗马尼亚（欧洲）	2005 年	13 年
博茨瓦纳（非洲）	1991 年	27 年
南非（非洲）	1980 年	38 年
格林纳达（北美洲）	1998 年	20 年
保加利亚（欧洲）	1982 年（此为数据起始时间）	至少 36 年
哥伦比亚（拉美）	2007 年	11 年
黑山（欧洲）	2005 年	13 年
圣卢西亚（北美洲）	1990 年	28 年
多米尼克（北美洲）	1993 年	25 年
伊朗（亚洲）	2008 年	10 年
白俄罗斯（欧洲）	2007 年	11 年
圣文森特和格林纳丁斯（北美洲）	2000 年	18 年
阿塞拜疆（亚洲）	2008 年	10 年
伊拉克（亚洲）	2009 年	9 年
塞尔维亚（欧洲）	2005 年	13 年
秘鲁（拉美）	2010 年	8 年
图瓦卢（大洋洲）	2004 年	14 年
纳米比亚（亚洲）	2006 年	12 年
多米尼加（北美洲）	2007 年	11 年
马尔代夫（亚洲）	2006 年	12 年
土库曼斯坦（亚洲）	2010 年	8 年
土库曼斯坦（亚洲）	2010 年	8 年
厄瓜多尔（拉美）	2008 年	10 年
泰国（亚洲）	2010 年	8 年

续表

国　别	晋级上中等收入阶段的年度	持续时间
牙买加（北美洲）	1999 年	19 年
阿尔及利亚（非洲）	2008 年	10 年
马其顿（欧洲）	2008 年	10 年
约旦（亚洲）	2010 年	8 年
波黑（欧洲）	2007 年	11 年
亚美尼亚（亚洲）	2014 年	4 年（晋级上中等收入组有反复）
伯利兹（北美洲）	2000 年	18 年
阿尔巴尼亚（欧洲）	2008 年	10 年
汤加（大洋洲）	2012 年	6 年
马绍尔群岛（北美洲）	2002 年	16 年（晋级上中等收入组有反复）
危地马拉（北美洲）	2017 年	1 年
圭亚那（拉美）	2015 年	3 年
巴拉圭（拉美）	2010 年	8 年
斐济（大洋洲）	2005 年	13 年（晋级上中等收入组有反复）
美属萨摩亚群岛（大洋洲）	2015 年	3 年

说明：此表系作者据世界银行数据编制而成

拉美地区落入中等收入陷阱的多重原因 📌

导致拉美一大批经济体落入"中等收入陷阱"的因素，由历史制度遗留、种族多样化、发展战略失误、政治动荡不安和不当的福利赶超等等共同构成。

历史制度遗留

早在 16 世纪初期，以葡萄牙侵占巴西、西班牙统治除巴西以外的其他南美地区为起点，拉美进入了长达 300 年之久的殖民统治时期。当时，宗主国在拉美实行重商主义政策，强迫并仅限拉美殖民地生产能在当时国际市场中牟取暴利的几种农矿产品，这种政策导致拉美各国形成单一产品制，并大量削减了拉美地区的资源储备，严重扭曲整个经济发展。直至 20 世纪中期，拉美所有地区才完全独立。因此，这种历史制度遗留因素后来一直被看是拉美 20 世纪 80 年代以来经济停滞、落入"中等收入陷阱"的重要原因之一。

种族多样化

整个拉美地区人口具有十分复杂的民族和种族构成，主要民族来自拉美当地土著印第安人、后来到达拉美的西班牙人和葡萄牙人、再后来到达拉美的意法德乌及巴尔干半岛的欧洲移民以及殖民时期作为奴隶从非洲运到拉美的黑人；主要种族包括蒙古利亚人种、欧罗巴人种和尼格罗人种。还有些是后来移民至拉美的日本人、印度人及华人。在经历几个世纪的发展后，20 世纪拉美地区的纯血统居民已相当少，一半甚至以上都是混血。拉美国家使用的语言有西班牙语、葡萄牙语、荷兰语、英语、法语及多种印第安语，仅印第安语的方言就有 1700 多种，包括纳华特语、瓜拉尼语、玛雅语、克丘亚语等等。这样复杂的民族和种族构成，加之复杂语种所构成的交流障碍和风俗文化的隔阂，也被认为是拉美经济增长受到严重阻碍的原因之一。

发展战略失误

这种观点是 20 世纪 90 年代以林毅夫为代表的中国经济学者对"拉美化"分析时提出的，他们认为拉美的错误在于把经济发展战略定位为"进口替代性战略"，即希望以本土生产的工业制成品来满足本国居民的需求，从而取代所有的进口工业制成品。更进一步地，这种观点认为"进口替代工业化战略（ISI）"的核心失误在于优先发展重工业是其必经阶段，而在不考虑本土资源禀赋基础上的重工业优先增长，其本质是一种经济赶超，而经济赶超在以林毅夫为代表的经济学者看来，是一种扭曲产品和要素相对价格的办法，甚至是以计划来代替市场机制进行的经济增长，他们认为一切合理的经济增长都应当是以比较优势战略而非经济赶超战略作为基础的。

政治动荡不安

政治不稳定是拉美各经济体的普遍特征，主要源自民主政体与威权政体之间的不断更替，加之民粹主义政策与正统宏观政策之间的更替。这种政体与政策的不断变换，导致拉美始终不能稳定在一个发展方向上，同时严重影响了本土和外来投资者的信心，使不稳定的经济雪上加霜。其中，更为值得重视的是拉美选举中被选举人往往利用扭曲的、不切实际的民粹主义政策对正统的宏观政策加以比较和抨击，以此来笼络民心，同时也靠此成为当权者，进而落实选举时发表的民粹主义政策。忽视长期宏观经济发展的短期政治方针指导下的各项政策，使摇摇欲坠的经济负重前行，结果一蹶不振。

不当的福利赶超

福利赶超的直接原因是为了缓解收入差距不断拉大而造成的社会不稳定，过早、过急地照搬发达国家已经实施的社会福利制度，使国家在经历马尔萨斯均衡、步入经济赶超阶段且经历了一定时期的发展后，未能保持可持续稳定发展的后劲，掏空了经济发展和持续改进民生福利的基础，并引发了其后的社会矛盾激化与不稳定。这种福利赶超的选择不是一个而是多个原因造就的：第一方面，拉美国家经历了一段时期经济的高速增长后，社会收入差距不断扩大，导致社会各个阶层对福利的意愿增强，影响着社会经济生活；第二方面，所有居民都有"福利赶超"这样的心态，最直接、最关心、最期待的就是增加收入，具体包括增加津贴、奖金、实际收入，以提高购买力和生活水平，形成了一种"大众情感的政治主张"即所谓"民粹主义"倾向；第三方面，虽然从宏观经济尤其是国家经济发展水平、国家财力水平、国民收入等发展与积累的理性角度来考虑，公众对福利的无限渴望不应盲目地、一味地去迎合，但是拉美国家政治上的不稳定，加上为了迎合选民的意愿争取选票而推崇民粹主义政策的政治领袖易于当权，导致选民的这种非理性意愿会不断地、简单地、不计后果地被政治领袖所迎合与满足。在第一方面的影响下，第二方面对福利的追求开始产生并不断增强，第三方面为了迎合第二方面的意愿从而掌握政权，无限制满足第二方面对福利的要求。在一段时间里面，这种民粹主义基础上对福利的强烈意愿和政治领袖当权的强烈意愿，互相激荡、互相加强、互相满足，共同造就了拉美不当的福利赶超，即所谓"民粹主义基础上的福利赶超"。

以上因素虽囊括了不同层面、不同维度、不同视角的分析，见仁见智，大多有一定的道理，但是笔者认为以拉美政治领袖意愿和民众意愿双方激荡和加强而形成的"民粹主义基础上的福利赶超"，应是直接拖垮拉美经济、导致其停滞不前的最重要因素。

拉美在中等收入发展阶段经历民粹主义绑架 📌

拉美福利赶超最为直接的原因是应对三十年黄金增长期带来的社会收入差距扩大。这一点其实十分值得深思：任何经济体在高速工业化进程中都有可能出现的社会收入差距扩大问题，为何在拉美引发了强烈的福利赶超，甚至最终将拉美经济拖入"中等收入陷阱"呢？笔者认为，答案恰在于拉美社会收入差距的内部特殊性和阶段特殊性。内部特殊性主要表现在两方面，即历史原因和种族原因。拉美经历了长期殖民地生活，加之民族和种族多样化，始终对平等问题非常敏感，加上遗留下来的历史制度导致国家落后，工业化和城市化进程举步维艰，创造就业和解决城乡一体化发展问题就更加困难，社会收入差距扩大问题也与多语种、多信仰等人口结构问题有一定关联，多元民族间的差异性与歧视因素，容易催化收入差距矛盾。阶段特殊性表现在三方面，即外部发达国家的榜样效应、当权阶层的贪婪和内部公民对福利的无限渴求的充分叠加。外部发达国家的榜样效应本来是经济赶超的前提，落后经济体发起后发优势对发达经济体进行技术学习和制度优化而实行赶超，是中等收入经济赶超阶段的合理路径。然而，拉美后来的赶超并没有沿着学习技术和长久有效制度体系的方向来进行，而是扭曲地转向了忽略本土财政约束、机械照搬发达国家福利水平和福利体制的方向。当时的发达国家已经经历了几轮的"经济迅速增长—工资福利上涨—经济继续迅速增长"，在经济发展水平到达一定高位且逐步稳定后，才进入"工资福利上涨—建立福利保障体系"的转变，又经历一定时期的福利覆盖面扩大和福利水平提高，终于逐步建成福利国家体制。因而拉美作为经济落后的经济体，过早地照搬发达经济体历经多年发展才得以推行的体制，只能是力不从心、适得其反。

民粹主义作用下的城市化与工业化的矛盾激化

拉美的城市化，在民粹主义影响下过度发展，而与之伴随的是工业化发展的严重滞后，这成为中等收入阶段拉美经济增长过程中的主要矛盾之一。拉美在工业化方面实行"进口替代工业化战略"（ISI），这项战略的实质是以扭曲要素和市场价格。抵御出口、保护本土产业，从而严重阻碍拉美的工业化发展，导致拉美1980—2000年以来工业化水平整体偏低并伴随倒退现象。与此同时，拉美的民粹主义积极推进城市化进程，以此来迎合民众意愿、力图赢得选举。民粹主义城市化与滞后工业化的这种矛盾，为拉美带来一种特殊的、畸形的解决方向，即非正规部门的大量涌现和长久存在。民粹主义城市化为城市带来了过量流动人口，导致城乡人口比例严重失调；滞后工业化所能够容纳的劳动力十分有限，加之这种过量涌入的流动人口，另外还有过于迅猛的城市化所带来的劳动力就业的结构性问题，导致大量劳动力无处可去。突出的发展矛盾、扭曲的劳动力市场及漏洞百出的制度，催生了大批非正规部门，在下文中，本书还要阐述这些非正规部门怎样在后续的福利赶超过程中继续被催化而不断发展壮大。

民粹主义作用下的国有化与外资的矛盾

拉美的民粹主义国有化浪潮与其历史上深入其骨的外资依赖，成为限制拉美经济发展的另一个重要矛盾。如前文所述，早在16世纪初拉美就受到葡萄牙和西班牙的侵占，开始了长达几个世纪的殖民地历史，在这一段历史发展过程中，拉美的本土经济完全受到其宗主国的摆布，或者可以这样认为，拉美作为殖民地时期的经济发展史就是外资独霸一方的发展史，这样的历史背景导致拉美经济一直处于过分依赖外资的形势中。第二次世界大战前，拉美大部分地区尚未民族独立，在殖民地进行所谓的"外商投资"其实是一种变相的国内投资而已；第二次世界大战后，拉美开始强调民族独立，力争摆脱外资依赖，开展"进口替代工业化战略"和"国有化战略"，试图通过国有化浪潮来替代所有进口工业商品，为此不惜扭曲要素价格和产品价格，造成市场扭曲和工业化进程的步履维艰。拉美而后推行的金融自由化，助推本国外资由 33% 上升至 47%。按照经济增长路径的理性分析，拉美这样的落后经济体在经济赶超阶段应当在政府控制水平内果断借助外国丰富的资本来发展本国经济，这样才能够在相对短期内大力实现经济增长，拉动整个经济体内的经济发展。然而，拉美历史上的殖民原因成为民粹主义政客为操纵政治权力而利用的重要工具，利用民粹主义情绪将外资指责为另一种类型的"侵略"，转而将抵制外资、大力推行国有化作为迎合民众意愿的筹码。这种手段在 20 世纪七八十年代曾盛极一时，后稍有缓解，但随着 90 年代左右拉美金融自由化的到来，又再次卷土重来，激起新一轮的民粹主义国有化浪潮，严重制约了拉美的经济增长。

民粹主义作用下的福利赶超

福利本来应是随中等收入经济赶超阶段的不断深化和发展而逐步提高的，然而，拉美的民粹主义将福利赶超作为经济赶超最重要的目的，掏空了经济发展的后劲和持续改进民生福利的基础，其微观与宏观上主要表现，是劳动就业和社会性支出两个方面。

首先，从微观上来讲，拉美福利赶超将重点投向劳动就业。拉美劳工立法由四大主要部分组成：保护就业和劳动条件的立法、集体谈判制度、劳资纠纷处理程序和社会保障制度，其中，保护就业和劳动条件的立法又细致涵盖了就业保护、工时保护、工资保护、解雇赔偿、劳工休假、劳动安全等等方面。拉美这种劳工立法至少带来三个方面的后果：第一，提高雇主的劳动力成本导致失业率上升。拉美劳工立法的就业保护、解雇赔偿及劳工休假等方面，的确在开始时为广大劳工带来福利，但是后来不断提高的社会保障税成为雇主的沉重负担，无论是国有企业雇主、外资企业雇主还是个体工商户雇主，都要缴纳大量的社会保障税，有数据表明，20世纪80年代后期，拉美许多国家的社会保障税一度达到40%—50%，与欧洲国家平齐甚至超过了欧洲国家。这种社会保障水平的提高显然是迎合大多数民众意愿的，但是其短期激进发展，会显著提高雇主的劳动力成本，导致雇主寻求对其更为经济的资本要素来代替劳动要素，结果降低了就业率，导致众多追随高社会保险和全社会保障的劳工大众反而面临失业。第二，劳动力市场流动性差导致结构性问题。已经缴纳的大比率的社会保障税，加上解雇赔偿金，使劳动力的流动成本很高，削弱了劳动力市场自主配置资源的弹性机制。第三，非正规部门不断扩大。非正规部门出现的直接原因如前文所述，即民粹主义城市化与滞后工业化之间的矛盾，而其不断扩大正是由于民粹主义基础上的福利赶超，使劳工立法的规定导致正规部门背负高社会保障税，而非正规部门却可规避高社会保障税的压力，由此而来，正规部门雇主的成本不断升高，导致雇主寻求以其他资本要素来代替要劳动要素，失业的劳工也大都流入了非正规部门。根据哈佛大学经济学院的统计数据，拉美地区1950年非正规部门平均就业率为10%左右，到1970年仅上升了两个百分点，而到1990年，非正规部门平均就业率在40%左右，近20年以来还在不断攀升。

接着，从宏观上来讲，拉美福利赶超将重点放在了扩大社会性支出。一国财政支出的两大基本方向为生产性支出和社会性支出，而拉美20世纪80年代以后为迎合民粹主义的需要不惜将财政支出着力于扩大社会性支出方面，甚至在财力严重不足的情况下扩大赤字来满足社会性支出。扩大社会性支出集中表现在其占GDP的比重和占总支出的比重不断攀升，如表10所示。

表 10 1990—2000 拉美社会支出占 GDP 的比重

单位：%

国家	1990—1991	1992—1993	1994—1995	1996—1997	1998—1999	2000—2001
阿根廷	19.3	20.1	21.1	20.0	20.8	21.6
巴西	18.1	17.7	19.3	17.3	19.3	18.8
巴拉圭	3.1	6.2	7.0	8.0	8.5	8.5
巴拿马	18.6	19.5	19.8	20.9	20.9	25.5
秘鲁	4.0	5.3	6.7	7.1	7.7	8.0
玻利维亚	/	/	12.4	14.6	16.3	17.9
多米尼加	4.3	5.9	6.1	6.0	6.6	7.6
厄瓜多尔	5.5	5.8	7.4	8.2	8.1	8.8
哥伦比亚	6.8	8.1	11.5	15.3	14.0	13.6
哥斯达黎加	15.6	15.2	15.8	16.8	16.4	18.2
洪都拉斯	7.9	8.1	7.8	7.2	7.5	10.0
墨西哥	6.5	8.1	8.8	8.5	9.2	9.8
尼加拉瓜	11.1	10.9	12.2	11.3	13.0	13.2
萨尔瓦多	/	3.1	3.4	3.8	4.1	4.2
危地马拉	3.4	4.1	4.1	4.3	6.0	6.2
委内瑞拉	8.5	8.9	7.6	8.3	8.4	11.3
乌拉圭	16.9	18.9	20.3	21.3	22.8	23.5
智利	11.7	12.4	12.3	13.0	14.7	16.0
平均水平	10.1	10.9	11.7	12.1	12.8	13.8

数据来源：ECLAC， Social Expenditure Database

由表 10 中数据不难看出，整个拉美地区各个国家从 1990 年至 2000 年社会性支出占 GDP 的比率不断上升，平均比率更是从 10% 左右上升至接近 14%，整个拉美地区社会性支出占公共支出的平均比重更是由 41.8% 上升至 47.8%，个别国家社会支出占公共支出的比重高达 60% —70%。随着金融自由化后民粹主义的又一轮回归，可以预测社会支出的比重还将进一步扩大。

拉美地区从福利赶超到中等收入陷阱 📌

演变中第一阶段的主要表现是：民粹主义政府在经济赶超的背景下实

施福利赶超，经济产出水平和实际工资水平在一开始得到普遍提高，同时由于出台了劳工立法，能够保持合意的就业率，并迎合民众意愿提高社会保障水平，经济呈现出一片欣欣向荣的景象。

然而，这种表象存在着种种隐形的矛盾问题：第一，隐形于财政赤字的问题。民粹主义政策在这一阶段充分迎合民众意愿，不顾本国财力水平的制约，甚至不惜一味扩大财政赤字来达到民粹主义追求。于是在种种遮掩之下实际的财政赤字扩大，财政支出扩张，以此来拉动国内总需求，促进就业上升。与此同时，民粹主义政府严格控制物价，从而提高民众工资的实际购买水平。第二，隐形于国际收支的问题。拉美各国国内商品短缺依靠进口来弥补，从而导致大量外汇用于进口，同时还实行控制物价，因此每花费一笔外汇用于从国外进口商品，就意味着还要再附加一笔财政开支来控制该进口商品的物价，导致隐形国际收支问题压力沉重，外汇短缺问题逐步显露。第三，隐形于劳动市场的问题。在这一阶段，民粹主义的主张逐步彰显，劳工实际工资很高，整个劳动市场的就业率也保持在合意水平，民众从劳工立法中得到实惠，但随着民粹主义进一步深化，劳工立法中对社会保障制度的要求提高，雇主企业必须缴纳的社会保障税随之提高，种种矛盾都隐性潜伏而积累、叠加。

由于第一阶段属于纯消耗阶段，没有什么积累，所以进一步的发展就遇到了瓶颈制约。第二阶段出现了第一阶段中存在的隐性问题显形于全局：一方面，以扩大财政赤字为主的财政收入增加造成对国内商品的巨大需求，这种巨大需求与生产供给不足严重对立，因此，更多的商品要依赖进口，与此同时，已经非常吃力的财政还要维持所谓的"高福利"，要赶超欧美、简单机械照搬欧美福利制度，更加为财政雪上加霜；另一方面，由于大笔外汇前一阶段已经用于进口，导致外汇越来越短缺，即使现阶段需要更多的商品，也没有更多的外汇再去进口来满足需求。这种典型的供给矛盾导致民粹主义政府控制物价的行为无法继续，只能施行价格调整、本币贬值、外汇管制、产业保护。这一阶段，根据民粹主义的主张，民众工资仍增长很快，但是这一阶段的通货膨胀增长更快，导致实际购买力开始下降。

第二阶段产生的问题还只是冰山一角，种种问题在第三阶段全面爆发。第一，外汇缺口越来越大，政府只能通过不断贬值来试图稳定经济，但是国内混乱的局面导致贬值效果很小，加之国内不断恶化的经济形势导致国内资本外逃及经济的去货币化。第二，财政政策只能选择降低税收来刺激经济，但是税收的减少直接导致财政收入减少，而经济所需的补贴却不断攀升，进而导致预算赤字不断扩大乃至恶化，政府不得不再努力减少赤字，于是经济政策变得无法运行、不可持续。第三，由于通货膨胀率急剧上升，民众的实际工资大幅下降，供求矛盾逐步尖锐，民众对于福利的追求还没来得及充分实现就落入了比福利赶超之前更加凄惨的局面，民粹主义更加妄谈实现，政府完全束手无策。

经历了前三个阶段的发展后，前一任民粹主义政府必然破产倒台，新一任政府将出面主持大局，实施正统宏观政策下的稳定计划，或借助 IMF 等国际机构的援助，试图继续维持本国经济发展。此时，国内民众实际工资已出现大幅下降，低于民粹主义政府当政之前的水平，并将在很长一段时期处在这样的低水平，经济增长缓慢、停滞不前，甚至出现倒退，这又激发了原已存在的多种社会矛盾，经济问题趋于社会化、政治化，使经济社会发展无奈地落入所谓的"中等收入陷阱"。这是民粹主义基础上政府一味"迎合民意"超越客观可能性实施福利赶超所带来的严重后果，一度高歌猛进的福利赶超没有综合国力的有力支撑，发展到一个临界点之后，福利会从云端迅速跌落于尘埃，这时一起跌下来的还有整个国家的发展活动。如前文所述，自20世纪90年代拉美实施金融自由化之后，民粹主义情绪再次高涨，新一轮恶性活动的回归似乎已箭在弦上。这种一轮又一轮的民粹主义福利赶超，使拉美经济落入"中等收入陷阱"后难以自拔。

亚洲"四小虎"落入中等收入陷阱 📌

20世纪80年代，经济得以突飞猛进发展的不仅有本书已述及的亚洲"四小龙"，还有包括泰国、马来西亚、菲律宾和印度尼西亚在内的亚洲"四小虎"。泰国是一个农业大国，盛产大米和橡胶，自然经济一直以来都占据着泰国国民经济的主导地位，其经济结构发生变化的开端是在 20 世纪 70 年代。1960—1980 年 20 年间，泰国的国民收入增长了 7.2 倍。马来西亚矿产资源丰富，锡矿产量在 20 世纪 90 年代之前一直很高，同时还有铁、金、钨、铝土、锰等矿产，加上石油和天然气，自然资源十分丰富。早年间，马来西亚是英国殖民地，亚洲较早起步的橡胶生产国，在英国殖民期间生产力领先全亚洲，许多中国和印度的劳动者到马来西亚寻找工作机会，为其发展提供了充足廉价的劳动力。自 1957 年独立以来，马来西亚一直以农业和锡矿作为支柱产业，后来历经以农业产业多元化寻求发挥比较优势的阶段，马来西亚成为全球最为重要的橡胶出口国，此外还盛产油棕和可可。20 世纪七八十年代，原油和天然气也成为马来西亚的支柱产业，结合农业优势，共同推动了马来西亚的经济增长。菲律宾二战后，农业和工业得以逐步恢复。1962—1972 年，菲律宾放宽了经济管制，至 1980 年又出台了新经济政策，该政策包括土地改革、稳定物价、降低失业率、提高福利等内容，在很大程度上推动了经济发展。印度尼西亚资源丰富，支柱资源包括石油、天然气、煤、锡、镍、铜、金、银等，加上贸易的推动作用，印尼经济一度得以快速发展。在贸易方面，印尼的主要出口产品包括石油、天然气、纺织品、木材、藤制品、手工艺品、橡胶、纸制品等。

1997 年 7 月，泰国政府宣布放弃固定汇率制，实行浮动汇率，当日泰铢兑换美元的汇率就应声而降 17% 之多，引发了外汇及金融市场的混乱。泰铢的动荡在整个东南亚"牵一发而动全身"，马来西亚林吉特、菲律宾比索、印度尼西亚盾等相继成为国际游资的狙击目标。其实，亚洲金融危机影响的不仅是亚洲"四小虎"，也包括新加坡、中国香港和中国台湾在内的亚洲"四小龙"，继 8 月马来西亚林吉特失守后，新加坡元受到严重冲击，10 月下旬金融海啸又直击中国香港市场，出现"惊心动魄的港元保卫战"，中国台湾亦弃守新台币汇率作"主动贬值"。随后，从东南亚席卷而来的金融风暴迅速波及韩国，影响日本，波及整个亚洲以及俄罗斯。1998年金融危机后，亚洲"四小虎"基本全军覆没，宏观经济遭受重创，社会生活中矛盾激化甚至由不稳定局面演化出流血事件，发展中的"雄心壮志"受阻而面临中等收入陷阱之苦。相比之下，已进入发达经济体之列的"四小龙"在受到冲击之后，最终得以复原。

从表象来看，亚洲"四小虎"的没落与1998年亚洲金融危机直接相关，但纵观其从崛起之势到迅速衰落的过程，不难发现其体制机制到经济结构方面的内在缺陷。

首先，亚洲"四小虎"与"四小龙"相比，在科技创新异军突起方面多有不同。泰国、马来西亚、菲律宾和印度尼西亚除了具有与"四小龙"相似的旅游业之外，更多表现为资源能源、原材料、劳动力密集型产品的出口，这些处于微笑曲线底端的产业，一方面由于不可再生等特点难以持续推动宏观经济增长，另一方面利润极低，相关的资本积累根本无力支撑宏观经济高速增长。这也是亚洲"四小虎"在经济增长上虽然也曾有不错的表现，但却都未有长时期经济高速增长的原因之一。

其次，亚洲"四小虎"基本都采取了进口替代战略。在比较优势发展战略的主导下，泰国、马来西亚、菲律宾和印度尼西亚没有动力去发展本国科技，也没有重视相关制度的培育，与此相关的教育、工业、服务业等的发展也未纳入国家经济发展的战略重点，这使得它们虽然依靠低端工业化进程推动了经济增长，但是人力资本储备不足、科技水平很低等相关问题，迅速成为制约宏观经济发展的短板，而且短期内很难做出有效调整。

最后，亚洲"四小虎"在资本要素方面更多依赖外资的作用。1998年亚洲金融危机时，在很大程度上也是被美国金融大鳄索罗斯抓住了这一弱点，在大量依赖外资且金融制度不健全、金融监管等体制机制尚未建立、本国货币在全球货币市场处于弱势地位的情况下，一下子就陷入金融战所引发的系统性金融风险当中，加之本国实体经济缺陷明显，总体而言实体经济根本不足以对虚拟经济的动荡起到稳固作用，结果整个宏观经济一落千丈，陷入漫长的恢复期。

第 五 章

Chapter five

落入中等收入陷阱国家的数据表现

在如此长的时间内，这些落入"上中等收入陷阱"的经济体，其经济增长究竟经历了怎样的演变？以经济总量为观察基点，我们可通过收入阶段趋势和 GDP 增长率两个总量特征，来观察落入"上中等收入陷阱"的经济体。

这些经济体经济增长经历的演变 📌

接下来，本书非常关注的是，在如此长的时间内，这些落入"上中等收入陷阱"的经济体，其经济增长究竟经历了怎样的演变？以经济总量为观察基点，我们可通过收入阶段趋势和 GDP 增长率两个总量特征，来观察落入"上中等收入陷阱"的经济体。

巴西 1962 年以来逐步经历了下中等收入发展阶段和上中等收入发展阶段，且与委内瑞拉类似，在由下中等收入阶段向上中等收入阶段迈进的过程中，经历了"晋级—退出—再晋级—再退出"的反复（具体情况为：1989 年晋级，1993 年退出，1994 年再晋级，2003 年退出，2004 年再晋级）。基于世界银行相关数据进行计算，自 1989 年首次晋级上中等收入阶段以来，巴西 GDP 增长率年均值为 2.69%。

土耳其 1962 年以来逐步经历了下中等收入发展阶段和上中等收入发展阶段，且在由下中等收入阶段向上中等收入阶段迈进的过程中，经历了"晋级—退出—再晋级"的反复（具体情况为：1992 年晋级，1994 年退出，1996 年再晋级）。基于世界银行相关数据进行计算，自 1992 年首次晋级上中等收入阶段以来，土耳其 GDP 增长率年均值为 4.17%。

马来西亚 1962 年以来逐步经历了低收入阶段、下中等收入发展阶段和上中等收入发展阶段，从人均 GNI 曲线来看，虽然有 1 次较大起伏，但中间并没有退出的过程，该国在下中等收入和上中等收入阶段持续时间都很长。

基于世界银行相关数据进行计算，自 1992 年晋级上中等收入阶段以来，马来西亚 GDP 增长率年均值为 5.67%。

墨西哥 1962 年以来逐步经历了低收入阶段、下中等收入发展阶段和上中等收入发展阶段，且在由下中等收入阶段向上中等收入阶段迈进的过程中，经历了"晋级—退出—再晋级"的反复（具体情况为：1980 年晋级，1983 年退出，1990 年再晋级）。基于世界银行相关数据进行计算，自 1980 年首次晋级上中等收入阶段以来，墨西哥 GDP 增长率年均值为 2.70%。

加蓬 1962 年以来逐步经历了下中等收入发展阶段和上中等收入发展阶段，从人均 GNI 曲线来看，虽然有几次跌宕起伏，但中间并没有退出的过程，而是始终沉溺在上中等收入陷阱中。基于世界银行相关数据进行计算，自 1975 年晋级上中等收入阶段以来，加蓬 GDP 增长率年均值为 2.53%。

黎巴嫩自有数据年份以来，逐步经历了下中等收入发展阶段和上中等收入发展阶段。基于世界银行相关数据进行计算，自 1994 年晋级上中等收入阶段以来，黎巴嫩 GDP 增长率年均值为 4.31%。

毛里求斯自有数据年份以来，逐步经历了下中等收入发展阶段和上中等收入发展阶段。基于世界银行相关数据进行计算，自 1992 年晋级上中等收入阶段以来，毛里求斯 GDP 增长率年均值为 4.41%。

苏里南自有数据年份以来，逐步经历了下中等收入发展阶段和上中等收入发展阶段，且中间经历了"晋级—长时间退出—再晋级"的反复（具体情况为：1980 年晋级，1987 年退出，1988 年再晋级，1989 年退出，2006 年再晋级）。基于世界银行相关数据进行计算，自 1980 年首次晋级上中等收入阶段以来，苏里南 GDP 增长率年均值为 1.60%。

哥斯达黎加自 1962 年以来，逐步经历了低收入阶段、下中等收入发展阶段和上中等收入发展阶段。基于世界银行相关数据进行计算，自 1993 年晋级上中等收入阶段以来，哥斯达黎加 GDP 增长率年均值为 4.67%。

博茨瓦纳 1962 年以来逐步经历了低收入阶段、下中等收入发展阶段和上中等收入发展阶段，且在由下中等收入阶段向上中等收入阶段迈进的过程中，经历了"晋级—退出—再晋级"的反复（具体情况为：1991年晋级，1994年退出，1995年再晋级，2000年退出，2001年再晋级）。基于世界银行相关数据进行计算，自1991年首次晋级上中等收入阶段以来，博茨瓦纳GDP增长率年均值为4.57%。

南非1962年以来逐步经历了低收入阶段、下中等收入发展阶段和上中等收入发展阶段，且在由下中等收入阶段向上中等收入阶段迈进的过程中，经历了"晋级—退出—再晋级"的反复（具体情况为：1980年晋级，2001年退出，2004年再晋级）。基于世界银行相关数据进行计算，自1980年晋级上中等收入阶段以来，南非GDP增长率年均值为2.44%。

格林纳尔自有数据显示以来，逐步经历了下中等收入发展阶段和上中等收入发展阶段。基于世界银行相关数据进行计算，自1998年晋级上中等收入阶段以来，格林纳尔GDP增长率年均值为2.50%。

保加利亚自有数据年份以来，逐步经历了下中等收入发展阶段和上中等收入发展阶段，且中间经历了"晋级—长时间退出—再晋级"的反复（具体情况为：1982年晋级，1983年退出，1987年再晋级，1990年退出，2005年再晋级）。基于世界银行相关数据进行计算，自1982年有数据显示保加利亚晋级上中等收入阶段以来，其GDP增长率年均值为1.78%。

圣卢西亚自有数据显示以来，逐步经历了下中等收入发展阶段和上中等收入发展阶段。基于世界银行相关数据进行计算，自1990年晋级上中等收入阶段以来，圣卢西亚GDP增长率年均值为3.21%。

多米尼克自有数据显示以来，逐步经历了下中等收入发展阶段和上中等收入发展阶段。基于世界银行相关数据进行计算，自1993年晋级上中等收入阶段以来，多米尼克GDP增长率年均值为1.94%。

牙买加自有数据显示以来，逐步经历了下中等收入发展阶段和上中等收入发展阶段。基于世界银行相关数据进行计算，自1999年晋级上中等收入阶段以来，牙买加GDP增长率年均值为0.18%。

俄罗斯1991年就已经进入上中等收入阶段，在由下中等收入阶段向上中等收入阶段迈进的过程中，经历了"退出—再晋级"的变动状况（具体情况为：1994 年退出，2004 年晋级）。并于 2012 年晋级高收入组，2015 年退出高收入组。基于世界银行相关数据进行计算，自 1991 年以来（此为数据起始阶段），俄罗斯 GDP 增长率年均值为 0.86%。

利比亚自有数据显示以来，就已经处于上中等收入发展阶段。基于世界银行相关数据进行计算，自 2002 年处于上中等收入阶段以来，利比亚 GDP 增长率年均值为 4.92%。

圣文森特和格林纳丁斯自有数据显示以来，逐步经历了下中等收入发展阶段和上中等收入发展阶段。基于世界银行相关数据进行计算，自 2000 年晋级上中等收入阶段以来，圣文森特和格林纳丁斯 GDP 增长率年均值为 2.19%。

伯利兹自有数据显示以来，逐步经历了下中等收入发展阶段和上中等收入发展阶段。基于世界银行相关数据进行计算，自 2000 年晋级上中等收入阶段以来，伯利兹 GDP 增长率年均值为 3.71%。

跨越陷阱并非一劳永逸 📌

基于以上样本分析，我们不难得到落入"上中等收入陷阱"经济体的总量特征（详见表 11），这些经济体在上中等收入陷阱中可观察的持续时间均值为 22.35 年、年 GDP 增长率均值为 3.05%。我们认为更为有价值的结论有两个：第一，从 GDP 平均增长率的区间来看，最高点出现在 5.67%（马来西亚），这一点至少从总量方面告诫我们，即使 GDP 平均增长率在此高位，也未能幸免落入"上中等收入陷阱"；第二，目前已落入"上中等收入陷阱"的经济体，其收入阶段变动趋势告诉我们，并非一朝晋级就能够一劳永逸，这些经济体中，在摆脱"下中等收入陷阱"和"上中等收入陷阱"的过程中，都不乏出现"晋级—退出—再晋级"的反复，更有些经济体不止经历一次这样的反复，俄罗斯更是曾经幸运晋级高收入组，而后又退回到上中等收入阶段。这些现象都告诉我们，在直面中等收入陷阱这一真问题的同时，还应注意到，如要摆脱它，实际上对经济体的发展态势具有的"高标准、严要求"。

表 11　落入"上中等收入陷阱"的经济体特征

国别	持续时间	GDP 平均增长率（％）	其他
巴西（拉美）	29 年	2.69	晋级上中等收入组有反复
土耳其（亚洲）	26 年	4.17	晋级上中等收入组有反复
加蓬（非洲）	43 年	2.53	
马来西亚（亚洲）	26 年	5.67	
墨西哥（北美洲）	38 年	2.70	晋级上中等收入组有反复
黎巴嫩（亚洲）	24 年	4.31	
毛里求斯（非洲）	26 年	4.41	
苏里南（拉美）	38 年	1.60	晋级上中等收入组有反复
哥斯达黎加（北美洲）	25 年	4.67	
博茨瓦纳（非洲）	27 年	4.57	晋级上中等收入组有反复
南非（非洲）	38 年	2.44	晋级上中等收入组有反复
格林纳达（北美洲）	20 年	2.50	
保加利亚（欧洲）	至少 36 年	1.78	晋级上中等收入组有反复
圣卢西亚（北美洲）	28 年	3.21	
多米尼克（北美洲）	25 年	1.94	
牙买加（北美洲）	19 年	0.18	
俄罗斯（欧洲）	至少 27 年	0.86	晋级上中等收入组有反复，且曾晋级高收入组
利比亚（非洲）	至少 16 年	4.92	曾晋级高收入组
圣文森特和格林纳丁斯（北美洲）	18 年	2.19	
伯利兹（北美洲）	18 年	3.71	
均值	27.35 年	3.05	

第六章

Chapter six

要素特征：一个观察经济增长的有效分析框架

纵观每一相对意义上的新经济时代的出现，都内在地蕴含着生产要素的变革，无论是从理论视角来观察，还是从实践视角来观察，从要素视角来着手进行经济分析都具有重要意义。

要素视角下的经济增长 📌

纵观每一次相对意义上的新经济时代的出现，都内在地蕴含着生产要素的变革，无论是从理论视角，还是实践视角观察，从要素视角入手进行经济分析都具有重要意义。

理论视角下生产要素经济分析的演变

作为古典政治经济学的开创者，威廉·配第最早提出劳动价值论，认为社会财富的真正来源是土地和劳动，而地租是税收源泉。这是生产二要素劳动和土地在经济学中的初现，其提出背景是 15 世纪航海发展及西半球金矿的发现促进了贸易增长，资本主义和商品经济发展最终取代了封建社会。配第之后，各流派的经济学家开始注重从生产要素角度进行经济分析。

古典经济学家侧重于研究要素存量对经济增长的重要性。其代表人物亚当·斯密认为，国民财富积累主要来源于劳动、资本和土地三要素的合作。萨伊将斯密理论中的要素分析公式化，提出了"生产要素三元论"，指出劳动、资本、土地这三个要素共同创造了生产效应。大卫·李嘉图认为，由于要素边际产出的递减趋势，经济增长并不能持久。马尔萨斯则论述了由于人口与要素增长的不匹配所导致的经济增长停滞，即"马尔萨斯陷阱"。总体来看，古典经济学注重对生产和成本的研究，忽视了对需求和效应的分析。

到了新古典经济学，经济学家们开始注意到技术在经济增长中的作用，并使用边际分析法探究均衡条件和垄断成因等问题。该学派代表人物马歇尔将利润从利息范畴中独立出来，用企业家要素说明利润的来源，并提出将"企业家才能"作为第四种生产要素和传统的三要素并列，即"生产要素四元论"。舒尔茨、加里·贝克尔等人也意识到人力资本的重要性，只是他们都将其视为经济增长的外生变量。熊彼特进一步提出了"创造性毁灭"的理论，认为实质性的竞争是创新竞争而非价格竞争，企业家对生产要素的重新组合带来了创新，且创新内在性地推动经济增长。熊彼特的理论为技术创新影响经济增长提供了初步的理论支持，并导致了其后对技术外溢的诸多研究。尽管如此，新古典理论在某种程度上与现实存在一定脱节，主要是因为其本质上还是处于静态均衡分析的框架之中，未以动态均衡视角研究资本积累和技术变动的影响，另一方面，忽视了由所有制及收入分配带来的人与人之间的利益矛盾。

从古典经济学衍生出的另一分支是马克思主义政治经济学。马克思通过对资本主义本质的揭示，阐述了由经济制度决定的分配结构和由技术发展决定的生产结构之间的矛盾运动，并主张通过制度变革来调节这种矛盾。马克思理论中，收入分配和生产资料所有制等制度要素得到重视。受马克思思想影响，卡莱茨基和琼·罗宾逊等人均从收入分配角度分析垄断竞争市场的价格形成等市场机制，掀起了一场"垄断革命"。但他们对于技术动态变动引起的经济增长仍然未做深入关注。

20 世纪 70 年代，制度经济学蓬勃发展，该学派注重对制度、法律、伦理、社会关系等非市场因素的分析。制度经济学的鼻祖凡勃仑认为，制度本质上是人们的思想习惯，"有闲阶级"的享乐主义导致其乐于维持现状并本能地维护现有制度，这在一定程度上制约了社会的进步和经济的发展。以诺斯为代表的新制度经济学进一步将制度引入经济增长的分析框架中。诺斯认为，制度为经济活动提供了激励机制，而这些回报约束能够鼓励教育、创新及资本扩张，进而推动经济增长。同期，随着科学技术的进步和信息时代的到来，信息经济学蓬勃发展。1961 年，美国经济学家斯蒂格勒首次将信息作为经济活动的要素引入经济研究当中，论述了信息获取成本导致的商品价格差别等问题。此后，不少经济学家都将信息这一要素纳入其研究范畴，关于信息对经济运行影响的研究也日益丰富。

哈罗德—多马模型的提出开创了经济学采用数理研究方法的先河，在此基础上，索洛和斯旺提出了新古典增长模型，以劳动投入量和物质资本投入量为自变量，并设定规模报酬不变、要素报酬递减、要素具有平滑替代弹性等假设条件，来解释经济增长。根据该模型，有一部分经济增长仅凭资本和劳动的投入无法解释，索洛将之归结为科技进步的作用，即"索洛余值"。为解释索洛余值，阿罗和谢辛斯基率先将技术进步内生化，认为技术是资本积累的自然产物，而技术外溢导致了经济生产率的提高，即"干中学效应"。但是在阿罗的模型中，经济增长取决于外生的人口增长率。而后，乌沙华试图用人力资本解释经济增长，指出人力资本可以缓解广义资本收益递减的约束，并因此能在缺乏技术进步的情况下带来长期人均增长。宇泽弘文进一步提出两部门增长模型，认为教育部门作用于人力资本，人力资本的积累又导致有效产出的增加。

关于经济增长的研究在 20 世纪 80 年代开启了新一轮的突破。罗默开创了 AK 理论模型，并将 R&D 理论和不完全竞争引入经济增长分析框架，从中间产品种类的增加理解技术内生性。同时罗默还指出，由于创新会带来经济扭曲，所以发明活动的潜在数量不会趋于帕累托最优，故此税收、法制、产权保护、金融政策等制度对于长期增长就具有决定性的作用。格罗斯曼和赫尔普曼则构造了一个多物品模型，从质量提升的角度理解技术进步的内生性。卢卡斯继承宇泽弘文的思想，强调人力资本在增长当中的经济外部性，并构造出一个较宇泽弘文两部门模型更为一般化的模型，来说明教育部门进行人力资本投资最终将导致技术进步的结果。

此后，随着研究的深入，关于促进经济增长的要素研究也逐渐丰富。例如，杨小凯等人通过对"东亚"四小龙""的增长分析发现，资本积累、人力资本增加和劳动参与率提升对经济增长具有较大的促进作用；德隆和萨莫斯则发现设备投资是美国经济增长的重要因素。

实践视角：沿着产业革命的脉络

18世纪70年代，第一次工业革命在英国爆发，人力被蒸汽动能代替，新的生产方式产生，人类进入机器大工业生产时代。科学技术作为一种渗透性要素加入生产过程当中，显著提高了生产率。第一次工业革命促进了资本主义的发展，巩固了资产阶级的地位，英国由此完成了由传统农业国家向现代工业国家的转型，经济跃居世界领先地位。

19世纪70年代，随着化石能源及电能等新能源逐渐替换蒸汽动能，第二次工业革命爆发，人类进入"电气时代"。在各种新能源、新技术的推动下，美国、日本、德国等国家的工业化进程大大加快。科技作为独立的生产要素加入了生产的全过程，极大地促进了经济的发展。在第二次工业革命中，资本主义世界体系最终确立，国家之间变得更加开放，世界逐步走向全球化。

20世纪90年代，美国进入"新经济"时代，以信息技术、通信工程等产业为代表的新兴经济逐渐取代工业经济成为经济增长主力。美国经济呈现出高增长、低通胀、低失业、低赤字的特点。科技的发展无疑是新经济出现的第一推动力。关于美国新经济的研究诸多，主要可分为三个层面。第一层面侧重于从技术角度理解，第二层面侧重于从宏观经济绩效及运行特征角度理解，第三层面则侧重于从经济体制及制度演化角度理解。概括而言，新经济是"技术突现—制度演化—技术创新—新经济范式"的过程演化，也即以技术创新和制度创新为动力，推动经济范式、形态发生转变的一场经济革命。

此后，随着互联网的出现与蓬勃发展，人类进入"知识经济时代"。太阳能、风能等绿色新能源被广泛使用，计算机、移动互联网、通信等产业迅速崛起，信息成为社会生产中新的主导要素，参与到新一轮的经济发展当中。

沿着产业革命的脉络梳理西方经济学相关理论，可以看出，每次新经济形态的出现基本都基于生产要素的变化，且要素的质量与结构决定着长期经济增长的效率。同时，在政治经济学的理论框架下，每一次新生产方式的出现都会促进生产力的提升，生产力的提升又会引发生产关系的变革，这三者作为社会生产的要素，最终形成新的经济形态。从要素视角来看这一逻辑，政治经济学与西方经济学理论达到一定程度的思想统一。

竞争性要素与非竞争性要素的划分 📌

竞争性要素与非竞争性要素

生产要素是经济运行的基本构成部分，不同时期对生产要素性质的界定和理解，推动着经济学研究向前发展。从理论层面来看，传统的土地、劳动力和资本要素，一旦被用于一种活动，就不能被用于另外其他种活动，且这些要素较易通过市场交易定价，因此属于竞争性要素。如劳动力，工人从事了某项工作，必然会减少从事其他工作的时间，其劳动价值也较易在公开市场上通过工资报酬的形式予以定价。而技术和制度等要素，本质上都是知识性要素，可以在任意领域的活动中自由传播，一方使用的同时不妨碍另一方使用，同时由于其极其抽象，难以通过交易进行定价，因此属于非竞争性要素。以制度要素为例，其作用范围为处于该制度下的全体公民，具有明显的共享性，且无法通过公开市场定价交易，因此是非竞争性要素。

非竞争性要素具有"质变"特性

基于以上分析，从经济增长的角度来看，不同于资本、人力等竞争性要素，技术与制度是非竞争性的，而非竞争性要素与竞争性要素本质上具有不同的特性，主要体现在非竞争性要素具有"质变"的特性。

第一，从微观层面观察其"质变"特性。从微观层面来看，企业的建立和运行需要一份额的资本（ΔK）和人力（ΔL），而企业扩张中建立新实体，则需要追加一份额的资本（ΔK）和人力（ΔL），且资本和人力都是很难在不同实体企业之间共享的，这是由资本和人力要素的竞争性决定的；与此同时，企业的建立和运行中拥有一种技术（T）和制度（I），企业扩建中建立新实体，只需复制原有技术（T）和制度（I），且若不人为地设立壁垒，技术和制度是完全可以实现在不同实体企业之间共享的，这是技术和制度非竞争性的体现。可见对于竞争性要素，经济建模是很容易处理的，它们具有随规模变化的特征，并能够沿着时间的轨迹获取连续数据。而技术和制度的变化则有所不同，一方面，技术和制度具有一定抽象性，难以量化进入经济模型；另一方面，这些非竞争性要素对生产活动的影响不具有工整的投入产出比，不会像竞争性要素那样随规模发生变化。从实践经验来看，制度和技术等非竞争性要素对产出的影响过程往往呈现一个复利曲线（如图 17 所示）的变化趋势。质变转折点之前是漫长平缓的积累期，转折点之后才会迎来生产效率的指数级增长。

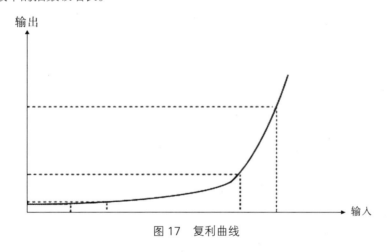

图 17　复利曲线

　　第二，从宏观层面观察其"质变"特性。从宏观层面来看，虽然资本和人力投入的确是经济增长的重要因素，但由于资本严格遵循着边际效益递减规律，宏观经济能够保持长期经济增长的主要原因显然是技术和制度的优化带来的增长因素。然而，技术和制度的要素是很容易被忽略的，主要原因有两个：一是与政治因素相结合，资本和人力要素显然能够更快地在宏观经济层面显现出来，在短期内相对更容易受到决策层的关注；二是从难易程度上来看，技术和制度要素推动经济增长的过程显然更具有攻坚克难的特点。以制度为例，由于经济制度不具有可分性和流动性，在一定时期内处于相对稳定的状态。在一种生产关系赖以依存的生产力未达成熟时，它不会出现；在一种生产关系所能容纳的生产力发挥殆尽之前，它不会灭亡。因此，对其作用的关注宜放在较长的时间维度上观察。同时，从纵向角度理解，人力和资本等要素产出率的提升，归根结底也要依靠技术和制度的驱动来完成。

如上所述，如果对非竞争性要素的特性进行一个总结，那么不难得出"质变"这一特性。因此，分析技术和制度为主要代表的非竞争性要素的"质变"特性，更加有助于完善经济建模。所谓"质变"特性，实际上包括两个方面：一方面是说非竞争性要素在量变的过程中是很难对经济增长发挥作用的，最为典型的例子就是专利等发明创造的数量实际上并不能推动经济增长，只有量变到一定程度而出现质变，成果真正实现转化，才能实现对经济增长的推动作用；另一方面是说非竞争性要素虽然在也许漫长的量变过程中不能对经济增长产生直接的推动作用，但却是一个必经过程，无论是否具有"后发优势"，都无法逾越技术和制度变迁中的量变过程，在历经这一量变过程后实现质变，对经济增长产生的直接推动作用将是带有革命性的。

基于要素看什么是经济发展新动能 📌

2014 年，习近平总书记在 2014 年国际工程科技大会上的主旨演讲中指出，世界正在进入以信息产业为主导的新经济发展时期。此后迄今，"新经济""新动能""新旧动能转换""动力变革"等相关概念在领导人公开发言当中逐步使用和发展，呈现出清晰的逻辑。李克强总理在 2017 年 3 月 16 日答中外记者问时指出，我们说要发展"新经济"，是要培育新动能。接着在 2017 年 4 月 18 日"贯彻新发展理念 培育发展新动能"座谈会上指出，推动经济结构转型升级必须加快新旧动能转换。习近平总书记在 2017 年中国共产党第十九次全国代表大会指出，把提高供给体系质量作为主攻方向，显著增强我国经济质量优势。加快建设制造强国，加快发展先进制造业，推动互联网、大数据、人工智能和实体经济深度融合，在中高端消费、创新引领、绿色低碳、共享经济、现代供应链、人力资本服务等领域培育新增长点、形成新动能。协调发展，绿色发展，开放发展、共享发展都有利于增强发展动力，但核心在创新。抓住了创新，就抓住了牵动经济社会发展全局的"牛鼻子"。

经济发展新动能的"新"则是一个相对的概念，有别于旧动能。从现阶段来看，经济发展质量的提升和经济增长速度的改变，将形成经济发展的新动能。与旧动能相比，经济发展新动能对经济的支撑力会有一个从弱到强、从小到大的过程，然后逐步成为经济发展的主要驱动力。每一个时期的经济发展新动能是不同的，就我国现阶段经济发展而言，新动能应特指在保持一定经济增长速度基础之上的经济增长质量提升。经济增长的提升可有多维表现供观察，包括宏观运行更趋于稳定平衡、供给体系更符合新经济要求、经济结构更符合打破二元结构及三产比例优化的方向、收入分配和社会结构更趋合理、要素效率更趋高水平稳定，等等。而要实现这些层面向高质量发展转换，培育经济发展新动能，技术与制度等非竞争性要素是关键所在。

▎基于要素看新动能的三种表现形态 📌

从古今中外的经济发展表现来总结，经济发展动能可以总结为三个典型形态，分别为：要素利用效率，要素组合效率，要素质量效率。（如图18所示）

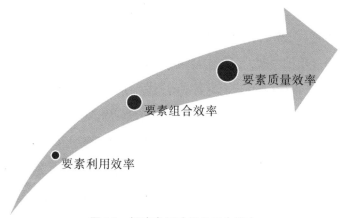

图 18　经济发展动能的三个形态

经济发展动能形态之一：要素利用效率的提升。后发优势使得落后国家或地区可以在劣势基础上实现经济高速增长，市场化、城镇化、工业化三化叠加，激活了大量的闲置资源，给这些国家或地区带来了前所未有的生活改善，这种质量改善是一种较低层次的标准，其边际效应在下降。

经济发展动能形态之二：要素组合效率的提升。随着时间推移，各类要素投入的边际效应下降，而且要素难以无限供给，这样就需要第二个动力，即要素组合效率。如果一国政府可以顺应市场化趋势，不断完善市场制度体系，让要素可以实现最优组合，那么要素组合效率会有一个较大的提高，这就是第二阶段的经济发展新动能。要素组合效率包括两个方面：一是要素集聚产生的规模效率改进，例如一些产业园区集聚的劳动、土地、资金等带来的规模经济效应；二是要素在不同部门间流动带来的配置效率改进。例如劳动力、资金等从落后的传统产业例如农业流向现代产业部门（工业或现代服务业），或是要素从低生产率部门流向高生产率部门，高生产率部门的要素组合会产生更大的产出或增加值，这就会提升经济总体的产出或增加值，这个过程往往伴随着经济结构变化和经济较快增长。

经济发展动能形态之三：要素质量效率的提升。随着市场体系的不断完善，要素组合效率的边际效应也会下降，这就需要第三个动力，即要素质量效率。从资本的角度看，人力资本、物质资本、知识资本、土地资本、社会资本、生态资本等都有质量高低之分，高质量意味着效率高，例如更高教育水平的劳动者队伍，更高技术含量的物质资本，更高水平的知识体系，单位土地投入带来更高的产出或附加值，更加和谐和更具诚信的社会资本，更可持续的生态环境体系，这些资本质量提高都有助于经济发展质量提高。除此之外，从要素质量角度看技术进步，技术进步意味着技术这一要素质量的提高，无论是引进新的技术、吸收改进已有的先进技术或是大面积推广新技术替代旧技术等，这些都会带来技术进步。需要强调的是，要素质量既包括各类要素质量，也包括要素组合的质量。要素质量提高是经济发展质量的最高阶段，这一阶段更加需要创新来支撑，这一创新是全面创新，包括企业的创新、市场的创新或是政府制度的创新。

基于要素看新动能的作用逻辑 📌

新动能发挥作用的过程就是经济发展动力变革的过程，而动力变革的过程实际上就是激发新要素利用效率、提升要素组合效率、焕发要素质量效率，从而切实实现推动经济发展的过程。理论逻辑上演绎这一过程，应依次包括新旧动能转化、引领需求、达到新平衡、达成更高质量发展等四个实施阶段。动力变革的启动过程是供给侧结构优化，也就是供给为响应需求做准备的过程，在此基础上，动力变革的激发过程就是供给满足需求、引领需求、实现与国外需求的响应，而动力变革的实现过程就是供给与需求达成新平衡。由此可见，动力变革的关键就是供给响应机制，包括了供给响应机制的准备阶段、优化阶段和达成阶段。其持续发挥效力的重点就是供给模式的变革，而其最终将发力推动供求新平衡从而实现经济增长质量的跃升。

动力变革的启动即供给响应机制的准备阶段：供给侧结构优化

动力变革的启动过程就是初始阶段所表现出来的新旧动能转换的过程，而新旧动能转换实质上就是供给侧结构优化的过程，这个过程至少包括对原有要素结构、经济结构、区域发展结构和技术结构的突破，以此来实现激发新要素投入效率、提升要素组合效率、焕发要素质量效率。

一是打破原有要素结构。包括两种情况：加入新要素的"解构"过程，不加入新要素的"结构"过程。首先，不增加新要素的"结构"过程主要表现为：一方面提升要素投入质量，另一方面提升要素使用质量，从而增加经济发展动能。其次，加入新要素的"结构"过程，主要是指新技术、新商业模式、新业态对经济的融合、渗透会不断衍生出新的动能。

二是打破原有经济结构。包括：宏观（需求结构、供给结构）、中观（产业结构）、微观（企业的创新能力等整体结构变化）。宏观层面，可观察的视角主要包括需求结构和供给结构。中观层面，可观察的视角包括：对内对外开放、改革红利。微观层面，企业创新组织方式的变化也是未来中国经济很重要的内生动能之一。创新以前是个人的一种爱好，后来变成了企业的行为，变成了企业有组织的行为。

三是打破原有区域发展结构。不同区域的新旧动能，是不一样的，经济增长活力也各不相同。比如珠三角城市新技术驱动的产业不断发展，极大带动了城市区域发展；长三角和珠三角一些地区已经完成了新旧动能转换；中部地区承接产业梯度转移，按照梯度转移理论同样可以获得经济增长的动力，因此中部地区有后发优势，目前西部地区成为中国经济增长的后起之秀；东北地区发展不够乐观，东北地区经济发展的理念思路及其制度性交易成本的问题，如果得不到有效解决，经济发展会很困难。大部分省市都是在往上跃迁，区域的分化也有，但是大部分还是在跃进。区域分化的过程也是新旧动能转化的过程。上海江苏等地区原来增长速度没有中西部快了，但是现在明显又在增长了。

四是打破原有技术结构。新旧动能转换实际上是一个先解构、后建构以实现结构优化的动态过程，若从具体表现来观察，则应是从一个旧结构形成一个新结构的过程，而其中的内核就是新旧技术的更迭，从发展上来看应表现为S形曲线（S Curve）。每一种技术的增长都是一条独立的S形曲线，新技术的S形曲线一般开始从旧技术趋于S型的稳定期后就开始了，而后历经实验、成熟、上市等过程逐渐转化为生产力，在一段时间内与旧技术并存，一同成为经济增长的关键动力，而后逐步与旧技术的重要性持平，最终实现超越，也即实现新旧技术的结构优化。

动力变革的激发即供给响应机制的优化阶段：满足需求，引领需求，实现与国外需求的响应

随着新旧动能转换打破原有的要素结构，旧要素通过制度供给、技术供给焕发新活力，新要素加入后，一方面在与旧要素耦合的基础上焕发动力，另一方面自身产生提升经济发展质量的新动力，从而能够直接提升供给方的商品质量、商品种类、商品品牌等各个方面，纠正供给对需求响应的失灵，更好地满足需求的要求。随着新旧动能转换打破原有技术结构，新技术带来研发活力，更高质量的产品以及新型产品势必能够实现对需求的引领，打破只有国外供给能够引领现阶段国内需求的窘境，并且能够推动实现对国外需求的响应。随着新旧动能转换打破原有的经济结构和区域发展结构，一方面更多新业态和新模式能够得到更好的宏观条件和环境的提升，另一方面焕发各种和各地市场机制的活力。

动力变革的实现即供给响应的达成阶段：供给与需求达成新平衡

需求具有原生性，在此基础上供给对其的响应能够达成一种程度上的均衡，这种均衡是供给对需求响应的结果，是供给满足需求时的均衡，但从历史视角来看经济实践，这种均衡往往是相对较低层次上的均衡。但是供给能引领需求，或者更直白地引用萨伊定律来说，就是供给能够创造自己的需求，这尤其体现在供给侧结构性优化后产生的创新体现在商品市场后需求端对其的响应。新旧动能转换的过程打破了原有的旧结构，实现结构优化，而动力变革的激发过程则完成了满足需求、引领需求、实现与国外需求响应等环节，而这两个过程实际上都是在为最终需求和供给响应的达成做准备。这种需求和供给响应的达成并不是一种简单的静态均衡，而是一种基于时间序列上的动态均衡，也并不是一种几个月或者一年期内的短期均衡，而是更高层次的长期均衡。供给和需求所达成的也不是简单的天平式平衡。我们应打破传统西方经济学的机械唯物思维，认识到两者是一个有机的整体，是在相互影响、相互促进的循环过程中所达到的一种平衡。供给创造需求，需求也创造供给，但在不同的阶段，两者对经济发展的作用力不同，而我国现阶段经济跃向供求新平衡的阻滞则主要在于供给响应机制的不足，补足的过程就是供求循环顺利实现从而达成新平衡的过程。

动力变革持续发挥效力的重点：供给模式的变革

中国现阶段的发展，在成功培育动力变革、推动力变革实现的同时，还应当关注动力变革持续发挥效力的重点，本文认为这一重点就是供给模式的变革。第三次工业革命的浪潮来临之后，供给模式从实质上发生了很大变化，过去是在第二次工业革命影响下的以工业化为基本特征的供给模式，这种旧模式已经逐渐无法适应现阶段的互联网供给模式了，新模式更多呈现出分散化、小型化、个性化、灵活性等特点。经济增长的动能在某种程度上应与汽车动力相似，在动力产生的过程中有一种必要条件，包括汽油、氧气以及产生化学反应的环境和条件，在诸多条件都并存的前提下才能够如期产生较为持久的动力。仅改变供给模式，并不能构成经济增长的充要条件，但却是动力变革持续发挥效力的必要条件。

动力变革发力推动供求新平衡：增长质量的跃升

无论是静态均衡、动态均衡还是随机均衡，实质上都旨在研究供给和需求的响应机制，我国的供给侧结构性改革其实质正是对我国经济实践中供给响应机制失灵的矫正，在助推供给对需求的响应机制理顺之后，从要素层面、宏观中观微观层面、区域层面都能够观察到的不同层次上的新旧动能转换的实现，以及供给模式改革保障下的动力变革效力的持久发挥方能真正形成推动经济有质量发展和增长的持久动力，而这种动力变革产生的新动力则进一步推动供求关系在螺旋式上升后的新层面上形成新平衡，与此同时伴随着经济增长质量全面跃升的实现。

非竞争性要素在新动能中的核心作用 📌

要素利用效率和要素组合效率的提升对经济制度提出了更高的要求。制度是人们在不断交易中形成的规则固化，其作用在于为个体的行动提供一定的方向指引。僵化低效的旧有制度会对要素优化配置形成一种禁锢，使得经济难以迸发应有的活力。有效的制度则能够提供公平的分配与激励机制，降低交易成本，激发微观主体积极性，提高资源配置效率。制度要允许新要素对旧有要素的渗透、改造和利用，而不是完全弃旧迎新。如果一国政府可以顺应市场化趋势，不断完善市场制度体系，让要素得以实现最优组合，那么要素组合效率会有一个较大的提高，这个过程往往伴随着经济结构变化和经济较快增长。

要素质量提高是经济发展质量的最高阶段，而技术进步是要素质量提高的必要前提。无论是引进新的技术、吸收改进已有的技术或是大面积推广新技术替代旧技术等，这些都会带来技术进步，扩大经济动能的边界。需要强调的是，技术进步需要创新来支撑，这一创新是全面创新，包括企业的创新、市场的创新和政府制度的创新。也即技术进步需要从微观、中观和宏观三个层面全方位优化制度供给，创造有利于创新技术萌生、发展的制度土壤。经验证明，只有从技术和制度入手，提高非竞争性要素的供给质量，才能掌握"先发优势"，摆脱跟在发达国家后面依靠模仿发展生产的追赶姿态，真正掌握经济增长的主动权。当下，经济发展已经从对"物"的关注转到对"人"的关注，传统的生产要素由于其竞争性的特点，对生产率提升的贡献是有限的。而依托于人力资本得以发挥的制度和技术要素则蕴含无限的潜力。发挥好这些非竞争性要素的作用，对于培育新动能和发展新经济具有极其重要的意义。

所谓制度无非是一组行为规则，它们的功用是提供某种约束和服务。舒尔茨曾据此将制度分为四大类：一是用于交易费用的制度（如关于货币、期货市场），二是用于影响要素所有者之间配置风险的制度（如关于合约、分成制、公司、保险等），三是用于提供职能组织与个人收入流联系的制度（如关于产权、资历等），四是用于确立公共品和服务的生产与分配框架的制度（如关于学校、农业试验站等）①，每一类的制度都是应经济增长中的某种需求而产生。在此，舒尔茨的分析视野仅限于经济制度，实际上，此逻辑广泛适用于人类社会的一切制度。不仅适用于经济制度，也适用于政治制度和社会制度；不仅适用于整个的制度结构，也适用于某一具体的制度安排；不仅适用于法律、规定等正式制度，也适用于习惯、传统、风俗等非正式制度。实际上所有的规则都是对某种需求的响应—反应，马斯洛的"需要层次

① ［美］R. 科斯、A. 阿尔钦、B. 诺斯等：《财产权利与制度变迁》，上海三联书店、上海人民出版社，2003 年版，第 253 页。

论"在制度演进中可观察到和变现为从反映自然条件，到反映不同时期相对最重要的生产要素、再到反映相对稳定的规则与制度安排，乃至实现人的权利与尊严的公平正义路径。

制度供给的滞后性，既表明制度在其形态上的相对稳定性，又蕴含着制度在其作用上的显著能动性。前述关于制度需求与制度供给的分析，已经包含着制度形态的稳定性问题。作为社会成员行为规范的一套制度一旦确立，就会表现出一种与活跃的需求变化相对而言的稳定性，它成为社会生活相对稳定的保证因素，当然也会在社会愈益需要得到制度创新的供给时，表现为一种守旧的惰性。要一直等到需求强大到和成熟到足以冲决旧的制度形态时，新的制度安排才会上升为、变现为一种现实存在。这样的制度创新一旦实现，潜在的生产力就可能变为"冲决堤坝"式的解放而在新制度作用下形成波澜壮阔的大潮。

技术与制度关系告诉我们，经济腾飞的初期和中后期所需要的支撑因素并不相同。虽然同样作为非竞争性要素，但是技术赶超通常是经济腾飞初期的主要动力来源，通过技术扩散、"干中学"等效应的逐步扩大，从而表现出经济增长的不断实现，且通常表现为经济高速增长。然而，随着经济追赶，后发经济体的技术水平与先发经济体的技术水平之间的差距越来越小，技术扩散、干中学等效应沿倒 U 形发展曲线后来却开始呈现逐步下滑的态势，若此时技术水平不能够实现突破性提升而至少做到紧随世界先进技术水平，那么经济增长势必出现疲软状态。而从全球经济体的实践看，这些现象大都发生在中等收入阶段。制度作为技术水平真正实现赶超的保障，其供给可说是经济腾飞中后期稳步实现"后来居上"的支撑因素。而前已述及，经济学学理已经明确表示，制度本身就存在滞后性，与经济实践的脚步相比，其供给总是显得迟钝，这显然与经济腾飞中后期特别需要的支撑因素产生矛盾。然而，经济学学理同时告诉我们，只要制度供给能够跟上，制度将从解放生产力的角度具有可贵的能动性，这就从学理上更加坚定了我们关于中等收入发展阶段加强制度供给重要性的认识。

　　制度学派和新制度经济学早已告诉我们"制度"因素在经济中不可或缺，而在经济发展的历史视角下，制度供给更是最为重要的因素之一。以18世纪的英国为例，我们在考察中已特别强调过，于1776年发明蒸汽机的瓦特在其19岁那年离乡从苏格兰的格里诺克到伦敦寻求仪器制造匠的培训，两年后进入格拉斯哥大学，成为一名"数学仪器制造师"，却最终成就了蒸汽机的发明、引发了第一次产业革命的到来这类案例，绝非表明技术的发明和创造总体上是一个个"黑天鹅"事件，而是表明其与专业化基础和经济组织下的制度结构密切相关。换言之，在英国经济当时的专业化水平与经济组织所构造形成的经济制度运行结构和要素流动机制之下，引领世界技术潮流是迟早的必然事件。制度是造就人才、推动新技术产生的核心要素，可说是创新的最主要动力机制。在经济赶超过程中，制度更是经济运行有效与否的关键。从日本的"昭和遣唐使"政策到西方世界的"新公共管理运动"，实际上都体现了制度变迁对经济发展的重要作用。以成功跨越中等收入陷阱的日本为例，除了技术模仿之外，日本还特别注重法治化市场经济基本制度安排，进而以法律规范下的成本管理、经营计划调查、职务分析等制度的学习，不断提升企业管理和经济运行的现代化程度，从而有效降低运行成本和推动、激励技术模仿过程中的技术创新，从而大大提升了生产能力，成为经济发展的长足动力。其中，十分典型的是以生产工艺为对象的统计性品质管理，结合日本企业的特点，扩展为全公司范围的综合性全面质量管理（TQC，Total Quality Control），即促使公司内所有的劳动者为提高产品质量致力于发现问题和改良工作，而这些实实在在地促使从海外引入的技术在日本得以较充分发展，推动了技术从模仿到超越的实现。

第 七 章

成功脱离中等收入陷阱经济体的要素特征

　　成功脱离中等收入陷阱的代表性国家如英国、德国、美国等，因其经济体量大，并轮番在世界头号强国的竞争中崭露头角。在他们成功地成为高收入国家并长期保持这一状态的过程中，各类竞争性要素的充分供给发挥了重要的作用。但是各个国家的要素特征和历史演变又呈现出不同的特点。

脱离中等收入陷阱的竞争性要素特质 📌

　　成功脱离中等收入陷阱的代表性国家如英国、德国、美国等，因其经济体量大，并轮番在世界头号强国的竞争中崭露头角。在他们成功地成为高收入国家并长期保持这一状态的过程中，各类竞争性要素的充分供给发挥了重要的作用。但是各个国家的要素特征和历史演变又呈现出不同的特点。

　　在劳动力要素方面。英国工业崛起所需的劳动力是与资本主义制度取代封建农奴制的历史进程联系在一起的。自 15 世纪开始，英国新贵族和新兴资产阶级通过暴力等形式把农民从土地上赶走，强占农民份地及公有地，圈占后变成私有的大牧场（养羊获利更丰厚）、大农场，史称"圈地运动"，它在 18 世纪后期和 19 世纪中期达到顶峰。1714—1820 年，英国有超过 600 万英亩的土地被圈占，原来以土地为生的农民本就贫穷，再加上失去了自己的土地，生活更加苦难，整个社会由于圈地运动更加混乱和动荡。然而，这一消极的社会效应，却对英国的经济发展产生了前所未有的积极影响，这些失去土地的劳动力变得"自由"，贫穷使他们不得不到城市里寻找生计，圈地运动为先期工业的发展提供了充足的劳动力。

　　与英国使劳动力与生产资料分离而为经济发展提供劳动力要素不同，美国的劳动力要素提供与其移民历史密切相关。据统计，在美国建国之初，美国国内总人口仅有 390 万。而拿破仑战争结束后，欧洲重获和平。随着大批军人的复员，欧洲各国失业现象愈发严重，移民美国的倾向在欧洲蔓延，同时，美国也因国内经济发展需要，开始鼓励移民进入美国。从 1820 年到 1920 年的 100 年间，美国一共接纳了大约 3350 万移民，形成美国持续百年的移民潮。第一次移民高潮发生在 1820—1860 年间，被历史学家称为"伟大的人类迁徙运动"，这期间移民总数高达 500 万。移民主要来自西欧和北欧，其中爱尔兰人大约 200 万，德国人大约 170 万，还有大量被贩卖到美国的非洲黑奴。第二次移民高潮是从 1861—1880 年，约有 500 万移民来到美国。南北战争结束后，美国迎来了工业化的高峰期，对劳动力需求旺盛。为了吸引欧洲移民来美国，1864 年，林肯总统游说国会通过了《鼓励外来移民法》，国务卿西沃德甚至向美国驻欧洲的外交官发出通告，要求他们把吸引欧洲移民作为一项最重要的外交任务来对待。第三次高潮从 1881—1920 年，移民人数猛增到 2350 万。移民顶峰是 1907 年，达到 128.5 万人。经过这三次移民高潮，1920 年美国的人口总数首次超过 1 亿。在 1820—1920 年的 100 年间，移民数量占美国人口年增长数的 20% 以上。而移民的特点在于他们的目的是为了到美国谋求更好的生计，所以移民中有很大一部分就是适龄劳动力，他们为美国的经济赶超提供着持续的动力。

除了特殊的政治历史原因使这些老牌发达国家获得了充足的劳动力之外，如果没有优良的教育体系与工业技能培训体系作为支撑，劳动力也不能在工业生产中发挥足够的效力。全球工业国家里平均学历程度最高的国家分别是美国、荷兰和以色列，他们也都是跨越中等收入陷阱的典型代表。此外，作为亚洲发达国家标杆的日本，其除了教育的普及和具有较高水平的高等教育以外，还特别重视社会教育的作用，且在其企业制度中特别重视人才培育，一直不断促进并保持着高水平的科技研发能力。

在土地资源要素方面，美国有得天独厚的地理条件，北美大陆两侧的大西洋与太平洋为其隔绝了两次世界大战，中部大平原是优质粮仓的基础，纵贯南北的密西西比河将五大湖沿岸与全国连接，且国土内有众多能源产地，为工业发展提供了条件。英国虽然没有广阔的领土，但在殖民时代，"日不落"帝国在全球都有充足的原料、能源产地。

在资本要素方面，老牌的发达国家都经历过殖民时代的积累。前述的众多条件为英国带来了大量的商业利润，源源不断汇聚英国的这些利润，形成了大量可供工业继续发展使用的资本，大量的流动资本也刺激了英国银行业的发展，为工业企业提供了更稳定、更充足的资本，从而进一步促进了英国的工业发展。并且，英国的资本积累常用于扩大生产，从高层来看，英国宫廷的支出总量以及军事开支都比法国要低得多，所以英国的执政体系就无须特别高额的税收收入来保障行政运转，利润、红利可以留在工业企业内部，为再生产所使用。节俭之风不仅见于宫廷，也普遍见于英国的工业企业家，他们并不将高额利润用于纸醉金迷的挥霍，而是再投资于实业，从而加快了英国工业企业规模的扩大。

而美国则通过在两次世界大战中并不那么光彩的特殊贸易攫取了大量财富，这些财富为美国经济发展提供了充足的资本。美国并没有满足于地缘优势、经济总量优势、科技高地优势等所带来的地位，而是继续在第二次世界大战结束后的 1945 年，基于自己已经成为世界范围内最大的资本输出国和债权国，建立了以美元为中心的布雷顿森林体系，成为全球贸易格局和金融格局的绝对主导者。

总的来说，跨越中等收入陷阱的国家在竞争性要素方面的特征是差异比较大的，其受历史、地理、政治等多方面因素的影响。有的是先天的，有的是通过殖民积累的，在这里，我们能得到的启示在于，竞争性要素的扩充受自然地理的客观条件作用较深。

非竞争性要素之一：技术创新发力

引领第一次工业革命的英国是技术进步的代表，1831 年英国人法拉第发现了电磁感应现象，德国西门子公司抢占先机研制出发电机，第二次产业革命后，德国人奥托又研制出四冲程内燃机，大幅度提升了生产效率，多次技术创新使德国成为工业化先驱，德国的制造业一度位于世界前列，制造业的高速发展使德国超越英国，并于 20 世纪初强势登上欧洲工业总产值首位。

美国是技术创新发力推动经济增长的典型国家，美国不仅在基础科研领域的成果位于世界前列，其在科研成果转化方面也令人惊叹，1952 年美国成功研制出氢弹，科研成果武装军事力量，提高了美国的国防能力并为美国国内经济发展创造和平的外部环境；1964 年，美国研制成功第一台电子计算机并引领了第三次技术革命，产业的自动化、信息化大幅提升了美国的经济效率。当我们面向未来，随着人工智能的不断发展，21 世纪人类将走向人工智能时代。半导体是处理信息的基础，从市场占比来看，2017 年美国公司在全球半导体市场份额占比近半数；2013—2015 年美国在半导体、通用技术领域的专利数达到 18 万之多。从芯片的研发潜力来看，一当面，英特尔公司在半导体领域的研发投入达到 130 亿美元之多，另一方面，美国汇集了众多半导体领域的技术领军人才，助力半导体研发取得突破性进展。互联网服务即应用软件服务方面，美国也拔得头筹，知名的互联网公司——谷歌、微软、亚马孙等每年都投入大量研发资金。

日本是实现"技术赶超"的典型代表，战后初期，日本的技术水平远远落后于欧美国家，在这种情况下日本采取技术模仿手段，大规模、有选择的技术引进使日本在较短时期内缩短了与欧美国家的技术差距。在具备一定程度的技术能力后，日本企业开始着重对引进技术的二次改良，日本政府鼓励产学研相结合模式，将高校的研发资源对接企业的市场研发需求，使科研成果商业化。日本的技术进步走过了"初级技术模仿——消化吸收——创新引领"的进阶之路。日本抓住第三次自动化和信息化革命步伐，进入世界科技强国之列。

非竞争性要素之二：包容性制度 📌

所谓包容性制度，表现在政治生活中就是权利受到一定的约束并在社会中广泛配置，既有利益集团无法轻易从另一部分人身上谋取私利。表现在经济生活中就是要素市场的充分流动，大型垄断企业通过垄断定价攫取超额利润等行为受到制约，劳动者在各自岗位上各尽其能并进行创造性劳动，等等。

　　那些成功跨越中等收入陷阱的国家大多建立了包容性制度，比如光荣革命后引领第一次工业革命的英国，独立战争后引领第二轮经济赶超并成为世界经济中心的美国，明治维新后以强劲的经济增长速度跨越中等收入阶段成为高收入国家的日本等。

　　包容性制度助力经济的长期增长，能够最大程度上激励居民的创造性，在全社会形成鼓励创新、释放人力资本潜力、维护公平正义的社会氛围。上文已经提到，我们对制度的思考很容易落后于对技术进步的感知，我们很容易感知到科技进步对我们日常生活的渗透性影响，飞机使我们在三个小时之内实现从北京到兰州一千多千米的地理跨越，互联网使相隔几千千米之远的我们能够十分便捷地实现信息传递，这在一个世纪以前是无法想象的。技术进步对我们日常生活的影响之大无须赘述，技术进步同样也是一个国家的经济增长的巨大推动力：1769 年瓦特发明蒸汽机使英国引领第一次工业革命，带动英国乃至德法等国的产业广泛繁荣；美国在 20 世纪 70 年代陷入经济危机，但其在技术方面大举自主研发取得成果，从而拉动整个产业链发展，推动整个经济体 GDP 增长，进而摆脱经济危机、步入发达经济体行列。我们不禁要问，是什么促成技术创新的发生？科学技术进步的背后是一代代发明家的不断创造，而这些发明家为何更多出现在美国、欧洲等地区？

　　人力资本对技术创新至关重要，而只有有效的制度框架才能将其激发出来。发明家持续进行发明创造、实业家扩张市场份额等行为都受到内在动力驱使，瓦特发明蒸汽机的过程也不例外，英国在光荣革命后，人民推翻了手握大权的少数精英群体，促使政治权利在社会成员之间广泛配置，英国普遍适用法律维护秩序并稳步实施专利制度，这使瓦特对"蒸汽机"这一技术发明有良好的预期：英国国内存在"大量需求"，他可以利用市场销售获益，并且自身产权受到保护。可以说正是英国广泛适用的专利制度对产权的保护使瓦特受到预期报酬的激励，同时市场的包容性使发明者拥有足够的渠道去施展聪明才智。除了发明者的内在动力，慧眼识人的企业家的出现也在很大程度上促成了瓦特的发明创造，瓦特在发明过程中不可避免地遇到资金短缺问题，得益于英国的市场机制，拥有充足资金的企业家罗巴克为其提供了大量资助，罗巴克破产后另一位企业家博尔顿接管了后续的产业研发，并在第一代蒸汽机研发后督促瓦特进一步进行产业升级。这些有眼光的企业家的出现同样源于英国体制机制中内含的包容性制度，对商业利益的保护激励企业家不停寻求产业升级和技术进步。

美国是个创业精神浓厚的国家，公民有机会接受良好的教育并具有较强的创造力，它还拥有多所世界知名学府，吸引了来自世界各国各个领域优秀的科学家和实业家。美国的崛起伴随着引领全球范围内几乎所有重大技术创新的突破，谷歌等众多高科技企业所在地硅谷甚至成为"创新"的代名词。这一片欣欣向荣的景象背后是保护私有产权的市场经济制度等一系列相关制度安排。美国是一个法制观念深入人心的国家，人们的交易行为和个人财富受法律保障，这在很大程度上鼓励人们积极参与各项经济事务并充分发挥个人潜力，不用担心自己努力工作后取得的报酬受损。设想倘若没有稳定的政治格局、相对完善的法律体系、私人产权的有效保护，比尔·盖茨、扎克伯格等企业家不会对自己努力创业的结果有积极预期，也就没有足够的内在动力促使他们将自身才能付诸实践。美国还专门针对中小企业创新发展设置三个管理机构，制定完善的促进中小企业发展的相关政策等，并通过制定法律减少投资所得税来鼓励投资，为企业家取得融资开办公司提供便捷服务。人才"各尽所能"也有赖于美国成熟的竞争性劳动力市场。

我国建立包容性制度的关键在于产权构建 📌

上文提到，包容性制度在经济领域的显著特征是私有产权的保护与经济机会均等，各主体只有在自身权利不受侵害且能取得合理报酬的预期之下才会受到激励从而充分发挥自身潜力，完善的产权制度是包容性制度的核心要义，而要素市场化配置与产权制度是无法割裂来看待的，两者实质上是一枚硬币的两面：产权制度是基础，要素市场化配置是表现形式；产权制度的构建过程实际上就是分解的权能作为要素在市场主体间配置的过程，即产权制度构建与要素市场化是同一个过程；产权制度构建过程中必须处理好的三大核心关系，是要素实现市场化配置的前提。

市场主体拥有产权是要素市场化配置的前提

要素市场化配置就是发挥价值规律在要素配置中的决定性作用。我国1992年确立建设有中国特色的社会主义市场经济制度，开始注重发挥市场在资源配置中的基础性作用，而后在党的十八届三中全会上，决策层正式提出发挥市场在资源配置中的决定性作用。要素市场化配置，其实质含义就在于让市场在要素配置中发挥决定性作用，依照马克思主义政治经济学原理，社会必要劳动时间决定价值，价格受供求影响围绕价值上下波动，并影响供求，以供求为基础的价格决定要素配置。要素市场化配置需要充分发挥市场的等价交换机制、信息反馈机制、优胜劣汰机制及风险—收益机制。

市场机制发挥决定性作用需要明确市场主体对要素的支配地位

从市场机制建立现状来看，我国商品市场已经逐步建立健全、逐渐理顺并趋于完善，但是以土地市场、资本市场和劳动力市场为主的要素市场却尚未建立健全。这种现状造成的原因可能是多方的，但究其根本，还是在于公有制与相关产权制度之间的关系没有厘清、理顺，导致在建设中国特色社会主义市场经济体制大框架下要素市场机制建立健全的过程中，市场主体对要素的支配地位这一必要条件缺失。我国现行机制是公有制条件下的所有权不可让渡与交易，这种笼统对待资源、能源、要素所有权的情况，一方面没有将所有权和收益权等与产权相关的权能分层、分块、理顺，导致要素无法进入市场，另一方面也让相关市场主体与要素之间的关系变得纷繁复杂、五花八门、地域差异。要想让市场机制发挥决定性作用，首先需要明确市场主体对要素的支配地位，安排好所有权、使用权、收益权等一系列相关权能，这是发挥市场等价交换、信息反馈、优胜劣汰及风险—收益机制的前提。

当前我国要素支配的主体、权能、制度均不清晰

现阶段我们需要十分迫切地认识到，我国市场化改革之前，公有制条件下的"所有权关系"是清晰的，勿需重新界定；而市场化改革之后，公有制条件下的"产权关系"则是不清晰的，需要通过产权改革来完成。特别值得注意的是，产权改革绝不等同于私有化，我国现状是所有权清晰，而产权不清晰，所有权决不直接等同于产权。具体而言，我国生产要素的所有权是非常明确地划归国有或者集体所有的，但是这一归属与市场机制之间尚未搭建起真正切实有效的桥梁，虽然国有企业改革之前做了非常有益并且行之有效的改革尝试，但是这种具有特惠制度特色的改革之于我国产权制度和要素整体市场化的进程而言还只是星星之火，应当意识到我国要素支配的主体、权能、制度均不清晰，这种改革只有继续深化，方能切实有所成效。

西方发达国家的产权是私有制基础上的产权，我国是公有制基础上的产权，加之我国经济经历了从计划走向市场的转轨过程，因此改革逻辑与西方迥然不同。西方发达国家的改革逻辑核心就是在私人领域强调产权界定，而我国的产权改革则广泛涉及政治、行政体制、法律以及授予民事主体的各类产权主体。从主体上来看，我国要素支配的主体中有市场主体也有政府主体，在政府主体中，有中央政府也有地方政府，在地方政府中，有地市级政府县市级政府还有县级政府，整体看上去错综复杂。从权能上来讲，我国要素现在只抓着一个所有权不放手，导致与产权相关的一系列权能没有划分，要素不能真正流入市场，市场主体也不能作为要素支配主体而存在，在供给侧造成严重制约，供求关系无法发挥作用，市场发挥决定性作用也无从谈起。从制度上来看，要素的所有、使用、流转、收益等一系列行为，其相关法律体系、制度安排、体制机制都没有明确规定。

产权制度构建就是分解后的权能作为要素在市场主体间的划分

产权权能不分解无法实现国家所有生产要素的市场化配置。从概念上来看，产权作为经济所有制关系的法律表现形式，是以一束权利的形式存在

的，一般来说，具体包括所有权、占有权、支配权、使用权、收益权和处置权等。然而，从我国产权制度现状来看，除了所有权是确定的以外，其他权能都是以扭曲的形式存在的。占有权、支配权、使用权、收益权和处置权等一系列对于要素而言非常重要的权能，作为产权的不同层次，至今没有以法律的形式进行正式的分层划分，导致要素仅以所有权形式归某一个特定市场主体所有，这一市场主体往往以自己的意愿和五花八门的形式将其他权能划分出去，实质上带有很浓厚的计划和行政的色彩，导致实际层面的市场交易无法进行，要素市场化配置更无从谈起。

通过产权权能分解实现产权结构化。产权是一束权能，其所包含的所有权能当中，所有权在我国的公有制框架下是明晰的，其他权能应当以法治化形式进行产权权能分解，至少应当首先将支配权、使用权、收益权等在市场经济体制运转当中较为重要的权能以一种长效机制实现分解。分解后的产权权能就能够合法、合理、合情地进入要素市场，并在市场主体间进行划分。产权权能分解后，要素的所有权、支配权、使用权、收益权等权能可以由不同的主体来行使，所有权还掌握在公共主体手中，而其他权能则可以掌握在不同的市场主体手中，而从某一项要素的产权来看，这种权能分解实现了产权当中的所有权与其他权能的划分，实现了产权的结构化。

通过产权的契约安排实现产权社会化。在通过产权权能分解实现产权结构化的同时，随着除了所有权以外的其他要素权能合法合理地流入不同市场主体并实现要素市场化，市场机制就能够切实地发挥决定性作用了，即中国要素市场将建立健全并趋于完善。在这一前提下，产权的各项权能，尤其是以收益权为主的权能，就可以通过市场上价格机制的作用，在契约的基础上实现要素各项权能的自由流动，从而在市场机制作用下实现产权的社会化。此时，产权已经不再是像以前只有所有权一个维度的一项单一权能，不再是只掌握在国家和集体手中的，带有扭曲性质的具有单一化和行政化特征的产权，而成为一项所有权掌握在国家和集体手中，其他下位权能广泛分布在市场主体当中，通过市场机制发挥决定性作用进行配置并实现要素自由流动的具有社会化特征的产权。这一特征，再结合上我国大力推行的以股份制为核心的混合所有制改革，能够在更大程度上表现和实现社会化。

当前我国生产要素产权尚未实现社会化和结构化。从现状来看，我国产权当中的所有权是清晰的，而这种清晰的所有权其市场表现却存在很大程度上的扭曲特征。国有和集体所有的要素所有权，其实际上是以政府既行使所有权又行使行政权力存在的，且在现实中，中央政府与地方政府行使所有权和行政权力进行要素配置的方式和手段各有不同，各个地方政府行使所有权和行政权力进行要素配置的方式和手段也各不相同，市场与政府之间的关系难以厘清。在这种框架下，我国要素的产权权能未做明确划分，公有制和市场经济的表象冲突看似无从下手、难以解决，产权权能的结构化配置方面，虽然国有企业改革做出了两权分离的有益尝试，但是总体来看仍很不顺畅，土地、矿山、森林、水体、海域、草原等广泛的自然资源、能源等生产要素，其要素产权权能均未实现结构化划分，更无从提及社会化了。在这种状态下，所有权看似掌握在公共主体手中，实际上却因行政权力扭曲进入市场主体手中，更有甚者是通过行政权力的扭曲直接进入私人手中，这种进入的方式大都是在"暗箱"当中完成的，虽然体制机制方面也已经做出了很多努力，但是由于根本上的产权问题尚没有实现结构化和社会化，这些体制机制在实践中不得不流于形式，导致要素的最终配置结果呈现出突出的行政化特征，中央与地方各不相同，各个地方五花八门，甚至还往与政府决策权力息息相关，一不小心就落入契约无法持续的陷阱当中。

产权制度构建过程中的三大核心关系是要素市场化的必要前提

理顺政府与市场、政府与社会的关系先要理顺政府内部的经济关系。政府内部经济关系不理清，政府在市场经济中的身份和地位不明确，政府与市场、政府与社会的关系便纠缠不清。政府间经济关系不清晰影响国家治理的现代化。政府间经济关系不清晰直接影响了公共资源的市场化配置，同时也对整个国家治理产生不利影响，特别是在财政体制改革、生态文明建设、主体功能区战略实施等方面。

第一，纵向产权关系：明确央、地政府间产权关系。所谓纵向产权，是指中央与地方之间界定的产权。生产要素国家所有实际上是中央政府（国务院）行使所有权，中央政府委托地方政府行使所有权。然而，从现行法律来看，中央与地方之间的产权制度是缺失的。国有资源成为地方政府的"公地"，国家所有权虚化，各地方政府都以国家的名义在随意地行使所有权，自然也包括了收益权。我国当前面临现实是：中央与地方的纵向经济关系是一回事，而纵向的产权法律关系则是另一回事，产权法律关系没有反映经济关系，经济关系的运行脱离了产权法律关系。这导致了央地经济关系的乱象，中央的随意性与地方的非规范性并存，地方政府经济行为失去约束，拥有远远超出法律规定的自由裁量权。我国中央与地方产权制度的缺失实际上已经引发了多重公共风险，包括吃资源环境"大锅饭"，牺牲的生态环境转化成了个人财富，生态环境治理陷入困境，地方"所有权幻觉"导致政治风险加剧等。因此，我国亟须在明确所有权的基础上，把占有权、分配权、使用权与收益权等权能在中央与地方政府间明确划分。

第二，横向产权关系：明确完善产权制度的核心在于财产权与行政权分开。所谓横向产权，是指政府与经济社会主体之间界定的产权，与纵向产权不同，横向产权是从属于政府与市场之间的关系、政府与社会之间的关系。而我国的现实状况缺失所有权与行政权集于一体，从而混淆了行政关系与经济关系。我国经历了从计划经济体制向市场经济体制的转轨过程，以公有制为基础，我国要素所有权的现状是国家和集体掌握了绝大多数要素资源，而如何优化配置这些掌握在国家和集体手中的资源，路径就是构建好产权制度，同时实现要素市场化。国有和集体资源，无论是通过什么形式的私有化，光明正大的私有化，或者扭曲的私有化，都会造成效率与公平的双重缺失，是一条走不通的路，只有建立健全产权制度，才是公有制条件下实现要素市场化的康庄大道。现阶段，我国要素所有权和行政权都掌握在政府手中，行政关系与经济关系不分导致政府与市场关系不清，同时意味着政府管理主体与市场主体的角色不清。政府既是公共资源所有者，又是管理者，运动员与裁判员兼于一身，既是管理主体，又是市场主体，公共资源便难以真正市场化配置。以土地要素为例，国家的行政权在行使所有权，地方政府的行政权在行使其所代理中央的所有权，地方政府在以行政权力出让土地使用权的过程中产生了大量问题，包括产权制度问题、腐败问题、导致不公平的问题等，归根结底就是产权制度尚未建立健全，相关事项无路可走、无法可依。

特别值得注意的是，横向产权与纵向产权不是彼此独立的，而是前者以后者为条件。例如，政府出让资源使用权给市场主体，这是市场主体获取某项产权，即横向产权界定的过程，如土地使用权，其是否具有正当性、合理性和合法性，有一个先决条件，即出让者是否有拥有该项财产权利。也就是说，出让土地使用权的政府是否获得了包括转让权内在的纵向产权，否则横向产权就不具有合法性，意味着出让者出让的是他人的产权。然而从现实来看，这种不具有合法性的横向产权比比皆是。不仅如此，而且地方以行政权代行所有权，批条子、政府会议就可决定出让某项国有资源使用权、开发权、转让权等等，也就是以行政方式而不是法律方式来实施产权界定，以行政主体身份代行了产权主体身份。这是一种以随意性、不确定性为特征的产权安排，难以产生长期行为。因为以行政方式界定的产权是可以随时改变的，不具有稳定性和可预期性，而普通法的救济却无法对抗这种行政权的实施。在发展的一定时期，地方代行中央所有权、行政权代行财产权也许是必要的，但要认识到，其产生的后果正在由表入里，积重难返，再也不能这样继续下去了。而对生态环境的保护来说，恰恰需要的是长期行为，而不是难以预期条件下的短平快式的开发。

第三，公私产权关系：我国产权兼具公共属性与私人属性。在产权改革的过程中，要素的所有权是改革的源头，与所有权相比，占有权、支配权、使用权、收益权和处置权等一系列权利都是下位的。基于此，我们必须认识到我国产权兼具公共产权属性和私人产权属性：一方面，从源头上来看，即从要素的所有权层面来看，我国的产权都是具有公共属性的，是公共产权；另一方面，如果想要实现要素市场化，同步进行的产权改革，其实质就是将其他下位权利交给具有私人属性的市场主体，在这个意义上，又毫无疑问地成为私人产权。因此，我国现阶段的产权构建与要素市场化过程亟须把非常清晰的所有权通过法治框架和长效契约机制进行结构化、社会化。除了所有权，其他的权利交给市场去配置。这个过程就是产权界定的过程，就是产权构建的过程，同时也是要素实现市场化的过程。

第 八 章
Chapter eight

落入中等收入陷阱经济体的要素特征

陷入中等收入陷阱的典型代表有拉美地区、亚洲"四小虎"（泰国、马来西亚、菲律宾和印度尼西亚）等，这些地区在由低收入阶段转入中等收入阶段的过程中展现出较强的增长力量，但在向高收入阶段冲击时后继乏力。

落入中等收入陷阱者竞争性要素特质 📌

陷入中等收入陷阱的典型代表有拉美地区、亚洲"四小虎"（泰国、马来西亚、菲律宾和印度尼西亚）等，这些地区在由低收入阶段转入中等收入阶段的过程中展现出较强的增长力量，但在向高收入阶段冲击时后继乏力。在经济增长高涨的阶段，其竞争性要素的投入驱动了增长，但由于没有技术和优良制度支撑下的要素报酬是递减，因而不能支撑其长期发展。

拉美地区和亚洲"四小虎"均是人口较稠密的地区，并且在工业化过程中，他们都呈现过不同程度的二元经济结构，第一产业的剩余劳动力完全可以流向工业部门作为劳动力要素投入。

此外，两地区均不是资源贫乏的地域。拉美具有非常丰富的自然资源。巴西拥有大量的铁矿石以及镍矿储量；智利是全球最大的铜矿生产国及出口国之一；阿根廷拥有全球第二高的页岩气储量。该地区是世界大宗商品的重要来源地。同时，马来西亚矿产资源也很丰富，锡矿产量在20世纪90年代之前一直很高，同时还有铁、金、钨、铝土、锰等矿产，加上石油和天然气，自然资源十分充裕；印度尼西亚的石油、天然气、煤、锡、镍、铜、金、银等资源产量均很高；泰国是一个农业大国，盛产大米和橡胶。

从劳动力和自然资源这两个竞争性要素来看，这两个地区均具有较好的禀赋，但其经济发展的瓶颈在竞争性要素方面或许要用资本要素来解释。

对于拉美地区而言，历史上外资对其经济潜力的剥夺以及民粹主义带来的资本积累不足是其经济停滞的重要原因。自 16 世纪初开始，拉美就受到葡萄牙和西班牙的侵占，由此开始了漫长的被殖民时代，在这一段历史发展过程中，拉美的本土经济完全受到其宗主国的摆布，这样的历史背景导致拉美经济一直处于过分依赖外资的形势中，拉美成为宗主国工业体系的原料提供地，失去了发展自身工业体系的机会。而当拉美独立以后，民粹主义思潮下的国有化浪潮又让拉美失去了一次机会，第二次世界大战后，拉美力争摆脱外资依赖，开展"进口替代工业化战略"和"国有化战略"，试图通过国有化浪潮来替代所有进口工业商品，为此不惜扭曲要素价格和产品价格，造成市场扭曲和工业化进程步履维艰，按照经济增长路径的理性分析，拉美这样的落后经济体在经济赶超阶段应当在政府控制水平内果断借助外国丰富的资本来发展本国经济，这样才能够在相对短期内大力实现经济增长，拉动整个经济体内的经济发展。然而，拉美历史上的殖民原因成为民粹主义政客为操纵政治权力而利用的重要工具，利用民粹主义情绪将外资指责为另一种类型的"侵略"，转而将抵制外资、大力推行国有化作为迎合民众意愿的筹码。这种手段在 20 世纪七八十年代曾盛极一时，后稍有缓解，但随着 90 年代左右拉美金融自由化的到来，又再次卷土重来，激起新一轮的民粹主义国有化浪潮，严重制约了拉美的经济增长。

此外，民粹主义指引下的福利赶超也使拉美失去了资本积累的机遇。拉美的民粹主义将福利赶超作为经济赶超最为重要的目的，掏空了经济发展的后劲和持续改进民生福利的基础。拉美福利赶超将重点放在了扩大社会性支出。一国财政支出的两大基本方向为生产性支出和社会性支出，而拉美 80 年代以后为迎合民粹主义的需要不惜将财政支出着力于扩大社会性支出方面，甚至在财力严重不足的情况下扩大赤字来满足社会性支出。扩大社会性支出集中表现在其占 GDP 的比重和占总支出的比重不断攀升。而社会性支出具有纯消耗的性质，在经济发展尚未达到高水平之前，这会使经济体中进一步发展所需的资本无法有效积累，后期陷入瓶颈也是有迹可循的。

亚洲"四小虎"在资本要素方面也有过于依赖外资的特点。这一特点造成了两个后果。第一，在吸引外资的过程中，本国提供的自然资源被控制在低价水平，当资源要素的价格如此被扭曲时，资源要素会形成对劳动力要素的替代，这一方面会使经济增长中资源会被无节制地投入而不考虑效率，另一方面，对劳动力要素的替代也会使劳动力要素的价格长期被压制在较低水平，不利于技术创新提高劳动生产率。第二，过分依赖外资使得亚洲"四小虎"的金融体系十分脆弱，1998 年的亚洲金融危机，在很大程度上也是被美国金融大鳄索罗斯抓住了这一弱点，在大量依赖外资且金融制度不健全、金融监管等体制机制尚未建立、本国货币在全球货币市场处于弱势地位的情况下，一下子就陷入金融战所引发的系统性金融风险当中，加之本国实体经济缺陷明显，总体而言实体经济根本不足以对虚拟经济的动荡起到稳固作用，结果整个宏观经济一落千丈，陷入漫长的恢复期。

非竞争性要素之一：比较优势战略 📌

比较优势战略简析及其理论基础

通常来说，比较优势战略是指通过市场机制和经济的对外开放，由价格机制向国内生产者显示该国要素和商品的供求及相对稀缺性，即要素的禀赋结构，并通过这些相对价格引导能够充分发挥比较优势的经济部门发展，以此促进整体经济增长的发展战略。比较优势战略是渐进而相对缓慢的发展道路。实行比较优势战略的国家，市场在资源配置中起主导作用，政府的作用主要是为经济发展创造公平竞争的环境。

比较优势战略的理论基础，是国际贸易中著名的赫克歇尔—俄林定理。该定理认为，由于国家之间生产要素供给情况不同，某一国供给量多的生产要素，其价格必然比较便宜；供给量少的生产要素，价格必然比较昂贵。要在国际分工和贸易中发挥比较优势，就要"出口那些需要多用本国丰裕的生产要素而少用本国稀缺的生产要素的商品，用以交换其要素比例正好相反的商品。因此，简洁地说，丰裕供应的要素用于出口，稀缺供给的要素则进口"。

比较成本理论也是比较优势战略的重要理论来源。比较成本理论认为，不同国家生产不同产品存在劳动生产率或成本的差异，各国应分工生产本国具有相对优势的产品，各个国家按照比较利益原则加入国际分工，从而形成对外贸易的比较利益结构。发展中国家自然资源和劳动力丰富，发达国家资本和技术资源丰富，据此形成的贸易格局是：发达国家进口劳动密集型和自然资源密集型产品，出口资本、技术密集型产品；发展中国家进口资本、技术密集型产品，出口劳动密集型产品，现实的国际分工格局也基本如此。

一些国内学界前辈在国内发展和强调了比较优势理论，这一对我国经济发展十分重要的分析范式和逻辑演进可简要归纳为"要素禀赋结构→企业内生能力→比较优势的理论→反对赶超战略"。他们认为，产业结构和技术结构都内生于要素禀赋结构（K/L），只有按照经济的比较优势来组织生产活动，企业和整个经济才能最大限度地创造出经济剩余，从而增加用于创造高级生产要素（如技术）的投资数量，并由此带来要素禀赋结构的改善和优化，进而带动技术结构和经济结构的升级。为此，作为一个欠发达经济体的睿智的政府，应遵循比较优势发展战略，就是要在经济发展的每一个阶段上都选择符合自己要素禀赋结构的产业结构和生产技术。在经济发展的每一个阶段选择符合自己要素禀赋结构的产业结构和生产技术，经济中的多数企业会具有自生能力，从而促进经济体的资本积累、要素禀赋结构的提升，实现经济体的高速发展。一个经济的最优产业和技术结构，是由该经济的要素禀赋结构内生决定的，遵循比较优势的战略对欠发达国家是更好的发展战略。

比较优势战略的再思考

应该说，比较优势理论有其较深厚的理论根基和较严密的实证逻辑，也得到一些来自实践的验证，如亚洲"四小龙"的发展。但是，不可否认的是，这个理论框架不仅存在着理论体系上的一些逻辑缺陷，在付诸各国（特别是发展中大国）经济发展实践时，还存在着不少非适应性与局限性。

首先，从理论框架与发展实践的对应性考察，比较优势战略对于发展中的大国经济来讲，其作用路径值得继续深入探索。对于微观企业主体，或中小体量的经济体来说，采用"比较优势"发展自己的先进技术优势或者廉价的人力优势不啻为一个理性的发展路径选择，如依托技术资源雄厚的大学发展高科技企业，依托资源丰富的山区可以发展绿色农业等等，这个比较优势理论用来指导企业发展一般是具有实效的。但是对于发展中大国，比较优势可能很难从短期上尽心观察，而是需要放入历史的长期视角当中，考虑未来之策。事实上，当今国际政治经济关系的现实决定了中国很多产业发展，不仅仅取决于基础条件和比较优势或劣势，而是取决于战略需要。中国不能没有"两弹一星"，不能没有先进的航空产业，不能没有先进、安全的通信产业，但是长久以来我们在这些方面并不具有、也不可能主要依托比较优势。因此，中国经济的发展路线一直不是"有什么发展什么"的问题，而是国家战略需要发展什么就得适当集中力量"攻关"式地发展什么的问题。

其次，虽然比较优势战略从经济理论层面来分析，绝为失为一项更具经济性的选择，但仍然不能不观察到其毕竟存在一些逻辑上的欠缺[①]。第一，比较优势战略隐含着的一个逻辑前提就是"国际大分工"，但我们需要问的是这个"国际大分工"到底是天生的还是后天的。如果"国际大分工"是先天的，那么今天的美国也不应该成为发达国家，以色列、日本更不应该成为发达国家，而应该还是老牌工业国家英国法国；如果"国际大分工"是后天的，那么似乎就不应该有摈弃"赶超战略""自主创新"的理由。

第二，比较优势理论与生产要素边际报酬递减规律存在着不相容性。根据经典经济学分析的观点，生产要素特别是资本存在着边际报酬递减规律，也就是说具有资本禀赋比较优势的经济体，如果持续性地发展资本密集型的产业，其边际效益其实是要低于资本稀缺型经济体来发展资本密集型产业的。尤其是在当前生产要素跨国流动日益活跃的总体环境中，各国之间比较优势的格局完全可能在较短的一个时间发生逆转，这也是世界各国经济发展从长

---

① 贾康、刘军民：《政策性金融与中国的现代化赶超战略——兼与林毅夫教授商榷》，《财政研究》，2010 年第 1 期。

久来看将趋于收敛和趋同的理论基础。其三，从实证角度来看，比较优势其实是个比较"虚"的概念，要分析其在一个国家是否取得成功是非常困难的，这涉及要素禀赋和产品的要素密集度等相当多难以量化处理的因素。①

第三，从初步的"中庸"式总结来看，一个国家对技术进步与发展模式的主观选择，可以按照比较优势，也可以实行赶超，当然也可以实行介于两者之间的发展模式。从第二次世界大战以后后进国家的发展结果看，完全运用比较优势发展起来的国家是十分少见的，大多数落入了"比较优势陷阱"；同时，完全运用赶超战略也纷纷陷入了产业结构畸形、人民生活恶化、一般企业缺少活力的境况。能够较好发展起来的国家，一般是综合运用两种战略。在实践中，近年"金砖四国"的发展之势，就不能简单地用比较优势战略来解释。韩国和中国台湾地区的历史经验和中国、印度等国的发展现状表明，经济发展较为成功的发展中大国，并不是完全按照比较优势来发展经济和对外贸易；它们在发展本国具有比较优势产业的同时，也致力于一些中高端产业的发展。换言之，它们经历的是一种有限赶超过程②。跨国回归分析同样表明，有限赶超对一国经济增长速度有显著的正面影响，实行有限赶超战略国家的经济增长速度要显著高于没有实行有限赶超的国家（或地区），有限赶超指数每提高一倍，人均GDP的增长速度提高4个百分点左右，且短期影响要大于长期影响③。一些学界前辈的研究也指出：比较优势理论从资本和劳动力禀赋结构来作解释较适合于工业化的前、中期，但它并不完全适合于大国的发展道路，也不适合于新型工业化过程，亦不适应当前我国经济从"要素投入数量驱动型"向"要素使用效率驱动型"经济增长方式转变的需要。④

① 杨汝岱、姚洋：《有限赶超与经济增长》，《经济研究》，2008年第8期。
② 姚洋等提出的"有限赶超"指的是一国的出口商品技术含量高于以比较优势为基础的国际劳动分工所决定的水平，似也可称之为"适度赶超"。
③ 杨汝岱、姚洋：《有限赶超与经济增长》，《经济研究》，2008年第8期。
④ 欧阳峣：《大国综合优势论》，财政部科研所2009届博士后工作站，出站报告。

第四，以中国经济发展的实践结果来做初步的观察，也远非充分支持比较优势理论学说。从我国的情况来看，自新中国成立到改革开放之前，一直都推行重工业优先发展的赶超战略，重工业发展的正外部性使得赶超战略在一定程度上为我国后来的经济起飞打下了良好的工业基础①。中国一方面的确在以自身低廉的劳动力价格参与国际分工，但却并没能按比较优势战略充分进口到自己所需要的资本、技术和资源。从资本上看，中国近些年已是资本净输出国。中国一方面以高成本引进外资，但另一方面又以甚至低于银行利息的价格把大量外汇储备借给美国；从技术引进上看，发达国家从来就不会按所谓"比较优势"原则把高技术出口到中国，相反，对高技术出口到中国设置重重障碍。中国是个人均资源很少的国家，按"比较优势理论"也应该进口资源，但从总量上看，中国 30 年间包括煤炭、稀有金属矿甚至石油等，都以极低价格出口到国外，只是近几年才因一些资源接近枯竭，不得已以不断攀高的价格进口上游产品。所有这些，都说明单纯秉持比较优势准则来参与国际竞争很可能只是一厢情愿，比较优势战略赖以依存的经济环境——"自由、开放和竞争的市场"并不必然存在，国际政治上、法律上、意识形态等多方面的羁绊，足可以使发展中国家无法获得实现"要素禀赋结构的升级和欠发达经济向发达经济收敛"的技术和资本要素，而这也正是与当下中国经济"大而不强"阶段性特征相关联的一大原因。

最后，比较优势战略与现阶段国家发展的战略重点并不相符。当前，我国经济发展面临越来越严峻的资源和环境瓶颈约束，经济发展方式已经到了不得不转变的时候，必须要大力推动自主创新和大力发展战略性新兴产业与支柱产业。如果被动遵从比较优势理论，固守劳动力成本的比较优势，长此以往，不仅会带来贸易条件的持续恶化，同时在国际分工中，我们也将丧失核心技术，很可能要长久地被固化于产业链、价值链的低端，沦为廉价的"世界加工厂"，进一步牺牲国内脆弱的生态环境和消耗有限的自然资源来

---

① 姚洋、郑东雅：《重工业与经济发展：计划经济时代再考察》，《经济研究》，2008 年第 4 期。

换得微薄的加工费，最终换来的却是经济增长无以为继。如果僵化地恪守奉行比较优势战略，我们可能还要继续重复用 8 亿条西裤换一架波音飞机的辛酸，也永远不可能取得两弹一星、载人航天飞行等的骄人成绩。

非竞争性要素之二：攫取性制度 📌

按照著名经济学家阿西莫格鲁的总结，攫取性制度是与包容性制度相对的一种制度体系，在攫取型制度下，少数既有利益集团手中的权力很少被加以限制，他们能够轻易地制定经济制度从另一部分群体身上攫取利益，体现在经济领域就是要素自由流动受阻，社会缺乏创新创业活力，市场自由进出受到严格限制。

历史上大多国家都采用过攫取性制度，比如殖民时期的北美洲、非洲，独立战争前的美国、光荣革命前的英国等等。政治集权对于一个国家的经济发展是必不可少的，以索马里为例，虽然其政治权力表象与"包容性制度"看似一致——权力极度分散，实质却截然不同，索马里的权力分散是建立在缺乏政治集权的基础上的，其国内政局动荡不安，经济发展自然无从谈起。少数既得利益集团在攫取性制度下实现政治集权，他们有足够的动机去创造更多可供攫取的利益，再加上经济发展初期，统治者重新配置资源对经济的推动作用更易体现出来，虽然这种推动作用是短暂且低效的。总而言之，攫取性制度在初期可以实现短暂的经济增长，苏联在 20 世纪前半叶实现了经济的迅速增长，通过自上而下的政策法令将部分农村剩余劳动力人口强制性转移至工业部门，资源的重新配置大大提高了劳动力生产率，工业化进程的加快也推动着苏联经济的快速增长，但这种增长是短暂的，因为攫取性制度阻碍"创造性破坏"的产生，既得利益团体会担心创造性破坏促使新技术替代旧技术，影响自身政治地位稳定，再加上资源掌握在少数人手中，人们普遍缺乏内在激励，也就无法刺激技术进步。

第 九 章

Chapter nine

中国正处于上中等收入陷阱边缘

　　中国和拉美地区在历经较长时期的经济高速发展后，在经济社会中却出现了相似的负面问题，主要有：社会贫富差距拉大、劳动市场结构性问题显著、腐败和钻体制空子的现象层出不穷等，这些负面问题是拉美在 80 年代后经济逐渐陷入"中等收入陷阱"、停滞徘徊甚至出现倒退的重要原因。

中国与拉美经济发展的相似之处 📌

都经历三十年黄金增长期

自 1978 年改革开放以来，中国国民经济步入高速增长时期，增长率长期保持在年均两位数水平，堪称世界经济增长的引擎。但从全球范围看，实际上拉美地区也曾经历过类似的经济黄金增长时期。1950—1980 年，拉美地区经济持续三十年高速增长，其间在工业化和城市化发展方面取得了令人瞩目的成就，人均 GDP 绝对额变化如表 12 所示。中国自 1978 年改革开放以来，三十年间经济高速增长阶段实现的人均 GDP 增长幅度，比拉美最高的巴西还要高出一倍，如表 13 所示。两表对比可以发现，中国三十年来的经济增长比拉美当年三十年黄金增长期势头更为迅猛，拉美人均 GDP 三十年平均翻了一番，而中国翻了两番有余。由于拉美和中国的三十年高增长期处于不同的历史阶段，其中当然不乏不可比因素，但是这种经济增长态势和迅猛增长特征的类似性仍是可以清晰观察到的。

表 12　拉美人均 GDP 绝对额变动

单位：美元

国家	1950 年	1980 年	增长率（%）
阿根廷	1877	3209	71.0
巴西	637	2152	237.8
巴拉圭	885	1753	98.1

国家	1950 年	1980 年	增长率（%）
巴拿马	928	2157	132.4
秘鲁	953	1746	83.2
玻利维亚	762	1114	46.2
多米尼加共和国	719	1564	117.5
厄瓜多尔	638	1556	143.9
哥伦比亚	949	1882	98.3
哥斯达黎加	819	2170	165.0
洪都拉斯	680	1031	51.6
墨西哥	1055	2547	141.4
尼加拉瓜	683	1324	93.9
萨尔瓦多	612	899	46.9
危地马拉	842	1422	71.3
委内瑞拉	1811	3647	101.4
乌拉圭	2184	3269	49.7
智利	1416	2372	67.5
平均增长率	/	/	101.0

数据来源：Cardoso and Fishlow（1989），按 1975 年美元计

表 13 中国 GDP 绝对额变动

单位：元

指标	1978 年	2007 年	增长率（%）
GDP	3645.2	249529.9	674.5
人均 GDP	381	18934	487.0

数据来源：2008 年《中国统计年鉴》

都面临飞速发展后的疑难杂症

中国和拉美地区在历经较长时期的经济高速发展后，在经济社会中却出现了相似的负面问题，主要有：社会贫富差距拉大、劳动市场结构性问题

显著、腐败和钻体制空子的现象层出不穷等，这些负面问题是拉美在 80 年代后经济逐渐陷入"中等收入陷阱"，停滞徘徊甚至出现倒退的重要原因。中国高速增长期势头较拉美当年固然更为迅猛，但矛盾凸显期所表现的压力更毫不含糊，这不得不让人担心，当年拉美出现的突出问题是否会在中国重演。

这其中，尤其是贫富差距过大的问题，近年已经成为中国经济发展过程中的重大问题之一。在研究社会贫富差距的时候，通常把最穷的 10% 人口和最富的 10% 人口作为比较对象，观察各自收入占总收入的百分比。可以想见，在收入绝对平均的情况下，人口的百分比与收入所占百分比应相同，而若最穷的 10% 人口所占收入，越低于最富 10% 人口所占收入，那么这个社会的贫富差距就越大。如表 14 所示，世界范围内典型的发达国家数据显示，最低 10% 人口所占收入的百分比在 2%—3% 之间，最高 10% 人口所占收入的百分比则在 20%—30% 之间；而中国的数据则显示，最低 10% 人口所占收入的百分比仅为 1.6%，最高 10% 人口所占收入的百分比则为 34.9%。这意味着，发达国家最低 10% 与最高 10% 人口所占收入的差距为 10 倍左右，而中国的这一差距则为 20 倍甚至更多，足见中国收入分配问题的严峻性。然而，不仅如此，早在 2007 年，王小鲁等学者就曾指出，如果以家庭而不是以个人为单位，如果用城镇 20% 的高收入家庭和农村 20% 的低收入家庭数据做比较，那么最高和最低两组之间的差距则约为 55 倍，而不仅仅是 20 倍之多。

表 14　中国与发达国家 10% 数据对比表

国别	最低 10%	最高 10%	基尼系数（%）
中国	1.6	34.9	47
美国	2.0	20.0	45.0
英国	2.1	28.5	34.0
加拿大	2.6	24.8	32.1
韩国	2.7	23.7	35.1

数据来源：CIA，world Factbook，2011.

据国家统计局数据显示，2012 年全国城镇非私营单位就业人员年平均工资为 46769 元，同比名义增长 11.9%，扣除物价因素实际增长 9.0%，而私营单位就业人员年平均工资为 28752 元，同比名义增长 17.1%，扣除物价因素实际增长 14.0%。收入普增，但不同行业、不同单位工作，收入差距十分明显。数据显示，私营单位就业人员年平均工资仅为非私营单位平均工资水平的 61.5%。不同行业工资差距仍较大。从非私营单位职工平均工资看，年薪最高的是金融业 89743 元，是全国平均水平的 1.92 倍；而最低的是农林牧渔业 22687 元，仅为全国平均水平的 49%。从私营单位职工平均工资看，最高的信息传输、软件和信息技术服务业 39518 元，是全国平均水平的 1.37 倍；最低的农林牧渔业 21973 元，是全国平均水平的 76%。最高与最低行业平均工资之比是 3.96∶1。

收入差距衡量的是财富流量的不平等，收入差距会沿着流量变化的方向累积，进而导致居民间财富不平等的扩大。而且因为累积效应，越富裕的人群储蓄和投资能力越强，从而使得财富存量不平等的扩大速度通常快于收入不平等。有关部门估算，目前中国城市家庭总资产均值约为 247 万元，中位值约为均值的 1/6。这意味着中国城镇家庭财富占有高度不均。这在很大程度上解释了为什么在大多数人并不富裕的情况下，中国出现了一线城市房价不断高企、2011 年全球 70% 的瑞士名表为中国人所购买，世界豪华跑车生产商专门为中国消费者量身设计车型等一系列"反常"消费现象。收入差距的扩大使社会阶层间矛盾加大，成为暴戾心态或消极态度的温床，并导致社会维稳压力不断攀升。以国际经验来观察，过大的收入分配差距还可能导致社会阶层对立、仇官仇富、社会价值观混乱、诚实劳动受到轻视等一系列负面效应。

都具有多个民族与多元文化

两者具有相似的多民族文化渊源。拉美与中国都具有悠久的历史，玛雅文化和中国的四大发明，都显示着祖先的聪明才智和盛极一时的古代文明。如前文所述，整个拉美地区人口具有十分复杂的民族、种族构成，当地土著印第安人、后来到达拉美的西班牙人和葡萄牙人、再后来到达拉美的意法德乌及巴尔干半岛的欧洲移民以及殖民时期作为奴隶被从非洲运到拉美的黑人；还有后来移民至拉美的日本人、印度人及华人。主要种族包括蒙古利亚人种、欧罗巴人种和尼格罗人种。中国广袤国土上则有五十六个民族共同生活，各民族风俗、习惯、文化、传统等等迥异，如何在较长时期内把握好民族和睦与社会稳定问题，也是我们以拉美地区作为前车之鉴而必须认清的重要视角。

都面临民粹主义情愫的膨胀

"民粹主义"作为一种社会思潮，把平民化和迎合民众看作一切合法性的来源。在现代经济发展过程中，民粹主义在拉美地区曾肆意发展、变异，与一些极端化的意识形态相结合，极易对公共政策造成绑架，不得不引起全球重视。不仅拉美地区遭受民粹主义之苦，西方发达国家也曾在特定时期饱尝以反对全球化、反对工业化、反对"中国制造"等花样百出的民粹情愫左右下的社会动荡。与此同时，我们不得不注意到，中国在中等收入阶段的发展过程中，与其他经济体相似，民粹情愫也随着社会贫富差距的扩大日益突显。

中国正处于上中等收入发展阶段 📌

中国已经成功跨越"下中等收入陷阱"

以世界银行人均 GNI 数据及本书第 3 章所估计的收入划分标准为基础，中国（如图 19 所示）晋级中等收入组应在 1997 年，而晋级上中等收入阶段的年度为 2010 年，所以其跨越"下中等收入陷阱"持续时间为 14 年。

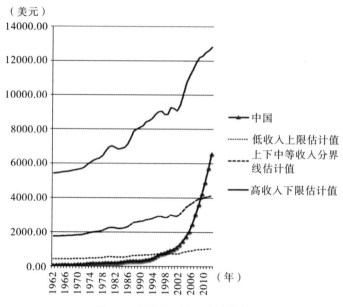

图 19　中国收入阶段变动趋势

中国在跨越"下中等收入陷阱"的过程中，GDP 增长率各年度数值如表 15 所示。不难看出，中国在跨越"下中等收入陷阱"时期的 GDP 增长率（9.87%）高于均值（8.50%），与成功者成员相比，仅次于新加坡（10.02%）。

表 15　中国跨越"下中等收入陷阱"的 GDP 增长率

年度	GDP 增长率（%）
1997	9.30
1998	7.83
1999	7.62
2000	8.43
2001	8.30
2002	9.08
2003	10.03
2004	10.09
2005	11.31

年度	GDP 增长率（%）
2006	12.68
2007	14.16
2008	9.63
2009	9.21
2010	10.45
均值	9.87

数据来源：世界银行官方网站

面临"上中等收入陷阱"的严峻考验

按照15.9年和年增长5.08%的平均值计算，以中国2013年人均GNI（6560美元）为基数，达到目前的高收入下限值（12814美元）所需的时间为13年，但考虑到高收入下限值仍在逐年增长，我们从总量方面不难得出中国跨越"上中等收入陷阱"之路将十分艰难的结论：一方面，经济增长率在未来15年左右应至少不低于5.08%这一平均值；另一方面，即使GDP增长率不低于平均值，考虑到高收入下限值的上浮，中国可能很难在15.9年这一平均年限中顺利晋级，而是可能面临更长时期的考验（如波多黎各，跨越这一阶段持续了29年）。

全球化背景下发达者对欠发达者的负面影响 📌

先进技术与行业发展规模的不匹配

赶超战略下城市化进程中，发展中国家可以利用后发优势从发达国家学习先进技术。从后发优势相关理论脉络的梳理中不难看出，学界对后来者通过技术的模仿、学习、追赶、转移和创新等方式而获得的积极影响，是具有基本共识的。然而，在此前提下，特别值得关注的是，多种方式引进的先进技术在与后来者经济发展阶段中各行业对接之时，与其行业发展规模之间往往存在不匹配的矛盾。

由于行业发展成熟度和规模效应没有达到一定水平，先行者最尖端的先进技术常常不能为后来者所用。也就是说，虽然后来者可以通过后发优势学习到最尖端的先进技术，实现"蛙跳"或者是技术转移、模仿，但是行业规模却不是一蹴而就的，加之与此领域相关层面可能出现的科研断层、优化难题以及人才储备不足等多方面因素的制约，可能使舶来的先进技术无用武之地。例如：以我国为例，在城市化进程中，产业结构重心逐渐向第三产业倾斜，而未来将成为第三产业主导的现代物流业势必成为发展的核心，然而就目前来看，虽然近年来前后有主要运营 B2C 的京东和淘宝等集团公司开始转而重视物流行业，但即使将目前人们引以为豪的、已开始向海外拓展业务的顺丰快递纳入考虑，我国物流业仍然是以基础运输为主，而与储存、装卸、搬运、包装、流通加工、配送、信息处理等多种功能通过运筹和系统工程耦合在一起的国际先进物流管理体系相比，还相距甚远。如日本 7-11 连锁便利店这样看似微型实体而实际通过一流物流系统成功实现零售业庞大连锁发展的零售商，其先进技术和经验与中国目前微型零售业的行业规模发展是不匹配的，基本无用武之地。

这种矛盾主要会产生两个负面影响：第一，由于存在巨大的差距，创新追求的动力优势往往保留在先行者一方。第二，后来者若尝试探索适合自己发展阶段的、相对滞后的技术来引进，也面临一定的风险：（1）相对滞后的技术已经被先行者淘汰而无迹可寻；（2）即使学到手，由于受到全球化的影响，这种技术在开放的市场上也已无竞争力，后来者将始终处于弱势；（3）市场份额已被先进技术支持下的新兴行业所挤占，后期即使寻求逐步发展，也面临着在垄断（如：7-11 在亚洲对便利店零售行业的垄断）中求生存的窘境。

难以应对的公共福利追赶倾向

居民福利本是发展的出发点与归宿，但其应是随后进经济体的经济赶超阶段的不断升级而逐步提高的，这就势必导致后来者在赶超先行者的城市化进程中，始终面临福利与增长之间的矛盾，对极易滋生民粹主义情愫的后来者而言，一旦不能够理智地防止吊高胃口而难以为继的不当福利赶超，就很容易落入陷阱。20世纪拉美地区的代表性国家在多种因素作用下产生的"民粹主义基础上的福利赶超"，就因其不可持续性而使成长过程半途夭折，把国民经济的赶超拖入了"中等收入陷阱"。

拉美福利赶超的主要表现是民粹主义的劳工保护和社会性支出的盲目扩大。第一，随经济高速增长，拉美国家城乡收入差距逐步扩大，农民工不断由乡村涌向城市致使城市劳动力市场供过于求从而工资不断降低，进而导致收入差距问题日趋严重。在高失业率风险与发达国家福利体制"榜样效应"的双重作用下，简单照搬"选举"式民主政治，使民粹主义情愫愈发凸显，多种因素促成拉美国家盲目设立高就业保护与高福利保障，成为经济发展终难承受的沉重负担。第二，为迎合民粹主义取向，在20世纪70年代以后将财政支出主要着力于扩大社会性支出，整个拉美地区各个国家1990年至2000年社会性支出占GDP的比率不断上升，社会支出占公共支出的比重可高达60%—70%，甚至在财力严重不足的情况下仍然继续盲目扩大赤字来满足社会性支出，导致彻底拖垮了国民经济。

由民粹主义基础上的福利赶超导致经济赶超失败从而落入中等收入陷阱的逻辑规律，可以纳入"民粹主义宏观经济学"（多恩布什·鲁迪格、塞巴斯蒂安·爱德华兹，1989）来认识。其逻辑路径大致为：宏观政策初战告捷—经济增长遇到瓶颈—经济发展全面短缺—民粹主义政府破产。

第一阶段的主要表现是：民粹主义社会基础所支持的政府在经济赶超中努力实施福利赶超，经济产出水平和实际工资水平在一开始得到普遍提高，同时由于出台了劳工立法，能够保持合意就业率，并迎合民众意愿提高社会保障水平，经济呈现一片欣欣向荣景象。但由于第一阶段属于纯消耗阶段，没有什么积累，所以进一步的发展就遇到了支撑力的瓶颈制约。第二阶段中第一阶段存在的隐形问题显性化：一方面，以扩大财政赤字为主的财政支出规模增加造成对国内商品的巨大需求，而这种巨大需求与生产供给不足严重对立，因此，更多的商品要依赖运用外汇进口，与此同时，已经非常吃力的财政还要维持"高福利"，简单机械照搬欧美福利制度并要赶超欧美，更使财政雪上加霜；另一方面，由于大笔外汇用于进口，导致外汇日趋短缺，结果所需要的更多商品没有更多外汇去支持进口来满足需求。这种典型的供给矛盾在第三阶段上，导致政府控制物价的行为无法继续，只能施行价格调整、本币贬值、外汇管制、产业保护。这一阶段，民众的工资虽仍增长很快，但是通货膨胀增长更快，导致实际购买力开始下降。经历了前三个阶段的发展后，前一任民粹主义社会基础所支持的政府在种种矛盾激化局面下必然破产倒台，新一任政府不得不实施正统宏观政策下的稳定计划，或借助国际货币基金组织（IMF）等国际机构的援助，以求继续维持本国经济发展。此时，国内民众实际工资已出现大幅下降，甚至低于民粹主义政府当政之前的水平，并将在很长时期内处于这样的低水平。民众强烈不满中，各种矛盾各种问题被激活和社会化、政治化，混乱局面更使经济增长停滞不前，甚至出现倒退，这就是落入所谓的"中等收入陷阱"了。这样于民粹主义基础上实施的福利赶超所带来的严重后果，使拉美一大批经济体落入"中等收入陷阱"而迟迟难以自拔。可知福利赶超虽然是归宿，但是若没有强有力的经济赶超作为可持续的支持手段，则无法最终达成所追求的福利目标。

制度模仿壁垒

发达国家有许多相对先进的制度，但是后来者对先行者的制度进口走到有效制度供给的状态上，实际须经历较长一段历程。试观中国，且不论已经空转多年但至今仍阻力重重、仅开通两地试点的物业税（房产税），就说城市化进程中已有大量呼吁的关于发挥非政府组织、慈善机构等第三方机构作用的观点，这种看似先进、科学、有效的制度，目前想走到我国制度供给层面，还有很多障碍。一个重要原因，是以美国为代表的发达国家，其"第三方部门"的资金来源，大都与遗产和赠予税机制相关，大部分社会财富的绝对拥有者，都由于高额的遗产和赠予税的存在而选择直接成立基金会，或将遗产捐赠给基金会，且在特定文化的影响下，美国大部分富豪都相当尊重该税种对国家、社会、企业与子女未来发展的多重积极因素，反对这种税收的减免或取消。而我国尚难以形成遗产和赠予的税收机制，在此阶段即使对第三方机构相关制度加以青眼，落实过程中恰实际缺乏相关的配套制度对接，因而我国发挥第三方机构作用方面，还将迟迟学不来美国模式。

福利与制度供给制约

我国城市化进程中，户籍制度已饱受非议，但究其本质，徒感"乱花渐欲迷人眼"，实质问题是户籍制度固化的福利制度确实与城市化息息相关又发生抵牾，人口迅速增加压力使一线城市在可预见的很长时期内还不得不实行最严格的户籍管理制度。对于全国范围内的福利水平，我国目前最为强调的是首先托好"基本公共服务均等化"这个底，这种思路在发达国家已经实践证明可行，正如迈克尔·希尔所言，"现代的发达国家，在历史上，公共产品与服务的供给基本上都是首先偏向于最迫切需要得到帮助的贫困人口，然后在此基础上逐渐实现公共产品与服务提供的均等化"。然而，后来者的可得供给往往受到行政区划下公共服务实际供给能力的局限，导致制度供给统筹程度较低，基本公共服务供给在不少领域和中心区域，仍"心有余而力不足"，难以有效模仿城乡居民自由迁徙制度；相反，先行者的制度体系已经过多年摸索、磨合和动态优化，相对成熟，福利相关制度往往超越行政区划的界限，政府间关系、财权与事权的划分也相对科学并具备了可持续性。

榜样效应与要素禀赋制约

不同领域的学者从不同角度观察，都注意到我国目前城市发展的相似性，无论要素禀赋怎样，城市化似乎只有一条标准。可以认为，这种机械化、"千篇一律"的道路，恰恰在某种程度上来自于先行者带动后来者的榜样效应。尽管在一定程度上和某些方面，榜样效应为整个国家的发展提供了源源不断的增长动力，但也极有可能带来忽略要素禀赋差异的机械模仿恶果。我国国土广袤，东南沿海的发达省级行政区（包括：辽宁、天津、山东、江苏、上海、浙江、福建、广东）与西部的十二个省、自治区、直辖市（包括：重庆市、四川省、陕西省、甘肃省、青海省、云南省、贵州省、广西、内蒙古、宁夏、新疆、西藏）要素禀赋迥异，西部天然的地理条件等等决定着"学习榜样"的有限可行性。

快速发展下的政策协同羁绊

在一国范围内，如果同时存在现代化的先行者和后来者，那么就应当注重政策同步所导致的政策失效问题。先进的政策必须对应先进的发展阶段，我国幅员辽阔，各省、自治区、直辖市及经济发展区域的发展阶段也不尽相同，现代化程度、城市化程度迥异，政策同步与政策效用发挥之间存在矛盾。例如：我国鼓励知识产权申报的相关政策，政策以同样的起点开始落实，长三角、珠三角等相对发达的地区能够很快实现政策的落实与对接，并在相对短期内取得成效，而云贵高原和西北边陲地区，政策启动战线长、政策效果反应慢。经过调研可知，同样一项政策，在江浙地区已经基本利用完毕、准备转型的时点，云贵地区可能才初见成效。此时，国家转向政策要求全国政策同步，势必大大降低政策的应有效用，甚至引发"两极分化"的马太效应。

第 十 章

Chapter ten

从中国经济空间结构看中等收入陷阱问题

中国地域辽阔,随着工业化进程的不断推进,区域发展不平衡、城乡发展不协调的问题越发凸显。分析我国 31 个省区划分成的三类组别,意在横向对比相同组别典型省区的要素特征,并纵向对比不同组别典型省区之间要素差异,为尚未突破上中等收入阶段的省区提供借鉴依据。

中国经济发展空间布局现状 📌

中国地域辽阔，随着工业化进程的不断推进，区域发展不平衡、城乡发展不协调的问题越发凸显。本章将中国 31 个省区的人均 GDP 与世界银行公布的划分上中等收入与高收入的标准值做比较，以此为依据将各省区划分为跨越上中等收入进入高收入组的省区和尚未跨越上中等收入的省区。截至 2017 年，中国 31 个省区的人均 GDP 均已超过世界银行公布的下中等收入到上中等收入标准值，也就是说中国所有省区均已进入上中等收入阶段，基于此前提，本章引入 2017 年全国人均 GDP，将尚未跨越上中等收入的省区细分为高于全国人均 GDP 的"中端组"和低于全国人均 GDP 的"欠发达组"。分析我国 31 个省区划分成的三类组别，意在横向对比相同组别典型省区的要素特征，并纵向对比不同组别典型省区之间要素差异，为尚未突破上中等收入阶段的省区提供借鉴依据。

中国各省区基于人均 GDP 组别划分

世界银行对高等、中等、低等收入的划分标准是基于国民生产总值（GNI）得到的人均国民生产总值，但本书试图分析中国国内各省级行政区，无法在一国领域内、普遍流动人口的基础上得到准确的人均 GNI 数值，而是相对更容易、更准确地得到人均 GDP 的数值。因此，本小节中各省市等级的划分将基于人均 GDP。为了统一计量和计算口径，本小节试图从中国国家统计局所公示的各省级行政区常住人口各省级行政区和 GDP 着手，在数据统计口

径统一的基础上计算出各省级行政区的人均 GDP 数值，以保证对各省市等
级的划分建立在科学数据处理的基础上。另外，需要说明的是，本书中所指
的省市均为中国的行政省和直辖市。

首先，在此基础上，本部分将基于世界银行最新公布的 2017 年上中等
收入与高收入划分标准值 12055 美元，并按照 2017 年美元兑人民币平均汇
率 6.7518 换算为人民币 81392 元。以 81392 元为分界线将中国各省区划分为
跨越上中等收入阶段达到高收入阶段的"高端组"和尚处于上中等收入阶段
的省区。目前处于高端组的省区是：北京、上海、天津、江苏、浙江、福建。
纵观 2009—2017 年上中等收入和高收入分界线标准值为（单位为美元）：
12195，12275，12475，12615，12745，12735，12475，12235，12055；相应
的增长率分别为 0.66%，1.63%，1.12%，1.03%，-0.08%，-2.04%，-1.92%，-
1.47%，可以看出该标准值变化幅度不大但从 2013 年开始出现缓慢下降趋势，
结合北京 2009—2017 年人均 GDP 增长率：3.88%，11.92%，7.32%，8.36%，
5.88%，6.95%，11.41%，9.25%；上海 2009—2017 年人均 GDP 增长率：9.48%，
9.71%，3.68%，6.55%，7.55%，7.06%，11.96%，8.77%；天津 2009—2017 年
人均 GDP 增长率：15.93%，17.51%，9.34%，7.51%，5.70%，3.11%，7.10%，4.05%；
江苏 2009—2017 年人均 GDP 增长率：9.32%，18.10%，9.78%，10.26%，8.65%，
7.51%，10.06%，10.54%；浙江 2009—2017 年人均 GDP 增长率：16.80%，
16.24%，6.99%，8.50%，6.21%，6.16%，9.17%，8.26%；福建 2009—2017 年
人均 GDP 增长率：19.55%，18.29%，11.36%，10.23%，9.08%，7.07%，9.89%，
10.65%；以上六个省级行政区的历年增长率均高于世界银行收入划分标准值
的增长率，可以合理地判断上述六省区均以强劲的势头跨越上中等收入阶段
进入高收入组，回落至中等收入阶段的可能性不大。

其次，尚处于上中等收入阶段的省区还可细分为高于全国均值部分和
低于全国均值部分，划分依据为国家统计局公布的 2017 年全国人均 GDP，
即 59201 元。尚处于上中等阶段的全部省区中高于全国均值水平的归为"中

端组"，低于全国均值水平的归为"欠发达组"。属于"中端组"的省区为：广东、山东、内蒙古、重庆、湖北。

由下图20可以看出，上中等收入与高收入分界线和2017年全国人均GDP将我国31个省级行政区划分为三个组别：高于上中等收入与高收入分界线的高端组，高于全国人均GDP但低于上中等收入与高收入分界线的中端组，低于全国人均GDP的欠发达组。

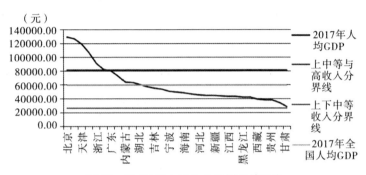

图20　2017年中国各省区划分情况表

数据来源：中国统计年鉴 2009-2017，国家统计局；世界银行，世界发展指标，2009-2017

各省区的具体数据表现如下表16、17、18所示：

表16　高端组数据表现

省级行政区	2017年人均GDP（元）
北京	129，059.47
上海	126，670.02
天津	119，144.12
江苏	106，945.51
浙江	91，511.86
福建	82，286.09
上中等与高收入分界值	81392.949

数据来源：国家统计局

表 17 中端组数据表现

省级行政区	2017 年人均 GDP（元）
广东	80, 316.26
山东	72, 591.83
内蒙古	63, 656.61
重庆	63, 166.57
湖北	60, 111.98
全国人均 GDP	59201

数据来源：国家统计局

表 18 欠发达组数据表现

省级行政区	2017 年人均 GDP（元）
陕西	57, 095.95
吉林	54, 995.09
辽宁	53, 581.54
宁夏	50, 507.63
湖南	49, 419.78
海南	48, 204.07
河南	46, 607.62
河北	45, 237.36
四川	44, 543.75
新疆	44, 513.00
青海	43, 865.60
江西	43, 284.03
安徽	43, 195.63
黑龙江	41, 973.98
山西	41, 942.06

续表

省级行政区	2017 年人均 GDP（元）
西藏	38，882.40
广西	37，918.65
贵州	37，823.54
云南	34，113.82
甘肃	28，410.98
上下中等收入分界线	26298.261

数据来源：国家统计局

高端组要素特征 📌

跨越上中等收入阶段省区的总体表现

如图 21，北京地区于 1999 年进入上中等收入阶段，并于 2012 年跨越上中等收入阶段顺利进入高收入组，历时 14 年。此阶段北京人均 GDP 平均增长率高达 11.44%，北京 GDP 平均增长率为 15.77%，可以说是一路高歌步入高收入阶段。

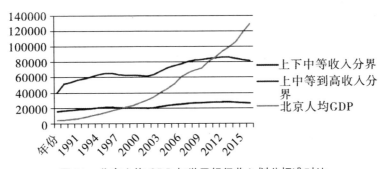

图 21　北京人均 GDP 与世界银行收入划分标准对比

数据来源：国家统计局

如图 22，天津地区于 2002 年进入上中等收入阶段，并于 2012 年跨越上中等收入阶段顺利进入高收入组，历时 11 年。天津在上中等收入阶段的人均 GDP 平均增长率高达 15.74%，天津 GDP 平均增长率为 19.72%，其中 2004 年与 2007 年的人均 GDP 增长率更是高达 20% 以上。

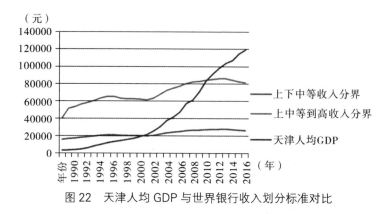

图 22　天津人均 GDP 与世界银行收入划分标准对比

数据来源：国家统计局

如图 23，上海地区于 1997 年进入上中等收入阶段，并于 2013 年跨越上中等收入阶段顺利进入高收入组，历时 17 年。上海是"高端组"中最早跨入上中等收入阶段的省区，也是在上中等收入阶段停留年限最长的省区。上海在上中等收入阶段的人均 GDP 平均增长率为 8.92%，上海 GDP 平均增长率为 12.31%，其中 2008 年出现了较明显的人均 GDP 数值下降情况，下降幅度高达 -8.62%，其他年份均保持 2.3% 以上的增长率。

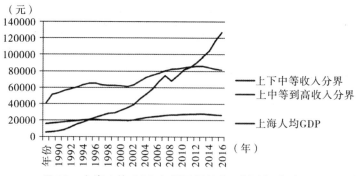

图 23　上海人均 GDP 与世界银行收入划分标准对比

数据来源：国家统计局

如图 24，江苏省于 2005 年进入上中等收入阶段，并于 2015 年跨越上中等收入阶段顺利进入高收入组，历时 11 年。江苏在上中等收入阶段的人均

GDP 平均增长率高达 13.54%，GDP 平均增长率为 14.29%。

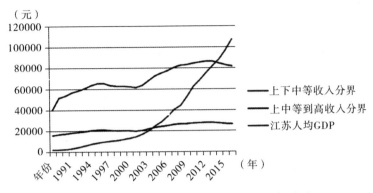

图 24　江苏人均 GDP 与世界银行收入划分标准对比

数据来源：国家统计局

如图 25，浙江省于 2003 年进入上中等收入阶段，并于 2016 年跨越上中等收入阶段顺利进入高收入组，历时 14 年。浙江省在上中等收入阶段的人均 GDP 平均增长率高达 11.52%。GDP 平均增长率为 13.07%。

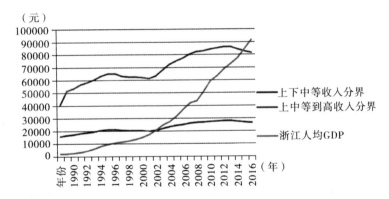

图 25　浙江人均 GDP 与世界银行收入划分标准对比

数据来源：国家统计局

如图 26，福建省于 2006 年进入上中等收入阶段，并于 2017 年跨越上中等收入阶段顺利进入高收入组，历时 12 年。是六个省区中最晚进入上中等收入阶段和最新进入高收入组的省区。福建省在上中等收入阶段的人均 GDP 平均增长率高达 13.16%，GDP 平均增长率为 14.13%。

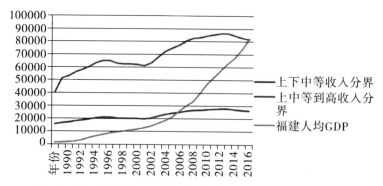

图 26　福建人均 GDP 与世界银行收入划分标准对比

数据来源：国家统计局

　　根据以上"高端组"省区的人均GDP数据表现来看，北京、天津、江苏、浙江、福建均以10%以上的平均人均GDP高增长率在2011—2015年之间实现了上中等收入阶段的跨越，上海平均人均GDP增长率略低于10%，但也在17年内完成跨越。以上六个省区在上中等收入阶段的GDP平均增长率表现亮眼，皆在12%以上，均以强势的增长势头跨入高收入组。

高端组的区位优势

　　区域经济差异受多种因素影响，诸如区位因素、政策因素、技术因素、制度因素等。总的来说，区位因素和政策因素是推动我国区域经济发展的两大重要因素。改革开放后，中央最先批准广东、福建等省实行对外开放，后又在长江三角洲、闽东南等地区开辟经济开放区，东部沿海地区利用其政策倾斜及地理优势吸引利用大量外资，外资是我国改革开放初期重要的资本来源，合理利用外资对我国产业结构升级、技术创新水平提高、经济增长质量效率提升等具有积极意义。由于历史和自然原因，东中西部本身就呈现"东强西弱"的经济差异，东部地区显著的区位优势带来的较高对外投资率更加剧了中西部地区的经济增长效率和增长质量的落后态势，其直接体现在跨入高收入组的省区——北京、天津、上海、浙江、江苏和福建都位于东部地区。

　　如表19所示，近二十年东中西部实际利用外资直接投资额占全国份额及其变动情况中，"高端组"中的六个省级行政区又被细分为东部南方（苏浙沪闽）和东部北方（京津）两部分区域。可以看到，改革开放后二十年，东部地区吸引外商投资远远优于全国其他地区，2011 年前占比始终保持在70% 以上，但从动态趋势来看，东部地区占比在逐渐下降，从 1998 年 82% 的高位降至 2017 年的 61%，降幅近 20%，东部占比下降的主要原因在于东南沿海地区要素成本上升促使广东、福建两地的外商投资扩散至长江三角洲及中部地区，其中广东省的实际利用外资直接投资额占比由 25% 降至 8%，利用外资投资绝对数有所上升；福建省实际利用外资直接投资额占比由 8.8%降至 2%，利用外资投资绝对数浮动下降。虽然外商投资主要流向东部地区，但中西部占比在不断增加，其中安徽、江西、河北、湖南、湖北等地占比均有所提升，随着外资企业的战略转型，中部地区预计将会承接更多的外商投资，这意味着我们不仅要加快中西部的基础设施建设，还要加快产业结构转型以更好利用外资。

表 19　各区域实际利用外商直接投资额占比

年份	东部	中部	西部	东部南方（苏浙沪闽）	东部北方（京津）
1998	82.21%	12.19%	5.60%	33.17%	9.61%
1999	84.97%	10.33%	4.71%	33.17%	10.53%
2000	85.75%	9.57%	4.68%	32.79%	10.97%
2001	86.19%	9.56%	4.25%	34.91%	9.87%
2002	85.86%	10.09%	4.06%	37.40%	9.18%
2003	86.53%	9.78%	3.69%	42.19%	4.97%
2004	83.64%	11.96%	4.40%	40.98%	7.42%
2005	81.51%	13.18%	5.31%	40.52%	8.17%
2006	80.39%	13.70%	5.91%	39.55%	8.46%
2007	78.37%	15.45%	6.18%	38.08%	8.15%
2008	76.22%	15.56%	8.21%	37.34%	9.12%
2009	74.35%	16.34%	9.31%	33.55%	9.86%

年份	东部	中部	西部	东部南方（苏浙沪闽）	东部北方（京津）
2010	72.96%	17.15%	9.89%	31.88%	9.72%
2011	68.83%	19.11%	12.06%	29.48%	9.47%
2012	69.03%	20.54%	10.43%	29.69%	9.73%
2013	67.26%	22.05%	10.70%	27.63%	9.88%
2014	65.62%	24.00%	10.38%	25.98%	10.47%
2015	61.73%	27.43%	10.84%	26.31%	13.33%
2016	59.38%	31.07%	9.55%	28.26%	9.50%
2017	61.57%	29.78%	8.65%	26.33%	13.41%

注：数据来源：国家统计局；其中上海地区数据来源于上海市统计局

东部地区包括北京、天津、山东、辽宁、上海、福建、浙江、江苏、广东、河北、海南11个省级行政区；中部地区包括吉林、黑龙江、山西、河南、安徽、湖北、湖南、江西8个省级行政区；西部包括内蒙古、新疆、甘肃、青海、陕西、四川、西藏、宁夏、重庆、云南、贵州、广西12个省级行政区。

从外商投资的产业结构来看，外资企业在改革开放前期曾试探性地采用合资模式投向服务密集型产业，其主要目的在于规避风险并阻碍本土企业学习模仿外资企业的先进技术。1992年，外资企业投资规模开始急剧扩大，同时投资重点纷纷转向劳动密集型产业，这主要源于中国自然资源丰富、劳动力等要素成本较低等，有助于外资企业降低生产成本，提高国际竞争力。随着中国经济的不断发展，外资企业为了谋求不断扩张的中国市场，外资企业在华投资开始加大技术投资力度，转向技术密集型产业。

产业是影响人口流动的重要因素，改革开放后，劳动力大量流向资本投入规模较大的东部地区，表20展示了高端组省级行政区在近二十年间的人口净流入率及其变动情况。2010年前，高端组的六个省区的人口净流入率较2010年后表现出更强劲的增长势头，究其原因，东部地区传统增长模式在2010年之前并未达到其顶点，传统行业如劳动密集型产业对劳动力人口仍存在吸引作用，同时该时期中国人口红利尚未衰减，农村地区存在较为充足的剩余劳动力人口对接不断扩大的资本投入，再加上中国适龄劳动力人口在持续攀升，丰富的劳动力形成东部地区的人口红利优势。

2010年后，除北京外的其他五个省区的人口净流入率均出现增长放缓甚至负增长的情况，刘易斯拐点凸显。将2010年作为分界线，分别计算2010年前后各地区常住人口年均增量，得出表20所示数据。以上海为例（如图27所示），上海地区2000—2010年年均常住人口增量为64.22万人，2011—2017年年均常住人口增量锐减为11.81万人，出现明显的劳动力短缺现象。这一方面源自东部沿海地区产业结构优化升级，中西部地区承接了一部分落后产业，部分劳动力人口随产业变动回迁至中西部地区。另一方面，从农村劳动力人口占比来看，中国农村地区的剩余劳动力占比仍远高于高收入国家，也就是说受户籍制度和土地制度制约，中国的农村剩余劳动力人口潜力并未完全释放，人口红利还存在一定空间。农村剩余劳动力人口流向发达地区或回迁至欠发达地区，除受产业转移影响外还受个人主观"意愿"驱使，在户籍制度的制约下，农村人口与城镇人口享有不均等的公共服务资源，转向工业和服务业的农民工薪资水平仍然处于相当低的水平并且无法享受到同等水平的基本养老保险、失业保险等社会生活保障，这样不仅会降低农村劳动力的消费水平，还会驱使农村劳动力回迁至欠发达地区，导致劳动力从生产率较高的制造业领域回流至生产率较低的农业领域，严重制约中国实体经济的发展。

表20　高端组人口净流入率

年份	北京	天津	上海	江苏	浙江	福建
1998	8.55%	5.08%	15.22%	0.13%	0.21%	1.17%
1999	8.55%	4.68%	15.53%	0.11%	0.17%	0.99%
2000	13.59%	8.95%	19.50%	1.34%	2.11%	3.19%
2001	13.99%	8.69%	19.44%	1.31%	2.06%	3.58%
2002	15.06%	8.63%	19.01%	1.56%	2.45%	4.01%
2003	15.99%	8.46%	18.04%	1.79%	2.82%	4.13%

续表

年份	北京	天津	上海	江苏	浙江	福建
2004	16.89%	9.11%	16.78%	1.98%	3.12%	4.28%
2005	18.03%	10.61%	16.33%	4.08%	6.43%	4.43%
2006	19.08%	12.89%	16.98%	4.79%	7.57%	4.37%
2007	20.40%	15.65%	19.65%	5.45%	8.60%	4.08%
2008	22.23%	20.71%	20.75%	5.85%	9.22%	3.65%
2009	23.93%	24.71%	27.90%	7.55%	11.87%	4.78%
2010	32.35%	31.27%	28.49%	9.36%	14.72%	4.63%
2011	33.49%	35.45%	27.09%	9.07%	14.26%	4.74%
2012	34.56%	41.83%	25.68%	8.97%	14.12%	4.71%
2013	35.16%	46.23%	22.53%	8.81%	13.90%	3.86%
2014	35.17%	48.95%	19.14%	8.44%	13.35%	2.98%
2015	35.54%	50.64%	17.93%	8.63%	13.66%	3.18%
2016	35.33%	49.56%	15.42%	8.73%	13.83%	2.76%
2017	35.43%	48.27%	16.16%	8.97%	14.11%	2.72%

数据来源：国家统计局

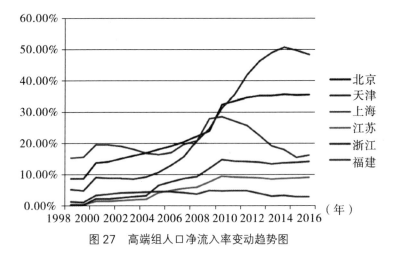

图27　高端组人口净流入率变动趋势图

数据来源：国家统计局

总的来说，改革开放后，东部地区凭借其区位优势和政策倾斜吸引了大量外资，外资给东部地区带来了学习模仿技术创新的机会，推动产业结构升级与产业集聚，同时由于我国特异性的人口结构带来的人口红利，使得东部地区有足够的空间和机遇实现其长期、稳定、高速的经济增长。基于此过程，东部地区在全国拔得头筹，实现从上中等收入阶段到高收入阶段的率先跨越。

原有增长模式能否持续？

国际经验表明，各个经济体在进入中等收入阶段之前，劳动力、资本和土地三要素对经济增长的促进作用更容易体现出来，而进入中等收入阶段之后，制度和技术要素的贡献率显著提升，并且极为关键。结合中国发展实际，以上五个要素都存在一定的供给制约现象，尤其是旧有的依靠人口红利拉动的经济增长和单纯的技术模仿带来的技术进步等模式都难以持续为"高端组"经济增长注入动力。

首先，人口红利下降，劳动力成本上升。中国人口规模居世界首位，改革开放以来，大量农村人口向城市、工业领域的转移，是中国尤其是东部地区经济增长的主要推动力之一。但据学界测算，中国经济发展的刘易斯拐点（通常指劳动力由过剩变成短缺的转折点）在2011年前后就已出现，2012年后适龄劳动力人口每年平均净减少数百万人，中国劳动力人口的"低廉""无限供给"等特征已慢慢消减，随之而来的是到处可见的"用工荒""招工难"和劳动力工资水平上升。同时，中国老龄化趋势已愈发明显，新供给团队的研究表明，在未来不到10年的时间里，中国将步入超老龄化社会。人口基数与人口结构对一个国家的命运具有决定性的影响，因此中国从20世纪70年代以来执行的以严格控制人口数为目标的人口政策亟需调整。综合中国适龄劳动力人口绝对数量的锐减和人口结构迈向老龄化的现实危机，再加上2010年后东部地区随着产业结构升级转型，"高端组"人口净流入率除北京外皆出现负增长。这提醒我们，"高端组"要想实现持续的经济增长乃至提高经济增长效率和质量的关键就是调整原有经济增长模式，不能再过度依赖于原有的人口红利。

其次，技术模仿的后发优势受阻，甚至会因缺乏有效制度供给而诱发为后发劣势。改革开放后中国吸引的大量外资使本国以较低的技术模仿成本实现较快的技术进步，在很大程度上推动了本国的经济增长。中国经济发展呈现明显的赶超战略，从理论层面讲，罗伯特·J.巴罗（Robert J.Barro）将经济赶超叫作"技术扩散"，主要观点是：因为研究成果的模仿和实施比创新更便宜，所以追随经济体倾向于追赶上领先经济体。这里的追随经济体即为经济赶超中所指的后发国家，而领先经济体即为先发国家。思路是先研究领先国家的创新者的行为，再研究追随国家的模仿者的行为。R.范·艾肯（R. Van Elkan）承认存在技术扩散和外溢效应，并建立了开放经济条件下技术转移、模仿和创新的一般均衡模型，从南北国家之间经济发展程度差异着手，强调经济欠发达国家可以通过技术的模仿、引进和创新，最终实现技术和经济水平的赶超，最终结果导致南北国家经济发展的趋同。

以上都指向后发国家存在跨越式发展的潜在优势，但从我国后发优势现状来看，目前我国宏观经济进入"新常态"，经济增速呈现回落态势，部分学者认为中国的后发优势已经消失殆尽，但与日韩两国对比发现，中国的后发优势并非走到尽头，而是受阻。以城镇化率这一指标为例，中国2018年末户籍人口城镇化率43.37%，常住人口城镇化率为59.58%，相比较日本在城镇化率达到75%左右后发优势才逐渐消失，韩国在城镇化率水平达到70%左右才逐渐消失，中国的城镇化率还远未达到后发优势消失的数据水平。中国后发优势受阻的主要原因在于制度供给不足，未能使技术模仿带来的技术进步物尽所用，转化为生产力，更深一步，缺乏有效的制度供给推动我国技术从模仿走向自主创新。总而言之，突破后发优势受阻现状的关键在于加强制度供给，在人口红利消失、劳动力成本上升、常规资本投资边际收益下降、后发优势受到制约的现实困境下，"高端组"成员要想提高经济发展质量与经济增长效率，不能仅依靠原有的技术模仿模式带动技术进步，应在制度供给层面实行深入探索以疏通改革红利的阻碍，使经济重新焕发活力。

"高端组"省区应突破要素约束 📌

推动人力资本建设

我们前面强调的制度创新和技术创新，其主体归根结底是"人"，人力资本是技术要素与制度要素的支撑与保障，技术与制度创新在现实层面源自人与人之间思维碰撞的火花，而顶层设计中的有效制度供给反过来又成为激发人们思想火花的土壤。人力资本是各要素之间联通互动、相互促进的关键一环。面对我国人口结构趋向老龄化，劳动力人口下降问题，首先要尽快调整人口政策，原有严格控制人口的政策已实施三十余年，已步入政策调整的重要关口。原有对适龄家庭采取的是"一胎"和"单独二孩"政策，后再调整至"放开二胎"政策，中央十八届五中全会后实行了"放开两孩"，这一系列调整之后还应继续动态优化。人口政策在一定范围内放开会在短期刺激消费并缓解一部分社会矛盾，中长期可改善人口结构，减缓人口老龄化趋势，稳定社会根基。

应将人口政策的着眼点从人口数量的控制转向人力资本质量的提升方面，人力资本质量的提升可分为两个重要阶段，一是优生层面，主要指向公共卫生资源和医疗条件的改善，《2017年世界银行发展报告》中指出，劳动者在0—6岁所受到的营养维护是其今后接受教育、提高自身素质的重要基础，譬如非洲某些落后国家的一些儿童由于生活条件缺乏保障，没有受到良好的照顾而大脑发育不良无法接受更好层次的教育，故应把更多资源投向劳动者早期教育阶段，充分保障全社会儿童的基本生活、教育条件和医疗卫生条件，最终实现整个社会全面优生优育。二是以教育促创新，全面提高劳动力素质。目前我国教育体制僵化，创新动力不足。虽然论文发表数、发明专利申请数都处于世界前列，科教支出金额日益攀升，财政支出结构中教科文支出占据越来越大的份额。然而科技成果产业化、成果化不明显，其根源在于我国人才培养体系不利于技术型、创新型人才的塑造。现在劳动力市场面临就业难与招工难的双重难题，这主要指向专业技术型人才短缺，中高职专业教育水平较低。在基础科研领域，应试教育、行政化教育体系严重影响创新型人才的培育，改革应试教育等僵化教育机制迫在眉睫，这也是破解"钱学森之问"的有力措施。科教领域的财政投入不到位且受相关体制机制阻碍，难以激发科研人员潜心研究的动力，加快制定激励科研创新、管理科学合理、资源配置公平有效的制度规范；在科技成果转化领域，要完善以企业为主体、市场为主导、产学研相结合的技术创新体系，加快促进科技成果产业化等各个方面的自主创新，深化科技体制改革，完善有利于自主创新和成果转化的政策体系，在全社会形成创新的思想氛围。

继续释放制度红利

改革开放 40 年，"高端组"以强劲的 GDP 增长率跨入高收入组，实乃"中国奇迹"，这一奇迹是依靠区位优势和改革释放了相关经济资源的潜力，再加上我国特有的人口结构和人口总量，使"高端组"有效利用充足的人口红利参与全球分工与竞争。但进入经济增长"新常态"后，"高端组"在整体经济增速回落的大环境下也不可避免地出现经济增长速度减缓的困境，这指向"高端组"省区面临着技术模仿等后发优势受阻难题。我国在后发优势阶段受到的主要阻碍在于有效制度供给不足，无法释放后发优势带来的持续动力。具体而言，我国在贯彻实行经济赶超战略过程中，没有实现真正的制度模仿，而仅仅只是学习模仿先进国的简单技术，制度是技术真正实现追赶—赶超的支撑，其供给可以说是技术进步的重要前提与保障。再深一步，在浅层制度模仿及其矫正决策释放足够制度供给红利之后，我国应顺势迈向深度制度模仿，从而实现制度创新，最终获得制度创新带来的长久深远的制度红利。

虽然在中长期内，"高端组"省区面临人口红利消减、劳动力人口成本上升、自然资源紧缺等现实困境，但并不意味着其失去了继续保持较快经济增长的可能，这主要基于现实角度的考察分析：现阶段中国的城镇化演进过程中仍能释放较多产能利用和需求空间，比如东部地区的基础设施虽经过新建、重建，但部分仍存在多轮更迭升级的迫切需要；随着东部地区产业结构向服务业倾斜，第三产业将成为经济增长新动力；与科技、信息结合的农业现代化也会释放一部分经济增长新空间，农村剩余劳动力占比较高，劳动力人口潜力的释放仍存在一定空间，等等。以上潜在空间需要"改革"来激活，以制度供给来提供扩大"乘数"。

具体而言，要建立健全配套制度。面对"高端组"劳动人口回流现象，户籍制度一直是消减城乡壁垒、释放农村剩余劳动力空间潜力的关键，户籍制度固化的福利制度确实与城市化息息相关。对于全国范围内的福利水平，我国目前最强调的是托好"基本公共服务均等化"这个底，保障农村劳动人口的基本公共服务。这种思路在发达国家是经过实践证明可行的，"现代的发达国家，在历史上，公共产品与服务的供给基本上都是首先偏向于最迫切需要得到帮助的贫困人口，然后在此基础上逐渐实现公共产品与服务提供的均等化"（迈克尔·希尔，2003）。

综上，"高端组"省区在经济步入新常态后，虽面临产业结构升级引起的人口净流入率下滑以及技术模仿后发优势受阻的困境，但可以通过改革从制度供给层面释放潜在经济增长空间，"制度红利"是未来步入高收入阶段的各省区最需要把握的要素，也是优化产业结构，实现经济赶超战略的关键。

将大都市圈打造成经济增长新平台

虽然北京、上海、天津等东部省级行政区的人口净流入率有所回落，但大城市人口集聚现象仍未减轻，大都市圈是城市发展的趋势，随着各个城市自身规模不断扩大，数量增多，在地理位置、交通运输、产业链联动、贸易往来和政策联通等各个因素的作用下，城市之间的往来会愈加密切，再加上中心城市的经济扩散效应会引领周边城市的经济发展，在一定区域中的城市之间会形成一个相互联结、共同发展的有机统一体。大都市圈的聚合效应使得更少的土地、自然资源创造更高的生产效率，同时也意味着更高的土地、自然资源利用效率，大都市圈将成为我国经济高质量发展的新平台。

　　"高端组"中的六个省级行政区，在地理位置层面可划分为三大经济群：京津、长三角、粤闽。这三大区域客观上已经形成"经济一体化"态势，要更加注重联动发展、协同发展，在政策制定方面，各个省区在因地制宜灵活发展自身经济的同时，还应加强区域间协作，在更高层面制定贯彻总体发展战略的顶层规划，把在区域内会产生广泛影响的产业发展、基础设施建设、土地利用、生态环境、公共事业建设协调发展等方面的规划内容有机结合起来。

产业升级改造和技术创新

　　十八届三中全会审议通过的《中共中央关于全面深化改革若干重大问题的决定》中，有"国家治理体系和治理能力现代化"的表述，高度概括了"五位一体"全面改革新时期的治国理念，其中以现代化为取向承前启后的所谓"治理"，实质上指的是一套多主体互动中最大包容性的制度安排与机制联结，其中有管理也有自管理，有调节也有自调节，有组织也有自组织，关键内容是以制度建设释放红利支持邓小平提出的"三步走"现代化战略目标的最终实现。基于这一认识，环保绿色低碳取向，必须有针对性地作为"攻坚克难"的重点之一，贯彻于整个治理体系和治理能力现代化提升的若干阶段性进程中，在高水平顶层设计通盘规划下，在正确合理把握战略思维和策略要领下，形成以环保绿色低碳为取向的转轨升级与现代市场体系、现代财政制度的内在联系和良性互动，包括积极运用财政分配及其政策在供给侧不可替代的特殊调节作用，促成具有科学性、合理性和聚焦于环保绿色低碳取向的"现代国家治理"体系建设"换档升级"。

　　中国亟须十分有效地节能降耗、淘汰落后过剩产能、实现经济社会发展中从产业到消费的升级换代。欲达此目的，非常有必要清醒认识行政手段在市场经济环境下相关作用的有限性，以及法律手段的"慢变量"特点和"基础框架"属性，实践中必须更多地考虑以经济手段为主。我国能源、环境方面的计划与行政审批早已司空见惯，"关停并转"之声多年间不绝于耳，但政府在缺乏合格的顶层设计通盘规划的情况下，通过行政审批做出碎片化决定，效果远远不如人意，关停并转仅能适应于少数企业，面对现全国总量已逾 6000 万户的海量市场主体，政府并没有本事正确地去逐一甄别哪些企业是过剩、落后产能的代表而应被关停并转排斥出局；法律的作用主要在于维护、保障企业公平竞争的规则与环境，原则性地规范必要的准入限制，但以法律形式和名义规定的准入量化标准，一旦面对千千万万分散的对象，由政府权力环节铺开去做，便会产生大量的设租寻租扭曲现象，不仅低效率，而且腐败行径会防不胜防，实际结果无法保证基本的公正性和有效性。简言之，一系列客观因素决定了行政手段为主无法保证科学合理，仅强调法律规定的准入仍难以避免扭曲而无法如愿落于实效。节能降耗上，政府能够明确给予的往往是方向性的东西，至于市场中千千万万家微观企业中到底形成怎样的结构、采取怎样的技术路线才能真正节能降耗和具有可持续性，只能是在通过市场机制发挥充分作用并实现优胜劣汰的过程中才能知晓。把经济手段落实到可操作的层面，主要是指可从供给侧"区别对待"并与市场机制兼容对接的规范的税收、支出补贴政策和政策性金融手段，比如，在可再生清洁能源的开发利用以及煤的清洁使用和生物柴油等方面，推行有针对性创新激励的财政补贴、税收优惠和政策性融资支持等等。

大力完善环境税收体系

环境税收体系建设，是使税收这种经济杠杆手段有效作用于环保和可持续发展的制度供给创新。需积极通过资源税、消费税、环境税的改革，把全产业链中的比价关系和价格机制引向"内生的"节能降耗激励状态。（1）资源税方面：从全局资源配置来看，目前我国在一般商品价格已由市场决定的情况下，资源产品的价格，特别是基础能源仍然存在严重的比价关系与价格形成机制的扭曲问题，对经济和社会形成了不可忽视的负面影响，最典型的例子就是"从煤到电"这一基础能源命脉层面存在的体制和价格形成机制严重扭曲，造成粗放、甚至挥霍式耗用能源的现象普遍发生。必须以资源税改革中将煤炭原来的从量征收转为从价征收为契机，实质性推进"从煤到电"理顺全套体制机制的配套改革，使能源比价关系和价格形成机制适应市场经济健康运行和节能降耗的客观需要，使千方百计节能降耗和在竞争中努力开发有利于节能降耗的工艺、技术和产品，成为千千万万个企业出于自身经济利益诉求的自觉行动。政府应做的是掌握好改革推进的力度，使大多数企业经过努力可以继续发展，少数企业被淘汰出局（所淘汰的也就是所谓的落后产能和过剩产能），同时以有效的社会保障措施安置破产企业职工生活与再就业培训。（2）消费税方面：以节能降耗为取向推进消费税改革，需对消费税的征收范围、税率、征收环节等进行适当调整，着力发挥其调节经济结构促进生产和消费低碳化的杠杆作用。（3）环境税方面：发挥环境税收使污染主体的外部成本"内部化"而促进绿色发展的积极作用，同时合理处置增加企业负担的问题，一方面积极推进现行税种的"绿化"，另一方面研究开征针对二氧化碳、二氧化硫等特别污染物排放的增量税种。在增加环境税收入的同时，可按照追求"双重红利"的原则，在维持宏观税负大体稳定的前提下，考虑适当降低企业的所得税水平，同时免征减征污水处理、垃圾处理等污染治理企业的生产经营性住房及所占土地的房产税和城镇土地使用税等，对环保企业给予激励。

积极合理提供政策性金融服务

M.列维在阐述后发优势时，尤其提到资本积累问题，认为先发式现代化过程是一个逐步进化的过程，因而对资本的需求也是逐步增强的。后发式现代化因在较短的时间内迅速启动现代化，某些基础性、战略性关键产业和领域对资本的需求就会突然大量增加，而这种资金需求往往又超越了以微观效益和资金利率为杠杆的商业金融资本配置范围，因此后发国需要特殊的资本积累形式。实行这种资本积累，也必然要求政府的适当、适度介入，而政策性金融正是担当这种介入方式的重要载体。阿伯拉莫维茨在提出"追赶假说"时同时指出，这一假说的关键在于把握"潜在"与"现实"的区别，因为这一假说是潜在的而不是现实的，只有具备一定的条件或通过一定的努力才能实现。而政策性金融在政府宏观导向和战略意图引领下，通过政府倾斜性的投融资政策支持并结合规范化的市场化运作机制，广泛动员社会资源，可以较好地将这种"潜在"的后发优势转化为现实的发展优势和生产力，快速地跨越经济技术发展的某些阶段，从而推进后发国家追赶目标的实现。

的确，在我国的体制环境下，尤其要警惕：实现赶超化战略不能任意采取扭曲产品和要素价格的办法，不能以计划制度替代市场机制的，不能排斥和抑制市场机制的作用，而应"守正出奇"地发展政府与市场、与企业形成合力的新机制和结合方式。因此，老牌发达国家都曾使用过（现在也在某些领域继续使用）的政策性金融，便成为一个重要的机制，并且是需要提升到国家经济社会发展战略层面来重视和正确处理的问题。政策性金融是政府针对"市场失灵"参与资金和资源配置，但在形式和机制上又尽可能与市场兼容并调动市场力量形成政策—市场合力、公私伙伴合力的特定途径，它可以降低实现国家战略与政策目标的社会成本，促进经济发展与社会公平，有力地服务于我国贯彻后来居上的现代化赶超战略。

在渐进式改革的指导路径下，目前我国还处在由计划经济体制向市场经济体制转轨的进程中，体制改革的任务远没有完成。与成熟的市场经济国家相比，中国的市场机制和市场体系建设还不充分健全，特别是市场化的融资体系建设时间较短，金融体系尚不健全，金融创新的水平和层次还比较低，这就使得我国商业金融体系的金融资源配置机制和社会资金动员能力远不如成熟市场经济体制国家。在这种客观条件下，发展政策性融资体系，正是适应这一客观现实的必然要求。政策性金融可以帮助政府实现一些重大的经济社会发展的职能，弥补市场机制缺位和财政预算资金不足。

通过政策性金融形式下政府力量的介入实现具有国家宏观战略意图的资源配置和优化工业布局，并加速市场的培育，是要用政策性倾斜的融资机制来推动实现超越以平均利润率为导向或杠杆的资源配置机制。这方面确实带有一定的风险和挑战。如果处理不好，就可能揠苗助长，事与愿违，且助长设租寻租，反之，处理得好，则可以通过较好地运用市场—政府合力，来加速推进中国的工业化、现代化进程，并加快破除二元经济的制约。政策性金融的重要功能，就是发掘和培育这种空间。面对这个重大的挑战与机遇，我们必须积极稳妥地应对挑战，抓住机遇。

至于现阶段日本等国出现了所谓的"去政策性金融化"潮流，可以说这与其经济发展阶段和金融市场发展程度是密切相关的。客观来看，目前中国还没有发展到那个阶段，市场化还有待进一步完善，金融创新程度不高，也还不充分活跃，还不能完全靠市场来配置资源，因此不应简单地否定政策性金融资源配置的必要性和重要性。现实生活中，由于我国 1994 年以来几大政策性金融机构功能发挥不甚理想、营运成绩不显著，致使实务界和学界的许多人越来越趋于认为，应淡化设置专门政策性金融机构的必要性，潜意识地回避政策性金融这个概念和提法，甚至简单化地指责政策性金融不讲经济核算，不依据市场经济原则，具有浓厚的传统行政化色彩，应完全放弃，这就很有"把小孩子与洗澡水一起泼出去"的偏颇了。我们认为，在市场经济条件下，政策性金融业务一定程度上可以与商业性金融对接，例如通过招投标的方式也可以将一些政策性金融业务交由商业银行承办，如政府对一些需要扶持的融资项目在商业贷款的基础上予以贴息支持。但是，这样一种方式，很难指望其能达到无缝对接的全面覆盖，尚难以在政策性融资的领域内"包打天下"。从招投标方式政策性金融业务的运转条件分析来看，至少在可以预见的一个时期之内，招投标方式难以成为、也不宜成为我国政策性金融的主要形式，虽可积极试验，但至少不能指望它"包打天下"。比如，可试想迫切需要得到政策融资支持的我国中小企业，在我国企业总数中占比达99%，其中除一部分"中企业"可能适合通过招标作融资支持之外，成千上万的小企业（占全部企业数的比重要在 80% 以上，在全国数以百万计）如都纳入招投标融资轨道，将是难以想象、无法操作的。又比如，在我国广大农村区域，除为数不会太多、比重甚低的"农业产业化"龙头企业和项目、很少的一部分"农村基础设施"项目可能适合招投标方式融资之外，"三农"

概念下的绝大部分"草根金融"项目、回报能力不高但社会效益显著的基础设施项目，显然都是很难纳入招投标模式的。因此不能排除有必要成立专门的政策性金融机构来支持那些市场失灵和市场空缺的融资领域。从远景来看，随着中国现代化程度不断提高、市场经济体制不断完善，市场机制创新不断出现，政策性金融可能也会出现政策性色彩逐步淡出化问题，但是这还有一个相当长的历史过程，初步估计应至少还要二十几年的时间。

总之，坚持并科学地发展政策性金融体系，这不是简单的策略层面的问题，而是我国在转轨过程中加快经济发展的具有宏观战略意义的重要问题。在对待以市场为基础的资源配置机制和发挥政府作用两方面，不可采取偏废的态度。从中国的情况来看，政策性金融在短期内不仅不应弱化，还应该进一步加以发展、完善并寻求创新。而当前的重要任务之一就是要从不规范的甚至"潜规则"式的、或规范程度较低的政策性融资活动逐步过渡到制度化、规范化程度较高的政策性金融体系建设上来。

在全面改革中破解过度垄断

中国能源领域的特殊性，还表现在国有大型能源企业"几家独大"的局面，石油方面的中国石油和中国石化，电力方面的国家电网和南方电网等等企业，一方面各自为政、极难统筹，另一方面以"大"为尊、弊端高发，国际竞争力受限。以石油行业为例，中石油、中石化已是跻身世界 500 强的能源巨头，但与国内另外两家中海油、中燃气合并在一起，营业额也才勉强可与美孚石油相当，而利润则远低于美孚。事故、腐败等问题频频出现伴随着创新动机不足、技术进步和服务优化乏力现象；高管超高工资，职务消费奢华，"劳务派遣工"却待遇明显偏低；运营绩效低下、发展创新滞后，伴随着的是节能降耗减排治污的潜力空间不能充分打开。究其原因，核心问题还是在于过度垄断，压抑生机与活力。因此，必须优化制度供给，破解过度垄断，致力于建立公正、公平、公开的市场环境，降低准入，在能源行业内较充分地引入企业竞争机制，攻坚克难，破解国有大型能源企业只手遮天局面，增强能源企业的创新力和国际竞争力，寻求全球化背景下以"混合所有制"与世界能源企业的合作共赢和高水平低碳化发展。

重视科技金融力量的发挥

改革开放以来，我国经济发展取得辉煌成就，在 30 多年持续快速增长的支持下，已成为世界第二大经济体，人均 GDP 步入中等偏上收入国家的行列。但从国家战略角度考虑，如何在"新的历史起点上"抢抓发展机遇，跟上"第三次产业革命"的大潮，而且有效化解资源约束和环境压力，继续提高国家实力和竞争力呢？从国际视角观察，新一轮科技革命已经风生水起，发达国家经过世界金融危机与二战后最严重经济危机的洗礼，重新调整了经济战略布局，倡导制造业回归，更加注重科技创新对实体经济发展的作用，纷纷出台和实施科技创新发展规划，以保持它们在全球的领先地位。4.0 版工业革命的步伐时不我待，国际竞争形势日益激烈。与此同时，改革开放的中国已可以更清楚地展望美好未来：据预测，如果我国人均 GDP 能在未来保持 6%，就可以在 20 年内步入高收入现代化国家的行列，关键在于增长的可持续性。 创新是未来支撑我国经济增长的主要动力之一，可以预计，未来十年，科技创新能力，而非劳动力成本、自然资源丰裕度等资源禀赋条件，将是决定各国竞争力之最根本的因素。我国别无选择，必须坚定不移地走创新驱动发展之路，改变要素驱动型增长模式，在新的形势下，以建立有利于创新和生产力发展的资源配置机制的制度创新即改革，统领全局，全力打开管理创新、技术创新的空间。千年之交后，走创新型国家道路已成为国家大战略，在资源约束、环境压力、人口老龄化、国际竞争等因素的共同作用下，我国正加快转变经济发展方式的进程，主动调低经济增长速度，为经济结构调整提供配套条件，积极探索创新驱动的发展模式，倡导以大众创业培育经济新动力，用万众创新撑起发展新阶段。

创新离不开科技的创新进步，而科技创新又是一项高风险的投资，它需要一个有效的金融体系来分担这些风险，并促进科技成果转化为现实生产力，因此，创新战略必然对科技资源和金融资源的配置效率提出更高的要求。纵观人类社会自工业革命前夜以来的发展历史，每一次大的产业革命都发端于科技创新，并成就于金融创新。现代科技和现代金融是推动现代经济增长和可持续发展的两个巨轮，缺一不可。当前，新一轮科技革命和产业变革正在孕育兴起，科技和金融这两个生产力中最活跃的要素，正以前所未有的程度进入相互结合、相互促进的新阶段。相对于国内创新发展战略的需求和国际科技与金融深度结合的趋势，我国在科技与金融相结合领域还比较滞后，例如，科技型中小企业是创新的重要主体，而我国科技型中小企业融资难已是一个长期存在却没有得到有效解决的问题。这个问题的根源其实不在于资金短缺，也不在于我国科技成果短缺，因为我国是世界上储蓄率最高的国家，2013 年对外直接投资位居全球第三，今明两年可能将成为对外投资净输出国，同时我国也拥有大量的专利等形式的科技成果，那么，根源在哪里？在于我国科技与金融相结合的机制和路径没有很好打通，缺乏一个高效的科技金融服务体系来化解科技与金融结合过程中存在的信息不对称、风险与收益不对称、金融结构不合理、缺乏中介和载体等梗阻因素。2011 年 2 月，我国正式启动了科技和金融结合试点工作，为科技成果转化、科技型中小企业发展和培育新兴产业提供支撑。自此，科技金融工作进入组织化推进阶段，各项支持政策全面跟进，促进科技与金融之间的有机结合，已成为我国深化科技体制改革、推动实施创新驱动发展战略的重要举措。

实际上，科技金融服务体系是一项非常重要的国家经济基础设施，打个直观的比喻来说，科技金融服务体系在经济运行中的作用类似于交通基础设施中的"高铁"，高铁可以快速便捷地运送乘客，科技金融服务体系可以提高我国科技资源、财政资源、金融资源和信息资源的配置效率，显著提升我国科技创新能力和国家竞争力。为实现我国经济发展由要素驱动转变为创新驱动、建设创新型国家，必须尽快建立和完善科技金融体系这项关键的经济基础设施，为经济发展注入新动能。

建设一个高效的科技金融服务体系意味着多种资源配置机制的优化，

需要进行多方面的改革、实现制度创新和政策创新，至少包括，在金融领域：通过改变金融机构过度依赖于担保和抵押的贷款评估方式，改变资本市场落后的局面来建立一个面向未来的、向前看的金融体系，这个金融体系能够发现、甄别科技创新成果和科技型中小企业的潜在价值，并基于市场为之定价，激发社会资金流向科技创新的内生动力。在财政领域：需要从长远的动态的视野去提供公共品，支持科技金融服务体系建设，通过科学设计财政科技投入的方式，改造传统的财政直接支持方式，更多采取财政间接支持方式，灵活规范地运用现代金融工具，发挥财政资金的引导和放大作用；改变财政资金"撒胡椒面式"的分散支持方式，运用现代财政管理工具提高财政资金使用效率，发挥规模效应，并在关键节点与非政府主体共担风险，催化科技资源和金融资源的高效结合。在科技领域，需要对从知识转化为商业应用（财富）的全过程进行细分，针对基础研究、应用研究和商业应用研究等采取不同的支持方式，疏通我国创新活动的瓶颈环节，推进产学研相结合和产业集群发展，建设覆盖科技创新全链条的科技服务体系。在征信领域，建立广覆盖、开放和便捷的征信服务体系，培育诚信文化和敬业精神，等等。总之，建设科技金融服务体系这样一个国家创新战略的关键基础设施，是一项综合性的系统工程，需要多层次、多方面的政策优化和改革措施进行立体化的支持。

"互联网+"等升级创新应在规范中发展

近年来，"互联网+"让一大批创客走上创业、创新之路。2015年的政府工作报告提出，强化创新对经济发展的引领作用，发挥"大众创业、万众创新"和"互联网+"集众智汇众力的乘数效应。"互联网+"对"大众创业、万众创新"给予了有力支撑，许多创业、创新都是从草根开始做的。硅谷的经验就是，分散的、小规模的创新活动最后有可能带来颠覆性的创新结果。中国当然可以借鉴硅谷模式，同时还可以加上自己的东西，比如政府引导基金等。稳增长主要是为了保就业、惠民生，在促进就业方面，"互联网+"也有很大空间。要特别重视邓小平的改革智慧——把在"发展中规范"放在第一位，要给出创新的空间，重视共享经济、大数据、区块链等高新技术的研究和应用，同时要注重及时跟进相关监管体制机制建设，在发展中规范和在规范中发展的关系权衡处理是十分重要的。对于互联网金融行业来说，监管者要防范系统性风险的发生，也要跟踪局部风险，同时，应提供充分公平竞争的环境，建立起可持续发展的长效治理机制。

当下我们注意到，以互联网金融为幌子的一些不良的行为，涉及欺诈、卷资跑路，所以现在必须面对发展中的质疑乃至批评做更加全面的研讨、各种认识之间的互动，但作为研究者我们认为从全局长远事业看问题，首先还是要充分地肯定互联网金融依托代表的信息技术革命的互联网所具备的创新意义。

政府监管者决策需要充分发挥应有的作用，可能这种监管要集中在两方面，一是对系统性风险问题的把握和预防，二是必要性的服务于公平竞争充分竞争和可持续发展。首先在风险把控上，国际经验是需要借鉴的，巴塞尔协议把金融体系分享分成若干个大类别，我国现在从金融和互联网金融显然在互动，需要结合和渗透这样的阶段上，互联网金融起步最需要重视的首先就涉及操作风险、市场风险、法律合规风险和流动性风险等等，避免系统性的发生角度来说，我们确实需要对总体上的风险总水平有所把握。

另一方面，更为重要的是要促使互联网金融各个机构、市场主体自身的风险管理水平的提升，所以要特别重视以邓小平的改革智慧，在总体上把"发展中规范"放在第一位，给出创新空间的同时，要注重创新空间后面及时跟进，"在规范中发展"。为把发展中规范和规范中发展这个关系权衡处理好，我们一方面要防范系统性的风险，一方面要跟踪识别局部的风险，但是风控内在的要求是要以充分公平竞争的制度建设，把治理机制放在可持续发展的长效机制建设空间中，这也是落实三中全会所明确的国家治理现代化以及现代市场体系的最根本的要求。

现实生活已经表明，互联网金融对于传统金融的优势就是降低成本、扩大受惠范围，这触及以往金融概念之下很多金融机构不能触及的、金字塔底层的一些财富要素和潜力怎样调度和释放。我们要促使以往的地下民间金融因素阳光化，对接现代金融体系的发展，形成与互联网金融更好的结合，促成互联网金融和传统金融更好渗透，这个角度上讲，互联网金融并不是以传统金融颠覆者的身份出现，从全局来看他们一定是要包容性发展，在新常态发展中间结合起来造福于人民，促进金融改革和全面改革、创新发展。

中端组要素特征 📌

中端组的人口现状

以 2010 年为界，中端组人口流动呈现出较为明显的人口回流现象。下表 21 展示了高端组的六个省级行政区 2010 年前后年均常住人口增量数对比情况，其中高端组中除天津、福建的常住人口年均增量数有小幅度上升外，北京、上海、浙江、江苏的年均常住人口增量皆大幅下滑，尤以上海为例，2010 年前年均常住人口增量为 64.22 万人，2010 年后锐减为 11.81 万人，降幅高达 81%。

中端组中内蒙古的常住人口年均增量有小范围下降，山东、湖北、重庆三地都有明显上涨，三个地区上涨幅度不同，山东省涨幅较弱：从 2010 年前年均 58.09 万人的年均增量小幅度升至 61.47，从 2000—2017 年常住人口增量趋势图中可以看出，山东整体人口涨幅较为稳定；湖北、重庆地区变动较大，其中湖北从 2010 年前常住人口年均减少 18.41 万人上涨到 2011-2017 年均常住人口增量 24.08 万人，重庆从 2010 年前常住人口年均减少 15.73 万人上涨到 2011—2017 年均常住人口增量 26.03 万人，常住人口从负增长转向正向增长，部分原因在于沿海发达地区转移落后产能，部分劳动力跟随落后产能回流至中西部地区。

广东省的常住人口增量趋势呈现新特征，如图 28 所示，广东省的常住人口增量在 2008 年达到一个高潮，福建省的常住人口增量也于 2008 年达到高位，但广东省在 2009 年后出现急剧下跌，一直到 2012 年，广东省的常住人口增量下跌颓势出现转折，常住人口增量出现上涨态势，而福建省的常住人口增量相较而言并无明显起色。也就是说虽然 2011-2017 年常住人口增量的整体数据 110.69 万人远低于 2010 年前的 168.62 万人，但 2011-2017 年前两年，广东省因产业结构升级、要素成本上升等原因促使一部分劳动力迁至中西部地区，但 2012 年后出现人口增量的重新上扬，人口集聚现象再次出现。

表 21　中高端省区 2000—2017 前后年均常住人口增量对比

组别	省区	2000-2010 年年均常住人口增量（万人）	2011-2017 年年均常住人口增量（万人）
高端组	北京	60.15	25.35
	天津	32.19	33.65
	上海	64.22	11.81
	浙江	78.82	32.33
	江苏	51.98	21.75
	福建	28.18	31.83
中端组	广东	168.62	110.69
	山东	58.09	61.47
	湖北	-18.41	24.08
	内蒙古	9.97	7.81
	重庆	-15.73	26.03

数据来源：国家统计局

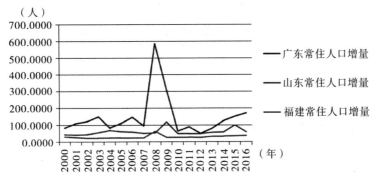

表 28　2000-2017 年广东、江苏、山东三地常住人口增量

数据来源：国家统计局

中端组应制定前瞻性经济发展规划实现追赶 – 赶超

"中端组"皆出现较为明显的人口回迁或人口再次聚集等现象，随着工业化水平的提升，以上省区也势必吸引更多的劳动力人口，城市经济规划应当具有前瞻性，需提前判断该地区工业扩张、产业发展的预期走向，并以此为依据预测人口增长程度，相应制定交通、环卫、教育、医疗等公共设施建设规划，充分打开人口的增长空间。

欠发达组要素特征 📌

刘易斯拐点凸显

欠发达组主要分布在中西部地区，交通运输等方面相较东部沿海地区存在明显劣势，但随着产业转移，部分中部欠发达组省区的人口存在回流现象。其中四川、湖南、安徽等地人口回流现象明显（如图 29 所示）。

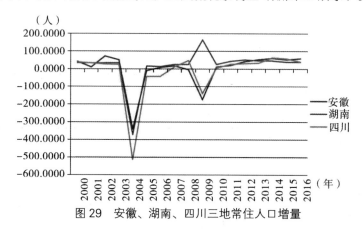

图 29 安徽、湖南、四川三地常住人口增量

数据来源：国家统计局

关于欠发达组跨越至高收入阶段的路径思考

第一，制定差异化经济发展规划。我国地域辽阔，以交通为例，东部沿海发达地区与西部省份相比具有天然的地形优势，在长期的经济发展过程中势必会出现经济增长的区域差异。发达省份对欠发达省份存在一定的带动

作用和榜样效应，但也有可能促使欠发达省份急于求成，忽视自身要素禀赋特征，忽视自身经济体量和公共资源制约，制定不切合自身实际的发展规划。要充分发挥自身的要素禀赋特征，针对自身资源特征因地制宜发展工业，推动多样化发展，切记不可生搬硬套沿海发达地区的发展路径。

第二，有效承接产业转移。沿海城市随着自身的产业结构转型将部分第二产业转移至中西部地区，首先，欠发达地区接受较落后产业的关键是，在因地制宜发挥自身要素禀赋的同时，遵循顶层规划，贯彻落实西部大开发、东三省粮食基地、中部崛起战略等。其次，在承接产业转移时要理顺资本、资源价格。目的在于：一优化收入分配，提高劳动者报酬比重；二提高资源利用效率，加快技术创新。以山西、河北为例，目前我国煤炭、钢铁产能严重过剩，随之而来的大气污染、水污染等环境问题备受诟病，究其原因，正是中国在自然资源的耗用方面，存在着比价关系扭曲、市场化价格缺失问题，由此"培育"消费者不加节制地耗用水、电等资源，并助长生产者采用掠夺式、攫取式生产。应以满足公共服务需求、优化结构和调动潜能为大方向，积极理顺基础资源、能源产品比价关系和价格形成机制，积极实施选择性"有效投资"和PPP机制创新。针对我国基础资源、能源产品的比价关系和价格形成机制的严重问题，要抓住煤炭资源税从量变从价改革已形成框架、电力部门改革已有部署的时机和基础，以"从煤到电"这一基础能源链条为重点，攻坚克难，理顺比价关系和价格形成机制等配套改革，以利内生、长效、全面地促进全产业链上的节能降耗和释放市场潜力。

第三，落实差别政策，调控协同发展。鉴于不同政策在不同发达程度地区所达到的政策效果的不同，应当更加注重落实差别政策，"差别"的方法可以有：新政策同时颁布实施，但按照发展阶段和发达情况选择有区别收回政策；升级政策颁布实施，可考虑延长欠发达地区启动时间，保持政策的延续性、良好的过渡性及保障政策效果。特别值得注意的是，讨论"高端组"先行者与"欠发达组"并不是为了割裂二者的关系，恰是为了帮助"欠发达组"在全球化进程中寻求合作共赢。所谓"合作共赢"，就是指多方共同承担同一项交易活动或共担同一项任务，实现参与方共同收益。落实到本书探讨的层面，就是指在现代化进程中，"高端组"与"欠发达组"实现共同收益。

第四，推进基本公共服务均等化。"欠发达组"在完善社会保障制度的过程中，应首先"托好底端"，完善底端福利体系，积极推进基本公共服务"均等化"。在这一过程中，首先需要注意的是实现社会保障制度全覆盖应在注重客观现实的基础上稳步推进。在此基础上，要通过优化收入再分配体系推动"欠发达地区"基本公共服务体系建设，最终达到全国基本公共服务均等化。

第十一章
Chapter eleven

中国面临严峻的基本国情

后发优势有五个方面的内容：（1）后发国对现代化的认识要比先发国在其开始现代化时对现代化的认识更为全面丰富。（2）后发国可以大量采用和借鉴先发国成熟的计划、技术、设备以及与其相适应的组织结构、制度设计。（3）后发国家可以跳越先发国家的某些必经发展阶段，特别是在技术方面。（4）由于先发国家的发展水平已达到较高阶段，可使后发国家对自己现代化前景提供一定的确定性预测，成为目标更为明确的引领因素。（5）后发国可在资本和技术上得到先发国提供的帮助。

后发优势与后发劣势 📌

后发优势是赶超战略的思想渊源

根据美国经济史学家亚历山大·格申克龙（Gerchenkron, 1962）的理论，落后国家可以直接引介别人的优势为己所用，实现跨越式的发展。这种后发优势主要表现为后发国家在形成乃至设计工业化模式上的可选择性、多样性和创造性。后发国家可以借鉴先进国家的经验教训，避免或少走弯路，采取优化的赶超战略，从而有可能缩短初级工业化时间，较快进入较高的工业化阶段。格申克龙的后发优势理论，首次从理论高度展示了后发国家工业化存在着相对于先进国家而言取得更高时效的可能性，同时也就认为后发国家在工业化进程方面存在赶上乃至超过先发国家的可能性。

美国社会学家M.列维从现代化的角度将后发优势理论具体化，他认为后发优势有五个方面的内容：（1）后发国对现代化的认识要比先发国在其开始现代化时对现代化的认识更为丰富。（2）后发国可以大量采用和借鉴先发国成熟的计划、技术、设备以及与其相适应的组织结构、制度设计。（3）后发国家可以跳越先发国家的某些必经发展阶段，特别是在技术方面。（4）由于先发国家的发展水平已达到较高阶段，可使后发国家对自己现代化前景有较确定性预测，成为目标更为明确的引领因素。（5）后发国可在资本和技术上得到先发国提供的帮助。

继列维之后，1989年阿伯拉莫维茨（Abramoitz）又提出了"追赶假说"，即不论是以劳动生产率还是以单位资本收入衡量，一国经济发展的初始水平与其经济增长速度往往呈反向关系。

1993年，伯利兹、保罗·克鲁格曼等（Brezis, Paul Krugman）在总结发展中国家成功发展经验的基础上，提出了基于后发优势的技术发展的"蛙跳"（Leap-flogging）模型。它是指在技术发展到一定程度、本国已有一定的技术创新能力的前提下，后进国可以直接选择和采用某些处于技术生命周期成熟前阶段的技术，以高新技术为起点，在某些领域、某些产业实施技术赶超。1996年，范艾肯（R.Van Elkan）在开放经济条件下建立了技术转移模仿和创新的一般均衡模型，他强调经济后发国家可以通过技术的模仿、引进或创新，最终实现技术和经济水平的赶超，转向技术的自我创新阶段。

以上学者的这些学术态度严肃的研讨，是现实经济生活在人们主观印象上的必然反映，也是把发展经验上升到理性认识的过程。

发展经济学理论分析进一步表明，作为后发地区，存在着有别于先发地区的方式或途径来达到与先发地区同样发展水平或状态的可能性，即后发地区也存在着因其相对落后所拥有的特殊优势。后发地区通过引进、模仿、学习（包括技术和制度两方面），可获得后发优势（Late-developing Advantage）。由于其学习成本（Learning cost）大大低于创新成本（Innovation Cost），使后发优势·（包括技术性后发优势和制度性后发优势）不小于先发优势。这种特殊优势中的技术性后发优势，表现为后发经济体的技术学习，从先发经济体引进各种先进技术，并经模仿、消化、吸收和创新所带来的利益和好处。制度性后发优势则是后发地区向先发地区的制度学习，即效仿或移植各种先进制度并经本土化改造所产生的效率和益处。后发地区通过强制性和诱致性制度移植变迁形成后发优势，并成为后发经济体赶超式高速增长的主要动因之一。但是，这种后发优势只是潜在的，而非必定的，只有通过自身努力、创造条件，才能使潜力变为现实。

"后发劣势"所指的诅咒在制度层面

除了后发优势，经济学中还有"后发劣势"（Curse to the Late Comer）的概念，最早由美国经济学家沃森提出。如果从英文直译过来，实际上就是"对后来者的诅咒"，这种诅咒是一种比较形象的说法。因为沃森发现，后来者对先行者的赶超过程中，通常会表现为两种赶超，一种是对制度的模仿，另一种是对技术和工业化模式的模仿，其中对技术和工业化模式的模仿相对容易，而对制度的模仿更难。从全球经济体经济赶超的路径来看，沃森也发现更多的发展中经济体实际上更注重对技术的模仿以及工业化进程中所选取模式的学习，而少有相对落后的经济体能够确实将制度以及制度之间联动机制的学习作为赶超中的重点，因此往往导致在模仿的后续阶段难以持续，从而只能缩小与发达国家的距离，而不是真正实现超越。

产业革命加速更迭 📌

产业革命后经济格局总会随之变化

每一次产业革命后，世界经济格局都会产生重要变化。爆发于18世纪中叶的第一次产业革命（即工业革命的蒸汽时代）以纺织业为起点，因机械化大生产而带动相关产业链条上冶金工业、煤炭工业、运输业（主要是铁路和海运）和制造业的发展，使英国一跃成为"世界工厂"。而后19世纪六七十年代，以美国为中心，全球爆发第二次产业革命（即进入电气时代），围绕重化工业这一核心，房地产、汽车制造、钢铁工业、化学工业和电力等产业得以迅速发展，至20世纪初，美国进入经济发展的"黄金时代"，乘势而上，进一步主导了20世纪50年代之后的第三次产业革命（即信息技术革命），以最前沿的原子能技术和电子计算机与互联网技术，稳固成就全球经济霸主地位。在此过程中，德国、日本、法国等国家也纷纷发展壮大，技术水平的提高不断提升全要素生产率，从而帮助这些经济体实现了经济长期增长。

其后的进一步变化，自然是随新兴经济体的发展加速而构成世界经济格局的新变化，特别是中国改革开放后以对全球经济增量的重大影响而逐步改变的全球存量格局。

产业革命的爆发周期在缩短

中国作为发展中国家，更应基于产业革命是某一经济体经济腾飞重大契机的视角来理智看待"后发优势"。若从经济赶超的视角看，产业革命更迭的时间区间也恰是后来赶超者可能实现超越的时间区间，若在上一次产业革命阶段没能由技术后发优势而实现崛起，被动进入下一次产业革命阶段后，势必要发起和实现新一轮赶超，才有可能达到崛起目标。然而，从三次产业革命兴起的时间上来看（详见表 22），我们不难发现其更迭在不断加速，从工业革命的蒸汽时代到电气时代，其间经历了约 120 年，而从电气时代走到信息时代，其间仅经历了约 80 年。以我们目前所处的新技术革命时代发展态势来看，人工智能、共享经济等新技术、新业态支撑的"颠覆性创新"已隐约可见，产业革命的加速更迭，使后进赶超者的发展时间更加紧迫。这种压力是中国经济发展直面"中等收入陷阱"所面临的第一个现实问题，越紧迫则越容易追赶不上，越容易落入中等收入陷阱。

表 22　产业革命时间表

产业革命	发源地	兴起时间
工业革命	英国	18 世纪 60 年代
电气革命	美国	19 世纪 70 年代
信息技术革命	美国	20 世纪 40—50 年代

与此同时，另一个特别值得注意的问题，就是在充分发挥后发优势、贯彻经济赶超过程中，中国还必须将新技术方面基于创新的战略储备提上日程。一方面，就国外现状来看，美国、日本等位于全球技术高地的国家，已经全面实现产业化、凝结在全面推向市场的产品中的核心技术，虽然已经是

全球范围内的领先水平甚至是最高水平，但却往往并非代表这些国家技术的真实水平。以日本的汽车制造技术和液晶电视制造技术为例，其产业技术水平已经领先目前市场出售产品核心技术两代、三代，而出于继续攫取高额利润等综合考虑，这些高端核心技术目前仅处于蓄势待发的状态，实际上形成一种强有力的技术战略储备。这意味着，对于后发国家而言，赶超的实现可能并非仅仅是追平目前技术水平，而是至少要追平技术战略储备水平。另一方面，就中国自身情况来看，作为一个科技爆发时代的发展中国家，不同领域的科技研发水平是参差不齐的，客观而论，中国毕竟已有一些技术在全球范围内实现领先水平，甚至有个别的已是最高水平，但由于中国配套技术相对落后等原因，这些技术在应用中往往并不广泛和充分。然而，结合成功跨越中等收入陷阱经济体的经验，我们应当特别注重在这类技术成果方面充分"扬长"，对于达到领先水平的技术，无论是否能够迅速"接地气"，都要首先纳入技术战略储备梯队，积累、结合于利用"后发优势"赶超发达经济体主流技术的升级过程中。

修昔底德陷阱与"第二把交椅"制约 📌

"第二把交椅"存在制约的原因

比较而言，先行发达者一般具有更易得、更开阔的发展空间。以19世纪的英国为例，在开创性地实现机械化大生产之后，英国作为当时最大的工业制品供给国和原棉进口国，一方面能够享受全球各地源源不断的优质原材料，另一方面能够享受向全球各地源源不断出口工业制成品的比较优势，取而代之的美国也是如此。占尽先机的先行发达者往往也是主导全球经济发展格局和规则制定，他们更能够按照自己的意愿发展经济和形成规则。而对于后发追赶者来说，经济发展的环境往往更为险峻，先进经济体和"霸主"在贸易摩擦中的打压，以及需要按照先行发达者制定的"游戏规则"来发展，使后发赶超者的发展势必于全球经济发展格局中承受先行者的压力和排挤。历史上当过或可望当上"世界第二"的经济体有日本、德国、法国、俄国等，若以日本为例观察，不难发现当时作为世界第二的日本与美国之间的角逐。20世纪七八十年代，来自日本的资本大笔进入美国市场，美元的升值进一步扩大了美国的贸易赤字，80年代中期，日本成为美国最大的债权国。为了应对这种局面，美国以政府出面强势召集日本、德国、法国和英国联手干预外汇市场，导致美元持续大幅度贬值，在后续不到三年的时间中，日本对美元不断升值，出现了"日元升值萧条"，经济增速较之前大幅放缓。

中国已经坐上"第二把交椅"

中国目前的经济总量尽管在绝对数量上无法与美国相较，但在排序上已然步日本、德国、法国、英国后跃至"世界第二"位置。作为一个正处于中等收入发展阶段的"世界第二"，全球经济发展格局的钳制已今非昔比，种种摩擦、制约因素接踵而至。随着国际竞争进入新阶段，除老大压制外，老三以下者有更多的怨怼因素和麻烦制造行为，原来的"穷兄弟"们也容易离心离德。这一阶段的特定情境处理不好，极易在多面夹击下落入中等收入陷阱。

能源资源与生态环境制约 📌

能源是经济发展的"硬杠杠"

经济学所强调的资源稀缺性与生态环境的制约，在中等收入发展阶段更具有特殊意味。能源消费量的决定因素主要有经济发展水平、能源资源禀赋、产业结构、自然环境、能源转换效率和能源价格等[①]。经济发展水平越高，能源消耗量越大；能源资源禀赋越好，能源消耗量越大；经济发展结构中工

---

① 林伯强、牟敦果：《高级能源经济学（第二版）》，清华大学出版社，2009年，第149页。

业所占比重越高，能源消耗量越大；自然环境越恶劣，能源消耗量越大；能源转换效率越低，能源消耗量越大；能源价格越低，能源消耗量越大。其中，经济发展水平高所导致的能源消耗量大与工业化比重高所导致的能源消耗量大相比，两者对经济发展的意义显然是不同的。因此，对能源制约的认识不仅要通过能源消耗量来表达，而且要通过能源消耗的结构来表达。能源经济学认为，经济发展水平越高，对高耗能产品的需求和能源消费产品的需求也越多，最典型的指标是私人汽车拥有量。根据亚洲开发银行（2006）的研究，汽车拥有量与人均 GDP 水平成正比 [1]；经济发展结构中工业所占比重越高，经济增长就越依赖高耗能产业，能源消耗量也越大；能源转换效率越高，说明能源相关技术水平越高，而技术水平的创新所带来的能源供给创新也同时会创造对能源新的需求，从而导致总能源消费量的增加。以成功跨越中等收入陷阱、步入高收入国家的日本为例，在经济赶超的过程中出现由重化工业转向加工组装型产业，主要原因就是不得不面对"石油危机"所带来的严重资源制约。

发达国家和发展中国家能源结构及其耗用特点迥异

按照《2005 中国发展报告》[2] 中采用的统计口径（单位：千克油当量/美元），美国 1980 年、1990 年、2001 年的单位 GDP 能耗分别为 0.47、0.23、0.15，日本的数据分别为 0.22、0.10、0.08，中国的数据则为 1.04、1.24、0.49。1980—1990 年，中国的经济处于起飞阶段，但增长方式多以资源—投资密集式增长为主，单位 GDP 能耗呈现攀升趋势，随着深化改革扩大开放、确立社会主义市场经济体制、转变增长方式等一系列重大变革，中国经济转轨中单位 GDP 能耗逐步降低，具体而言，2004—2013 年十年间，中国单位 GDP 能耗（单位：吨标准煤/亿元）依次为：1.335、1.276、1.196、1.055、0.928、0.900、

---

[1] ADB report，2006：Energy Efficiency and Climate Change Considerations for On-road Transport in Asia.

[2] 中华人民共和国国家统计局：《2005 中国发展报告》，2005 年，中国统计出版社。

0.809、0.736、0.696、0.695，呈现出明显的逐年下降的趋势，在很大程度上反映了我国经济随工业化、城镇化程度的加深而发生的结构上的转变。然而，我们又不得不认识到，虽然单位 GDP 能耗的绝对数值在不断降低，但是该数值与国际水平相比仍然很高。应清醒地认识到：进入新千年，中国已明显降低后的水平值，才刚刚达到美国 1980 年的水平值，且是美国同期水平的 3 倍有余，是日本同期水平的 6 倍有余。

此外，中国的钢材、水泥消耗总量均在全球前三位之中，且生产中单位 GDP 能耗均高于发达国家数倍之上。目前我国电力、钢铁、有色、石化、建材、化工、轻工和纺织等 8 个行业主要产品单位能耗平均比国际先进水平高 40%；钢、水泥和纸板的单位产品综合能耗比国际先进水平分别高 21%、45% 和 12%。[①] 对于国土面积与美国相当、能源资源比美国匮乏的中国而言，30 多年黄金发展期在压缩型—密集式增长基础上叠加的多方压力与负面效应，主要集中作用于仅占国土面积 42.9% 的东南部区域之上，并通过"外溢性"方式以空气污染等影响更大范围（如"雾霾"已频繁出现，动辄打击大半个中国及周边区域），落到可持续发展的层面势必形成极大压力，亟须正确认识、寻求出路。

我们到底使用了多少煤

中国基础能源种类主要包括：煤炭、焦炭、原油、汽油、柴油、煤油、燃料油、液化石油气、天然气、电力等等。然而，从多方数据分析中不难发现，尽管种类繁多，但是中国基础能源仍然突出地呈现出"以煤为主"的特征，这也成为中国"胡焕庸线"所揭示的空间资源与环境"半壁压强型"发展制约中不利于环保的重大叠加因素。

从可得数据看，中国基础能源突出地呈现"以煤为主"的特征，主要可从以下几个方面描述。

---

① 温桂芳、张群群：《能源资源性产品价格改革战略》，《经济研究参考》，2014 年第 4 期。

总量：所占比重最大。2004—2013 年十年间，中国单位 GDP 煤耗虽有明显降低，但同期煤炭消费总量上升了 66.83%，煤炭消费总量占能源消费总量之比仅从 0.695：1 轻微下降为 0.66：1，仍有三分之二的分量。其占能耗的比重仍为最大，凸显能耗结构中"以煤为主"的特征不变。从相对值来看，始终居于突出的主力地位；从发展趋势来看，煤炭消费总量近十年来不断攀升，且从变化态势看来，未来一段时间仍有攀升的趋势，石油、天然气消费总量近十年来虽也呈现逐步增长趋势，但增长幅度远不如煤炭消费总量大。在中国近年原油、天然气进口依存度已明显攀升至近 60% 的情况下，客观地讲已明显是"贫油国"状态，未来很长一段时间还看不到改变煤炭主力地位的相关可能性。

进口：攀升速率最快。2004—2012 年，中国主要能源品种进口数据：从绝对值来看，煤炭进口量增长幅度非常大，2004 年还低于燃料油进口量，2005 年即攀升至与燃料油进口量相当的水平；从 2006 年开始，煤炭进口量仅次于原油进口量，攀升至中国进口能源的第二位，并且于 2011 年前后呈现赶超原油进口量的趋势；2012 年，原油进口量为 27103 万吨，而煤炭进口量则为 28841 万吨，已超过原油成为中国能源进口的第一；从相对值来看，2012 年煤炭进口量为 28841 万吨，约为 2004 年煤炭进口量 1861 万吨的 15.5 倍，远超同期其他能源进口的增长速率（具体数据：2012 年原油进口量约为 2004 年的 2.2 倍，柴油进口量约为 2004 年的 2.3 倍，其他石油制品进口量约为 2004 年的 4.0 倍，燃料油、煤油、液化石油进口量为负增长），成为在种种制约因素和利益对比制约之下，进口数量攀升速率最快的能源。

结构：产业中工业煤炭消费占比最高，工业中以发电消费为首。基于相关数据，我们可以得知：第一，工业煤炭消费总量在煤炭消费总量中占比最高。就 2004—2012 年中国煤炭消费总量的产业结构看，工业煤炭消费占比最高，历年来所占比重都在 90% 以上，并且呈现逐年攀升的趋势，2011 年和 2012 年，这一比重甚至已经超过 95%。第二，工业煤炭中间消费中，发电中间消费煤所占比重最高。从绝对数值来看，在工业煤炭中间消费中，占据消费用途前三位的依次为：发电中间消费煤、炼焦中间消费煤和供热中间消费煤。从相对数值来看，前三种用途占工业煤炭中间消费的比重接近100%，且发电中间消费煤占比最高，一直保持在70%—80%的水平。从趋势来看，供热中间消费煤水平基本稳定、稳中有升，炼焦中间消费煤增长趋势较为明显，发电中间消费煤曲线陡峭、增长幅度很大，且未来一段时期仍将呈现攀升趋势。第三，炼焦中间消费煤作为煤炭消耗的第二高，其最终是将煤炭能源转化成焦炭能源，而焦炭能源实际上百分之百是煤炭能源的间接利用。从我国焦炭能源使用的产业结构来看，主要是用于制造业焦炭消费和黑色金属冶炼及砟延加工业焦炭消费。

煤炭能源在生活消费中占比"超高"，是绝对主力。2004—2012年，中国人均主要能源的生活消费数据，与电力、液化石油气等常用能源相比，煤炭消费量明显超出，占绝对主力地位。值得注意的是，生活煤炭主要是指生活中直接所用的煤制品（如：烟煤、无烟煤等等），而不包括生活中所用热力能源和电力能源中间接涉及的煤炭消费，若将此部分还原至包括直接和间接的生活煤炭消费总量当中，占比更会大得多。2004—2012年间，我国全部电力生产中，火电生产量占比为83.0%—78.1%的区间；按照这80%左右的比例，将电力生活消费量折合成煤炭消费量，将使煤炭在生活消费中的"超高"占比更加突出。

总之，中国基本国情下，本土资源储量、可用量决定的"资源禀赋结构"中，最主要的能源产品是煤，以及依仗"从煤到电"的具有"经济命脉"性质的能源供应链。对此格局，若企图改变，如再提高原油进口比例，已基本上无可操作空间；大力发展本土非煤的可再生能源，属"远水不解近渴"之安排，见效要经过较长期渐进过程；以新一轮价税财联动改革改变 "煤炭成本偏低"比价关系和价格形成机制，将有助于加快使改变"以煤为主"（以经济利益引导，促使煤替代品的开发）的进程，但总体而言，在可预见的一个相当长的时间段内，中国的基础能源供应"以煤为主"，仍将是难以改变的基本现实，而众所周知，煤的开发、使用全过程对于环境、生态和社会的压力是显然大于、高于原油和天然气等品类的，更不用说风电、太阳能电等可再生能源。且不提煤炭采掘中的安全事故问题，仅从采掘后的地层塌陷、环境修复问题，运煤过程的洒漏与相关粉尘问题，特别是烧煤（包括火电、炼焦等）废气排放所带来的大气污染、雾霾肆虐问题，都尤为棘手。这一特点事关我国能源、环境问题的特殊严峻性。

"三重叠加"有多难

中国由于"胡焕庸线"所表达的基本国情之"半壁压强型"，和前面三十年外延为主的粗放发展阶段，以及资源禀赋客观形成的以对环境压力最大的煤为基础能源绝对主力的格局，合成了资源、环境压力异乎寻常的"三重叠加"[①]。也就是说，中国经济的可持续性受到"半壁压强型"发展制约及其上的多层压力叠加，是指来源于"胡焕庸线"的现实存在以"非常之局"的国情对中国发展环境制约的第一层加压，加上特定发展阶段上"压缩型—密集式"粗放模式形成环境压力的第二层叠加，再加上"以煤为主"的环境压力形成的第三层叠加。在这"三重叠加"的重压之下，如何有针对性地优化中国能源、环境战略，应对挑战消解压力，可谓意义重大。非常之局，当需非常之策，且势在必行、时不我待。考虑到中国极特殊地面临的这种发展制约，在优化能源、环境战略中，应特别注意规避"发展悖论"与"发展陷阱"。必须基于对中国特殊现状的正确认识和相关事项的全面、深入分析，提出具有针对性的、可以切实践行的能源、环境战略。

比如，关于中国"以煤为主"的能源结构我们已经在上文中做了说明，那么相关问题也接踵而至：为何摆脱不了以煤为主？回应这一问题的过程正是揭示优化中国能源、环境战略中所需要把握的特殊针对性的过程。中国煤炭消费有90%以上集中在工业，而工业煤炭消费则主要分布于发电、炼焦和供暖，其中，由于炼焦只能用煤，所以不仅是"以煤为主"，而且是几乎

---

① 贾康、苏京春：《胡焕庸线：从中国基本国情看"半壁压强型"环境压力与针对性能源、环境战略策略——供给管理的重大课题》，《财政研究》，2015年第4期。

百分之百地以煤为原料，可以说是煤炭能源通过炼焦这一环节而转换为其他能源名称。所以在这里我们只需从发电和供暖两大角度、针对能源使用结构来讨论为何无法摆脱煤炭作为最主力能源的现状。

从发电耗能的结构上来看，中国目前水力发电在全部发电产能中占比已远不足 20%，核电占比低于 3%，并且随着前一段时间国家已经明确基本不在沿海之外的地方布局建设核电站，核电的比重可能还将下降，与此同时，可再生的风能、太阳能等清洁能源虽然已经在努力开发，风能发电在近几年投入使用以来，其增长率也十分可观，但毕竟基数很低，从总体能源供应上来看都难挑大梁。太阳能发电方面，局面更是几近荒唐：各地迅猛发展的光伏产业在消耗资源、造成一定污染、终于生产出可以产生清洁能源的光伏电池产品之后，若干年间 98% 以上只能走出口渠道①，卖给环境比我们更清洁的外国人——直接原因是按照我国电力部门的体制机制，光伏电池无法入网（其实并不存在技术攻关方面的"硬障碍"问题，而是直接涉及配套改革里面"啃硬骨头"触及既得利益的体制问题）。未来可预见的一个时期，我国水电、核电比重可能会继续下降，太阳能电、风电难挑大梁的局面亦无法出现根本改变，电力供应的重担大部分还是要落到煤炭支撑的火力发电上。

取暖方面摆脱不了煤炭为主，源于中国现阶段的取暖模式和替代能源两个方面。第一，取暖模式：北方城市以集中供暖为主，能源消耗的主要方式是"强制消费"煤炭能源；北方农村、南方城乡均以家庭自供暖方式为主，主要依靠煤、木炭和电力，其中电力主要还是间接依赖煤炭能源。虽然南方已有依靠天然气供暖的情况，但面临着价格昂贵而消费不起难以推广的局面。第二，替代能源的困窘：以"生物柴油"为例。美国供暖采用的生物柴油（Biodiesel）是由动植物油脂（脂肪酸甘油三酯）与醇（甲醇或乙醇）经酯交换反应得到的脂肪酸单烷基酯。然而，这种十分清洁的能源尽管在法律、

---

① "由于中国光伏产业链末端光伏发电市场尚未启动，98% 的国产光伏组件出口国外。"《小议我国光伏产业链的薄弱环节》，网络链接：http://www.windchn.com/solar/wfview000401683.html。

政策等层面已开始得到有力保障，但目前在我国推行仍存在着突出的矛盾与困难：首先，原材料很难满足需求。生物柴油的生产技术含量并不算高[1]，我国早已能自主生产，原材料一般以地沟油、餐饮垃圾油、油料作物（大豆、油菜籽等）为主，但这样的原料在生物柴油的实际产业链供应中经常断裂，主要原因有三：一是我国目前对废弃的食用油尚无统一回收政策，供给方面经常产生恶意囤积地沟油等原材料的现象；二是养猪等行业对地沟油和餐饮垃圾油的需求竞争；三是地沟油经非法渠道转为食用油出售比卖给生物柴油生产厂家利润更高。除原材料很难满足要求以外，还有经济可行性问题：生物柴油这种具有很高正外部性的能源产品，无论使用物理法还是化学法都面临生产成本过高的问题，若无补贴地在市场中推行，完全没有价格优势。

总之，在中国，"半壁压强型"格局加上密集式—压缩式发展阶段，再加上以煤炭为主的能源结构对发展形成"三重叠加"的能源—环境制约，与之相随的各项排放（废气、废水、废物等）所造成的环境压力，也集中于"胡焕庸线"东南部，即"半壁压强型"国情制约正在持续不断地引发"半壁压强型"排放问题。当我们认识雾霾（大气污染）、蓝藻事件（水污染）等现象时，需要抓住这个真实背景，再做出通盘分析、深入探究，才能引出正确有效的方略与对策。

形成的发展制约

作为国土面积世界第三、人口世界第一、经济总量世界第二的超级大国，全国经济发展布局沿"胡焕庸线"这一中部主轴呈现突出的空间发展不均衡，形成了能源消耗、环境压力的"半壁压强型"这一基本国情，对中国在"十三五"

---

[1] 例如，"中国科学院兰州化学物理研究所的科研人员利用废弃食用油制备生物柴油的技术获得国家发明专利……该技术主要采用废餐饮食用油为原料，复合催化剂一步反应，反应温度降低到60摄氏度，工艺过程简单，反应周期短，反应温度低，能耗低，且生物柴油收率高达92%。利用该项技术制备的生物柴油可直接替代柴油，也可与柴油按一定比例添加使用，具有优良的环保性能和可再生性。"（白浩然：《废弃食用油制备生物柴油新展望》，《科学时报》，2010年10月18日B4企业·合作。）

及中长期经济社会发展中引发的负面因素与强力制约决不容忽视：若不能经过以重化工业为主要体量的压缩型—密集式外延、粗放发展模式而较快进入集约式增长的"升级版"，能源资源和生态环境制约势必成为中国经济发展的"天花板"，从而导致经济发展停滞；若积极转变发展模式，则势必要经历十分艰难痛苦的转型期，并且要以技术超越和制度变革的成功为基础：一方面在资本投入边际效益递减的同时通过技术水平、制度供给有效提高保障全要素生产率的提高，从而对冲下行因素、缓解制约，在较长时期内实现经济较快速增长，另一方面在通过制度变革激发管理创新的同时，降低劳动力之外的经济运行成本提高经济综合效率，从而更优地实现资本积累而保障长期发展。

在基本的发展战略思路上，面对能源资源和生态环境"半壁压强型"之上"三重叠加"的制约这一基本国情，我们不得不更为侧重复杂的供给管理，以非常之策求破非常之局。只有处理得当，中国经济才有望实现长足进步和发展，一旦处理不好而"碰壁"（既可能是碰到能源资源导致的发展硬约束，又可能是碰到生态环境导致的发展硬约束，也可能是碰到转型不成功导致的发展硬约束），就极有可能落入中等收入陷阱。在"十三五"规划和长期发展战略设计中，理性的供给管理思路亟有必要得到最充分的重视。

人口基数与结构制约 📌

人口总量：老生常谈却不得不谈

中国人口总量世界第一，以人均指标为标准而划分不同经济发展阶段这一标准来看，中国步入高收入阶段注定是"路漫漫其修远"。按照世界银行2013年发布的数据，中国人均GDP仅为6807美元，距离全球人均GDP平均水平10613美元相差3806美元，距离高收入国家人均GDP水平12616美元相差5809美元，距离美国人均GDP水平53042美元相差46235美元，而从总量上来看，位居世界第二的中国 GDP 已达到 9240270 百万美元，这意味着：若想让中国人均 GDP 达到全球人均 GDP 平均水平，中国的 GDP 总量需要达到 14188070 百万美元，仅距离美国 16800000 百万美元相差无几；若想让中国人均 GDP 达到高收入国家水平，中国的 GDP 总量需要达到 16791970 百万美元，即追平美国 GDP 总量；而若想让中国人均 GDP 达到美国目前人均 GDP 水平，中国的 GDP 总量则需要达到 69345770 百万美元，即高于美国 GDP 总量四倍多。人均指标如迟迟不能达到高收入标准，中国经济也就停留在中等收入发展阶段，即落于陷阱之内。

必须直面"未富先老"

中国在"十三五"及中长期所必须面对的另外一个很现实的基本国情，就是人口众多和老龄化已造成"未富先老"之势。中国人均收入水平刚入中等，60 岁以上老龄人口比重已超过 15%，人口结构已呈现明显的老龄化。有学者测算，人口老龄化还会较快演变为"超老龄化（65 岁以上人口比重超过 15%）"对于中国整个养老体系形成公共支出压力的高峰，约出现在 2030—2033 年间，从现在算起，已不到 20 年的时间。在高峰期出现以后，这种压力的缓慢下降还要有几十年的过程。要看到在这个很长的历史阶段之内，中国养老体系从硬件到服务所有的投入必然发生一系列的压力性质的要求，势必会对经济发展带来很大负担与拖累。

机会公平：教育、经济增长、阶层流动、社会稳定

由于教育结构不合理而导致的劳动力供给结构问题，也是我们直面"中等收入陷阱"所必须考虑的不利因素。从成功跨越中等收入陷阱的经济体的经验来看，以色列和日本是整个亚洲平均受教育年限最高的国家。以色列优质而颇有针对性的高等教育，为其科技进步奠定了良好的劳动力基础，且是全球工业国家里平均学历程度排位第三的国家，仅次于美国和荷兰。而日本除了教育的普及和具有较高水平的高等教育以外，还特别重视社会教育的作

用，且在其企业制度中特别重视人才培育，一直不断促进并保持着高水平的科技研发能力。总体而言，中国目前教育模式培养出的劳动力，与经济发展所需人力资本现实需求还存在着较明显的错配，如高分低能、专业不适合社会需要、职业教育发展滞后等，被动摩擦已在影响就业水平和消费水平，处理不当会严重制约中国未来经济社会发展。

我国经济增长的动力机制应当而且必须是强化创新驱动，这已成为各方共识。但从进展看，科技研发的创新活力和相关人才的培养、供给机制，被行政化、官僚主义、形式主义和种种违反科研规律的不当制度机制所扼制，虽然一方面我国科研人员的论文发表数、专利申请数快速增长、已名列世界前茅，然而另一方面科技成果向产业、市场的转化率不到 10%。究其原因，相当重要的前置环节——教育领域即人才培养体系中，由于严重的行政化、应试教育化等而窒息创造性人才的生长，形成难解的"钱学森之问"；具有支撑意义的基础科研领域中，激发科技人员潜心研究的体制机制不到位；应用研究中，一是科技成果转化的激励机制明显滞后，二是知识产权保护不力，三是后勤支持机制落后，四是狭窄的部门利益形成"条块分割"式创新阻碍和资源条件共享壁垒。不论是基础研究还是应用研究，近年还都遭遇了"加强经费管理"中"官本位""行政化"地推出种种"繁文缛节"，打击科研创新者积极性的问题。

文化制约

中国的深厚文化积淀如何转为国际竞争中的优势因素，一直是困扰中国人的难题。实际生活中，不少中式文化的消极因素，至今无形中制约着中国的创新力，人们往往不敢为天下先，不善于思辨和冒险创造，社会弥漫"官本位"的思想意识，安于遵循较为森严的等级制度而不敢、不能发表真知灼见。这些文化与传统意识特征，形成"软实力"的不足、感召力的欠缺，实际上制约着全球信息科技革命日新月异变化中中国经济社会的发展。将文化积淀与意识、信仰转变为有利于经济发展的积极因子而非制约因子，中国大众创业、万众创新等政策才可能得到有效落实和发挥作用，"综合国力"中"硬实力"的上升才可能与"软实力"的打造相伴而行，使中国的现代化之梦不至落空。这更是一种深刻的、综合性的挑战。

财政分配"三元悖论"制约

财政分配"三元悖论"在中等收入阶段表现得更突出

美国经济学家保罗·克鲁格曼在蒙代尔－弗莱明模型（Mundell-fleming Model）和蒙代尔"不可能三角"（见图 29）的基础上提出了著名的"三元悖论"（The Impossible Trinity，亦可译为"不可能的三位一体"）原则：一国不可能同时实现本国货币政策的独立性、汇率的稳定性、资本的完全流动性三大金融目标，而至多只能同时选择其中两个（见图 30）。

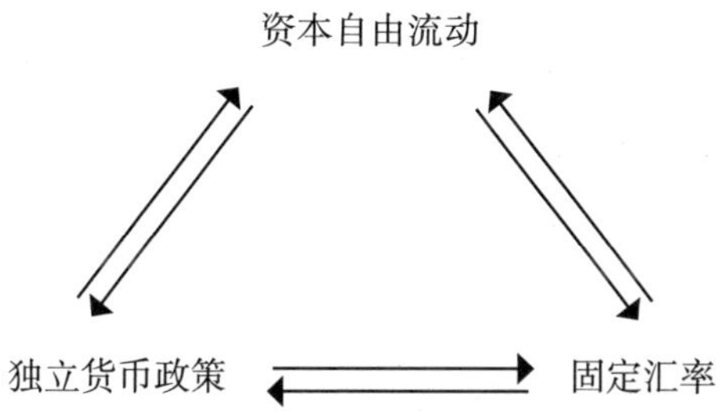

资本自由流动

独立货币政策 ⟷ 固定汇率

图 29 蒙代尔"不可能三角"

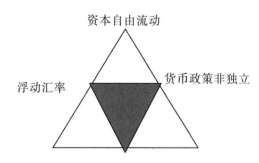

资本自由流动

浮动汇率　　货币政策非独立

货币政策独立　　资本管制　　固定汇率

图 30 克鲁格曼"三元悖论"

若以这种简明、直观的"三元悖论"形式，比照考察财政分配相关基本导向的内在制约关系，我们也可以得到"减少税收"、"增加公共福利支出"和"控制政府债务及赤字水平"为目标的财政分配的"不可能三角"，进而引出（限定条件下）财政分配的"三元悖论"制约。本书提出并阐述财政分配的"三元悖论"，并在此基础上着重探寻"中等收入阶段"财政分配"三元悖论"的特点及缓解其制约的路径选择，以期循此逻辑路径更清晰地洞悉和揭示财政分配中的规律性与制约关系，从而提出合理可行的缓解制约的思路与方略。

比照蒙代尔·克鲁格曼的"不可能三角"与"三元悖论"形式，考察财政分配的内在制约，可以于常规限定条件下得出财政分配的"三元悖论"，即在财政经常性支出的管理水平、政府的行政成本水平和政府举债资金融资乘数既定情况下，财政分配中减少税收、增加公共福利和控制政府债务及赤字水平三大目标，至多只能同时实现其中两项，而不可能全部实现。

图 31 直观地表明前述限定条件下，财政分配的"不可能三角"：任一特定时期，人们在减少税收、增加公共福利支出和控制政府债务及赤字水平这三个通常看来都"很有道理"的目标之中，其实只能进行以下三种选择：第一，若在财政分配中"减少税收"和"控制债务及赤字水平"，那么必须以减少（而不可能是增加）公共福利支出为前提。第二，若在财政分配中"减少税收"和"增加公共福利"，那么必须通过提升（而不可能是控制）债务及赤字水平来实现。第三，若在财政分配中"控制债务及赤字水平"和"增加公共福利"，那么必须通过增加（而不可能是减少）以税收代表的政府非债收入来实现。由此有图 32：财政分配"三元悖论"，三角形每一顶角上所标目标的实现，必然要求相连两条侧腰线上标出的事项配合，而必然在另外两个顶角上各自标出的目标中违反至少一项。

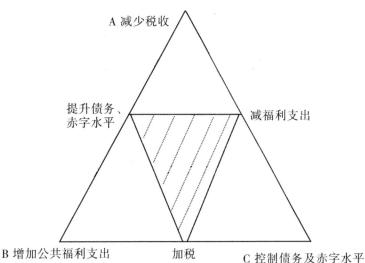

图 31　财政分配"三元悖论"的图示

其实，这里面的数量关键是十分明白的，因而相关的公众关切与取向的内在悖谬这层"窗户纸"，也是很容易捅破的，即为：A.减税可减少企业、居民负担，因而会受到广泛欢迎；B.增加公共服务方面的福利性支出会增加社会成员的实惠，因而也会受到广泛欢迎；但这两者并行恰会扩大政府收支缺口，必带来 C.增加赤字，从而提升为弥补赤字而必须举借的政府债务的总水平——这便涉及"安全问题"——其实公众对这个问题也并不缺少"常识"：因为一说到政府债台高筑，又往往会有公众广泛的忧虑与不满。所以可知，"巧妇难为无米之炊"，"鱼与熊掌不可兼得"的常识，在财政分配中不过是说：税为收入，福利为支出，两者必须是顺向匹配的，一般情况下，加则同加，减则同减，如果一定要顺向增加福利而逆向削减税收，那就必须找到另一个收入项——举债，来顺向地提高它以支撑原来的匹配关系。前述 A、B、C 三者中，要同时保 A、B，就必须放弃对 C 项的控制，但这又会遇到公共风险的客观制约。若想三全其美，则绝没有可能。这里体现的约束是客观规律，并一定会引申、联通到整个经济社会生活"可持续"概念下的终极约束。

以上分析可归结出一个基本认识：虽然公众福利的增进是经济社会发展的出发点与归宿，但在某一经济体发展的任一特定阶段、具体条件下，公众福利的水平（可以用公共福利支出规模为代表）却并非越高越好，高过了一定点，对于经济发展的支撑作用会迅速降低，甚至导致经济增长过程不可持续。福利支出水平带来的福利增进对于经济发展的正面效应及其转变，在直角坐标系上可简明表示为图 32。

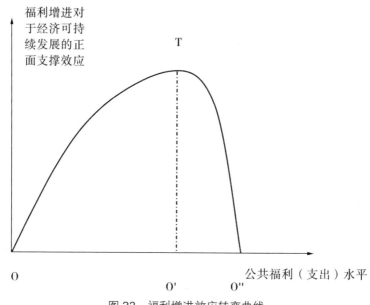

图 32　福利增进效应转变曲线

图中横轴表示公共福利水平（以公共福利支出水平为代表），纵轴表示福利增进对于经济可持续发展的正面效应或支撑作用（亦可按一定数值单位量化），在原点 O，假设无福利，其正面效应当然无从谈起，其右方一旦有一定的公共福利，便会随其水平上升迅速表现为对经济成长的正面支撑效应的上升（现实生活中常被称为人民群众的积极性因为基于物质利益原则的激发与调动等措施而促成经济活力的上升），一直可上升到对应于横轴上"O'"的曲线上 T 这一最高点（最佳值）。但若还一味继续增进福利，其正面效应的下滑（现实生活中表现为经济体成长活力的迅速滑落）将迅速导致 O" 点上正面效应丧失殆尽而进入负值区间（可与拉美式"中等收入陷阱"案例比照），而 O'—O" 的距离是相当短的。也就是说，公共福利水平一旦超出最佳值，其对一国经济可持续发展的正面支撑作用会很快转变为迅速下滑后的负面效应，所以从调控当局而言，必须精心、审慎地把状态控制在接近或达到峰值、但不超过临界点的区间内。

循财政分配"三元悖论"制约关系的内在逻辑可先来看一下近年的国际实践。世界金融危机发生后缓解欧元区债务危机的基本要素在于减少税收以刺激经济、削减赤字及控制债务规模以降低违约风险——这两大财政分配目标需要以牺牲公共福利来实现，而这又必然与民众的直接利益、短期实惠相抵捂，处理起来十分棘手，极易"经济问题政治化"，业已引发了希腊等地屡见不鲜的多轮罢工风潮与社会震荡。欧债危机爆发后，除法、德等欧元区强势经济体外，希腊、意大利等受挫国家执政层合乎逻辑地分别提出削减赤字及控制债务规模，却在"福利国家"的刚性框架制约之下久久不能达成尽量减税和尽量多保福利支出的有效权衡点，鲜明地体现着财政分配"三元悖论"的内在逻辑。这一案例可小结为：欧元区在应对危机不得不减少税收、削减赤字及控制债务规模的财政分配目标组合下，需要以牺牲公共福利的手段来实现；如果现阶段欧元区一边需要减少税收来刺激经济，一边需要削减赤字及控制债务规模来保持财政可持续，与此同时还想顺应民意保持原有的工作舒适、闲暇程度和较高的公共福利水平，这显然是不现实的。有时不现实的东西在政治家那里需要着意淡化或掩饰以抚慰民意，争取选票，但在理论分析这里，不现实就是不现实，因为这对应于我们勾画阐明的财政分配"三元悖论"原理。

直观表现上多少有别于财政分配"三元悖论"的逻辑，美国独一无二所掌控的世界货币霸权，给予其一定阶段上与形式上选择其他逻辑路径的条件，即通过全球全体持有美元资产的主体一并为危机埋单的方式，放松其自身财政分配所受的制约。美国次贷危机引发的全球金融危机爆发以来，美国选择了一方面减少税收、一方面保持原有公共福利来维持社会稳定性的目标组合，实现路径是既减税，又放宽债务及赤字控制水平，却不下调美国公众的基本公共福利标准，而是通过先后三轮的"量化宽松"（QE，Quantitative Easing）政策将危机产生的风险（通货膨胀压力和金融债务风险等）分散化，以其全球经济中硬通货霸主的地位，"经济地"、实为强制地输送到全球各大经济体系当中，让全世界共同为其埋单。美国几轮量化宽松政策，正是因此而有恃无恐。回到财政分配"三元悖论"的逻辑路径上来分析，实质性的奥秘在于：由于美国的财政分配主体得到了实为同一主体的"世界货币霸权"的支撑，有条件在"量化宽松"的方略下制造出美国税收、举债之外的第三项巨额收入即货币发行收入，而不中断其财政运行的可持续性，所以美国所受财政分配之无悖论制约的空间，是比其他任何经济体都大为宽松的。这也是当今世界上其他任何经济体都学不来的。这就是美国案例的特殊性。

与美国截然不同，对于大多数发展中国家而言，只能依靠自身发展缓解制约。"拉美化"问题作为前车之鉴表明，位于中等收入阶段的经济体应当着力避免民粹主义基础上的福利赶超以及由其引致的社会矛盾激化后果。按照这里所提到的财政分配的"三元悖论"原则，拉美地区在中等收入阶段的财政分配进程中显然选择了"减少税收"和"增加公共福利"这一目标组合，而按照"三元悖论"揭示的逻辑，该目标组合需要通过扩大债务及提高财政赤字水平的方法来实现。从拉美民粹主义基础上的福利赶超导致其经济落入"中等收入陷阱"的实践来看，该地区确实是通过扩大债务及提高财政赤字水平的方法来试图实现其对减税和增加公共福利的追求，却最终拖垮了国民经济而落入陷阱。对于同样处于中等收入发展阶段的中国而言，在财政分配的"三元悖论"中如何掌握"可持续"上的权衡和缓解制约，是非常值得深入思考的。

财政分配"三元悖论"反映的制约关系通常更强烈地与民意取向相抵触

发展经济学的理论分析和实证考察表明，一国收入水平进入中等阶段，通常带来民众关于收入提高、福利改善预期的更高水平，这种预期极易超前于实际收入增长的可达速率和政府改善公共服务提高公众福利水平的供给能力，于是便有了"老百姓端起碗吃肉，放下筷子骂娘"的不满，和与之相互激发的种种"矛盾凸显"。以"民众永远有理"为内在逻辑的民粹主义倾向在此阶段极易抬头乃至大行其道成为潮流。尤其在与西方发达国家经济发展与福利体制的横向比较下，这种民粹主义情愫更易迅速升温，更倾向于对福利的追逐与渴求。我国近年已普遍存在并逐步升温的民粹主义情愫，如果对应于财政分配"三元悖论"中的逻辑路径，倾向上显然就是拉美地区已做出过的选择：对减少税收和增加公共福利的强烈追求。然而，这种诉求需要以扩大债务、提高财政赤字水平来实现，并且绝非是无边界的。民粹主义情愫催化下，很容易导致福利赶超超前于经济赶超，债务规模过度扩大。而当有人强调"三元悖论"所内含的制约关系进而发出理性声音时，便会强烈地与民意取向相抵触并遭遇"群起而攻之"的压力，双方力量的悬殊又很容易导致福利赶超继续高歌猛进，债务和赤字规模走向失控，最终可能将国民经济拖入陷阱，福利赶超愿望从高空跌落尘埃，一起跌下来的，还有经济赶超的可能性与整个国家发展的后劲。因此在中等收入阶段，正是经济赶超发力的时期，应当坚定地、合理地贯彻经济赶超战略，与此同时稳步匹配国民的福利赶超，而不能让其与民粹主义情愫相互激发、升温形成只侧重眼前利益却伤害长远利益的失衡，成为经济可持续发展的隐患。因此，有理由认为在中等收入阶段，在财政分配"三元悖论"制约下，选择适当"减少税收"和"控制债务及赤字水平"的目标组合是更为科学的，但这一目标组合需要以控制公共福利增量为代价来实现，因而在民意层面是"不讨好"的。为了在中等收入阶段避免民粹主义基础上的福利赶超而最终实现跨越中等收入陷阱的经济赶超战略，决策层需要有远见、有定力、有策略地在与民意的互动中引导理性思维发挥充分的影响，协调好短期利益与长期、根本利益的权衡、衔接。

"经济问题政治化"压力上升与"缓冲"社会矛盾的弹性空间收窄

鉴于"三元悖论"反映的制约关系在中等收入阶段通常会更强烈地与民意取向相抵触，所以在财政分配"三元悖论"制约下，选择和坚持统筹兼顾、瞻前顾后、既顺应民意又引导民意的科学发展路径是根本性的、首要的选择。无可否认，民粹主义情愫对政府的政策选择会产生显著的影响，政府政策在某种意义上看就是经常地处理好相关的复杂问题。步入中等收入阶段后，一系列敏感的经济问题如物价、税收、公用事业供给等等，很容易与收入分配、政府管理等方面的矛盾凸显形成密切的关联，使"经济问题政治化"的临界点降低，社会问题的"维稳"压力上升，为了缓解压力、平息不满做出妥协和调停的可用"缓冲"弹性空间收窄。

按照财政分配"三元悖论"制约关系，减少税收、控制债务及赤字水平与增进公共福利的目标组合逻辑，决定了三者不能同时兼得，"缓冲的弹性空间"实质上是在顺应社会心态而最集中、最便捷地尽可能减税和增加公共福利供给的同时，以那种相对不直观的逐渐扩大公共债务规模的方式提升这些即期利益总水平所对应的安全操作空间。以财政分配"不可能三角"中的逻辑来看，所提升的公共福利的程度加上所减少的税收水平和控制债务及赤字的水平成反比，决策层必须特别关注为缓解社会矛盾而扩大公共负债规模的安全区问题，一系列局部的防止"经济问题政治化"的操作恰恰会归结为放松公共债务控制，而连年赤字、债务不断积累，一旦越过了已收窄的缓冲弹性空间的边界，便可能形成隐性问题显性化的矛盾爆发和危机局面，甚至造成全局发展态势的改观、"黄金发展"过程的中断。

第 十 二 章

脱离中等收入陷阱的可探寻路径

这一现代化发展战略，其内在逻辑必然是以经济建设为中心和全面、协调、可持续发展来追求"后来居上"的赶超战略，它构成了中国特色社会主义现代化道路的基调，同时也在历史潮流上折射着发展中新兴市场经济体的共同追求。在中国实现现代化的重要战略机遇期，很有必要对这种战略正本清源，把握好其基本要领。

坚持经济赶超战略 📌

我们正在走怎样的路："三步走"现代化战略——从追赶到赶超

后发国家的发展和赶超，通常都以鲜明的"现代化"指向来统领，而国际舞台上的"现代化"，是一个永无止息的动态过程，某一具有一定幅员和潜质的国度，在此方面的实质追求，必是经济体在文明状态和综合国力上进入世界民族之林的前列，特别是以被公认为世界强国阵营一员为其现代化成功的标志。从近几百年的世界经济史来看，大国、强国的崛起如星移斗转，从未定局，荷、英、法、德、美、苏、日，"你方唱罢我登场"，无不是在原来落后的状态上奋起直追，意欲后来居上。虽成败利钝各有千秋，国情战略人言人殊，但共同的主体发展特征，却都是奉行、推进其赶超战略。

在中国，鸦片战争以后被动挨打、积贫积弱、列强瓜分、灾难深重的沉痛近代史，开篇即引出"三千年未有之变局"。甲午战争前后，"救亡图存""启蒙""建设""复兴"等主题顺时而生，被志士仁人反复探求。20世纪，经历了辛亥革命推翻帝制、1949 年建立中华人民共和国和 20 世纪 80年代实行改革开放三件大事之后，终于确立了以实现伟大民族复兴为目标的"三步走"现代化宏伟蓝图。这一现代化发展战略，其内在逻辑必然是以经济建设为中心和全面、协调、可持续发展来追求"后来居上"的赶超战略，它构成了中国特色社会主义现代化道路的基调，同时也在历史潮流上折射着发展中新兴市场经济体的共同追求。在中国实现现代化的重要战略机遇期，很有必要对这种战略正本清源，把握好其基本要领。

赶超战略是后发国家现代化进程的必由之路

赶超战略是尽最大可能提高国家动员资源的能力，突破资金稀缺的比较劣势对资金密集型产业发展的制约，使资金密集型产业能够在较低的起点上得到发展并在短时期内实现飞跃，进而使产业结构得以优化。其核心是通过资本积累、效率增进和技术创新，实现非均衡、超常规发展，在较短的时间内接近甚至超出先进发达国家水平的一种增长方式和增长过程。贯彻后来居上的现代化赶超战略，要求在国家战略宏观导向下，尽可能地实现资金和技术的快速集聚，特别是着力支持国民经济发展的一些薄弱环节，消除制约经济发展的瓶颈和短板。赶超战略是跨越式的超常规发展道路。实施赶超战略，则需要合理发挥政府在产业选择、技术进步、金融资源配置等方面积极、能动的宏观主导或指引作用，但并不必然否定以市场作为资源配置的基础机制乃至总体而言的决定性作用。中国的现代化赶超战略实施过程，更是必须坚定地贯彻于走中国特色社会主义市场经济之路，始终牢牢把握市场取向改革的大方向。

我们认为，作为一个发展中大国，我们必须站在更高的、历史的视野，以动态发展的眼界来认清国家发展的道路和发展模式选择。在充分尊重现实比较成本、比较优势的同时，更应看重"潜在的比较优势"和后发优势，积极选择理性化的赶超战略，在国家宏观战略需求的导向下，通过合理、有效、恰当的政策手段（包括政策性金融、产业政策等）来优化资源配置，最大限度地调动一切生产要素的潜能并发挥合力，在当前日趋激烈的国际竞争中和日益融合的国际合作中，"以我为主，有所作为"地加速发展、追求跨越式发展和非常规发展，以实现中华民族的伟大复兴。

当然，今天我们重视赶超战略，并非肯定那种历史上曾大吃苦头、不顾现实条件的盲目赶超、急于求成，而是要积极追求"理性的适度赶超"或"最优赶超战略"，即要在市场经济体制框架和制度的张力内，充分遵从市场经济和法制化经济的运行规则，通过政府有战略、有策略、有限度、有力度的倾斜性支持，集聚一些生产要素来优先支持发展国民经济的一些战略性和支柱性产业和领域，如基础设施、战略性高新技术和新兴产业等，从而推进实现整体经济的长久、可持续、高效益健康发展和总体上可实现的超常规跨越、赶超发展。

从 20 世纪 50 年代毛泽东所说的"中国不发展就要被开除球籍"，到 90 年代邓小平指出"发展是硬道理"，再到新一代领导集体提升的"全面协调可持续发展是硬道理"的"科学发展观"，在赶超战略思路上是一脉相承的，都是强调在中国这样一个经济基础较薄弱的国家加快发展的重要性和紧迫性。改革开放后邓小平作为总设计师提出的"三步走"战略，其实质内容就是一个清晰的赶超战略框架设计。我们认为，毛泽东时代提出的超英赶美，并不是战略目标本身错了，而是当时严重违背实事求是方针和客观规律，以及与之相配套的计划经济体制框架，无法支撑这种赶超战略目标的实现。邓小平的实事求是思想路线和他高瞻远瞩的、令世人折服的战略构想，使中国的现代化之路越走越宽广，后来居上之势越来越明朗，"三步走"规划的前两步提前实现（即在"千年之交"之前，中国的 GDP 已在二十年间"翻两番"有余），第三步的实现过程和具体部署，也令人振奋（2020 年，要实现"全面小康"人均 GDP 比 2000 年再翻两番）。中国使全球瞩目的经济建设和社会事业的高歌猛进，如果没有"追赶—赶超"战略和行动的支撑，是完全不可想象的，如仅仅依靠"要素禀赋的比较优势"，也许我们还停留在跟随西方国家一般发展路径亦步亦趋的常规发展状态。事实表明，中国完全可以在较低的发展起点上，合理利用后发优势，辅之适当的政策引导、包括政策性投融资支持，来加速推进国民经济和社会现代化建设。作为发展中国家，中国有着很多的后发优势，例如技术上选择可通过模仿、消化吸收、再创新跨越某些阶段；制度上，合理的中国特色、政策倾斜、地方竞争（包括地方的政策性金融活动）也证明了中国具有一些更灵活与充分地调动各方面积极性、创造力和集中力量办大事的体制优势。2015 年后决策层明确强调的供给侧结构性改革方针，是承前启后、继往开来的战略指导，有望促使我们将有效市场和有为、有限政府相结合，"守正出奇"地在追赶—赶超的现代化道路上继续大踏步。

总之，在中国，为尽快实现国家和民族的伟大复兴，推进社会主义和谐社会建设，实现经济又好又快地发展，一方面需要充分认识与遵循经济增长的比较优势和递进发展的客观规律；另一方面还应积极、能动地发挥后发优势，贯彻后来居上的现代化赶超战略。

坚持和平发展全球战略 📌

"和平与发展"是时代主题与最基本战略判断

首先，就总体来说，世界政治和经济肯定是互相影响的，从一个个决策者主体来说，考虑的问题肯定是政治角度切入，但又一定是由政治覆盖经济，并在实力比拼当中一定要覆盖到军事、覆盖到关于发展大势的基本战略判断。从这个角度来看，比较直率地说，世界应该是变得更好了，因为在核威慑时代，人类越来越有信心避免第三次世界大战了——如今全球核大国间实际上已经形成了一种战略平衡关系，各大国政治、军事决策必受它的制约。从这个角度来说，有惨痛前例的极血腥的世界大战，有望得到避免，这个情况对全人类来讲，是一个"向好"的方面。

接下来，更进一步的认识，就需要对接一个战略层面最基本的、明确表述的时代判断：邓小平生前所指出的"和平与发展"成为我们这个时代的主题，听来言语似乎并没有多大的冲击力，但实则意义极为重大，此判断否定和取代了原先关于"战争与革命"时代的基本战略判断。既然如此，就要全面深刻认识邓小平反复强调的"战略机遇期"，以再也不要丧失机遇的历史担当，坚定不移地扭住以经济建设为中心的党的基本路线"一百年不动摇"，通过"三步走"实现中国的伟大民族复兴。和平与发展的时代要求，在客观上必然更强调包容性增长理念，认同共赢与多赢的思维模式，必然要求"摒弃你输我赢的旧思维"，树立"命运共同体"的新思维。

各个民族国家和经济体，大家将会越来越感受到有可能多赢共赢，越来越多地认同"命运共同体"基本概念，这样就会尽可能避免战乱、避免流血而寻求命运共同体互动中的和平发展。我国在国际事务处理和国内以后基本路线的把握上，显然都应当继续遵循这一战略判断的基本逻辑。然而在实现过程中间，利益格局的演变和不均衡还是必然会引发一些国家间的摩擦、局部的冲突乃至局部战争。现在总体来说，美国是全球拥有最高经济总量、货币霸权和军事霸权的第一大国，但是他已经不得不接受"多极化"因素的影响，美国国内政治的制约机制也给其带来了主动或被动适应多元化的能力与弹性空间。中国作为最大的新兴市场国家和发展中经济体，需要与美国不断调适相互间的战略均衡关系。"斗而不破"、增加互信和共赢因素，将是双方的理性选择。

在这个框架下把握好客观存在的机遇期，应坚定不移地坚持和贯彻邓小平的和平发展战略思想，中国就需要在总体姿态"不冒尖"的情况下，以经济建设为中心，在全面开放中与全世界求共赢。如能于 2050 年实现伟大民族复兴，将会是在多元化世界里让中国于繁荣成长中真正上升为现已于"G2"概念中初露端倪的"第二极"，那时如果欧元区发展得比较好，那就正好是形成三极。不管会是两极、三极还是 N 极，一直到 2050 年前后，我们所说的中国现代化崛起基本见眉目的演变过程中间，总体的人类社会文明程度提高和世界和平力量上升所表现的，必是老百姓有更大可能性避免战乱，"人民对美好生活的向往"有更高的概率变为中国与世界的现实，各种综合发展指标在数量表现上比现在更前进。当然这些是乐观一侧的总体说法，这里面也有一些难以预料的事情，比如在国际事务和战略均势中会有一些"搅局者"，那有可能会给世界局部地区带来巨大的不确定因素。

中国现在正站在新的历史起点上，正在争取进一步"大踏步地跟上时代"，又正面临进入中等收入阶段后一系列的矛盾凸显和历史性考验。战略层面事情的讨论就得更加推崇理性、更寻求全盘考虑。如果按照三中全会到四中全会基本精神，并扩大到"四个全面"总体布局，那么里面最内核的逻辑，我认为仍然是邓小平给出的和平与发展战略判断、创新思维和多赢框架。

以"五位一体"总体布局作为跨越"中等收入陷阱"的依托框架

经济建设是中国特色社会主义建设总布局的一个重要方面，但经济建设成就的取得与总布局的其他方面密不可分。"坚持以经济建设为中心"，绝不是孤立地搞经济建设。正是因为我们的指导方针是从经济、政治、文化的"三位一体"到加上社会的"四位一体"，再到加入生态的"五位一体"，在经济发展水平不断提高的同时，以问题为导向解决问题，推动中国特色社会主义事业全面发展，才创造了令世人惊叹的经济成就。

改革开放之初，我们党确立了社会主义初级阶段基本路线，其核心是"坚持以经济建设为中心"。1986 年党的十二届六中全会提出"以经济建设为中心，坚定不移地进行经济体制改革，坚定不移地进行政治体制改革，坚定不移地加强精神文明建设"的发展布局。在改革和发展过程中，党团结带领全国人民紧紧围绕经济建设这个中心，努力实现经济、教育、科技、文化的繁荣和发展，使人民生活水平快速提高，政治文明和精神文明建设不断推进。党的十三大、十四大、十五大、十六大延续了经济建设、政治建设、文化建设"三位一体"的总布局，成为很长一段时间中国特色社会主义建设的重要战略部署和基本框架设计。

随着改革开放深入推进，中国在经济活力得到激发、"黄金发展期"特征显现的同时，出现了收入差距拉大、社会分层凸显、社会结构变化等新情况。对此，2006 年党的十六届六中全会提出构建社会主义和谐社会的重大任务，以社会管理创新为核心的社会建设被提到新的高度，中国特色社会主义事业总布局由"三位一体"扩展为经济建设、政治建设、文化建设、社会建设"四位一体"。

随着经济规模不断扩大，粗放型经济发展方式的弊端凸显，经济发展中高耗能、高污染、高成本问题以及由环境恶化引发的种种社会问题成为制约经济社会持续发展、影响社会和谐稳定的重要方面。党和国家一贯重视生态环境保护，2012 年党的十八大报告进一步把生态文明建设摆在中国特色社会主义事业全局的高度，明确提出经济建设、政治建设、文化建设、社会建设、生态文明建设"五位一体"的总布局。这是适应发展阶段变化、顺应人民群众期待的重大理论和实践创新，是对治国理政理念的极大丰富。

经济发展水平越高、关系越复杂，经济建设就越需要政治、文化、社会、生态文明等方面建设的协同配合。从"三位一体""四位一体"到"五位一体"总布局，不断总结社会主义建设经验，深化对社会主义建设规律的认识，不断提高驾驭经济社会发展的能力，丰富了治国理政的方针与思路，优化了推进社会主义现代化事业的实践。从提高人民生活水平到丰富百姓的精神世界、文化生活，再到建设生态文明、改善人居环境，执政为民的理念始终蕴含其中并不断升华。从全能型无限政府转向服务型有限政府，从粗放增长转向集约增长，从强调 GDP 的龙头指标作用到告别"GDP 崇拜"、倡导和推进全面协调可持续发展，中国的发展导向更加适应于人的全面发展，政府的职责更加明晰，工作更加高效，党的执政能力稳步提升。在应对国际金融危机冲击中，中国成为全球表现最好的主要经济体。这固然得益于中国处于经济快速发展阶段多种力量的综合支撑，城镇化空间较大以及市场回旋空间大等因素，但更关键的是由于中国经济发展有社会主义建设总布局为依托，因而更为稳固、坚韧。这也成为跨越"中等收入陷阱"的依托框架。

以"四个全面"战略布局作为跨越"中等收入陷阱"的起跳器

在把中国特色社会主义事业全面推向前进的关键时刻，习近平总书记提出了"全面建成小康社会""全面深化改革""全面依法治国""全面从严治党"的战略布局。以"四个全面"联通国家治理，把握中国共产党作为执政党的治国理政核心理念，可知以"追赶—赶超"实现现代化的征程中，"四个全面"战略布局与跨越"中等收入陷阱"这一重大问题的关联也十分清晰。

第一个全面是通过"十三五"规划期的"决胜阶段"在 2020 年实现全

面小康，这是引领全国人民的阶段性奋斗目标，不仅 GDP 比 2000 年再翻两番，而且在"共享发展的水平上要全面升级"；紧跟着的是全面改革在 2020 年要取得决定性成果，而这第二个全面内容比第一个全面要更为深刻，意义要更为深远——在全面小康的同时，如不结合改革取得决定性成果，则全面小康的价值要大打折扣，因为全面小康只是实现伟大民族复兴"中国梦"第三步上的一个节点目标、过渡目标，必须在实现这一目标的同时形成继续发展的后劲，而这个后劲的形成，必须依仗制度供给为龙头，使全面改革取得决定性成果来进一步解放生产力。提升物质文明的生产力的进一步解放，又必须合乎规律地匹配法治化、民主化的政治文明，因而必须匹配第三个全面即全面依法治国。加之，中国的现代化进程中，既然历史决定了中国共产党是执政党，那么别无选择，必须有第四个全面即全面从严治党，解决好共产党执政的"合法性"问题——这里的合法性不是指有白纸黑字规定其合法，而是指"人心向背"、人民群众是否衷心拥护其执政地位意义上的自然法性质的"合法性"问题。于是我们可知，只有把五位一体总体布局推进到四个全面战略布局，中国跨越中等收入陷阱才更为顺理成章地具备了可能性，才有了进入关键位置后"决定性跃升"的起跳器。

"四个全面"与国家治理体系和治理能力现代化相联通：全面深化改革、全面依法治国、全面从严治党的目标导向，必将为中国经济社会发展带来巨大的制度红利：在全面深化改革的战略布局下，坚定地推进改革开放意味着更科学、更快速地理顺体制机制，降低制度运行成本，良好的制度势必更充分地激发创造活力，通过技术攻关提升全要素生产率，从而为经济增长提供强有力的引擎；在全面依法治国的战略布局下，有效地维护公平正义能够更好地保障制度运行，切实降低制度运行成本；在全面从严治党的战略布局下，深入进行党风廉政建设势必提升制度执行能力，提升制度运行效率；在降低制度运行成本、激发经济活力、提升制度运行效率的前提下，全面建成小康社会的战略布局必将有更加扎实的实现条件，为保障和改善民生提供良好的经济基础和制度运行基础，特别是可持续发展长远后劲的打造。

"一带一路"倡议和自贸区助推对外贸易与全球战略均衡新格局的形成

中央倡议"一带一路"，具有重大的全局意义并将产生久远的历史影响。中华民族自鸦片战争带来"三千年未有之变局"而拉开近代史帷幕之后，在"洋务运动"时期，国家安危问题历经"海防、塞防之争"，多年被动挨打，一路积贫积弱，内忧外患。从推翻帝制，走到几十年后告别内战达到民族基本统一框架，又在此几十年后走到在经济社会转轨中实现经济起飞，近30多年间综合国力大大增强，和平发展崛起态势显现，今天终于可以正面讨论以外向型"走出去"为特征的商贸大国经略周边、经略西部、经略海洋的"一带一路"倡议了。

这一倡议的实施，是遵循和平发展、经济搭台开路的基本路径，在全球化时代，把中国广袤腹地潜在的市场空间与外部世界更有效、便捷地贯通，寻求与其他经济体的互惠共赢，成为中华民族经"三步走"实现"中国梦"的重要配套条件。在具体实施中，需要基础设施先行：在向西的"一带"上，可具体分为西南、西西、西北三路走向而大兴相关基础设施和公共工程，打造"硬件环境"（不排除"连片开发"），并培育"软件配套因素"；在向南再向西的海上，需在以三沙市辖区为代表的广阔海域加紧兴建永久居民点、后勤补给基地和通讯、管理网点等，一直发展、联通到各类船只可据此与多个经济体频繁通航通商状态。这些天文数字的资金投入，必须多方筹集，并借助亚洲基础设施投资银行、金砖银行、我国的主权财富基金和其他多元、多渠道资金，共同形成支撑合力。

在这个战略的实施推进过程中，一个重要的机制创新点是多元筹资与运用PPP（即政论和社会资本合作，或意译为"政府与社会资本、企业合作机制"）。这一机制近几十年间在欧美、澳洲和若干新兴市场经济体应运而生、方兴未艾，在我国也涌现了一系列实操案例，但国内总体仍属初创和方兴未艾阶段，在PPP已得到了决策与管理部门前所未有的高度重视和大力推行的情况下，它亟待结合"一带一路"倡议，充分发挥其用武之地。这对于缓解政府资金压力，提升建设、运营绩效和培育市场主体，具有重大意义。

改革开放以来，经历了三轮开放，分别是深圳特区、上海浦东和加入世贸组织，现在中国（上海）开始的自由贸易试验区（以下简称"上海自贸区"）就成为第四轮开放。建立上海自贸区的核心意图是"改革"而不是"政策"，中央意在以上海自贸区"先行先试"的改革"清理文件柜"，修改一些与国际通行做法相悖的法律法规，从而形成循序渐进的法治建设，并在未来的国际谈判中形成话语权和影响力。上海自贸区的设立也是为中国日后应对跨太平洋战略经济伙伴关系协议（TPP）的准备。新的国际贸易框架协议——TTIP（跨大西洋贸易和投资伙伴协定）、TPP（跨太平洋自贸协定），均是全球价值链基础上的自由贸易、投资协定、服务贸易开放规则制度，中国选择"再入世"，是向更高标准靠拢，在合作与竞争中与外部世界互动。在2013年举行的第五轮中美战略与经济对话上，我方同意以"准入前国民待遇和负面清单"为基础与美方进行投资协定谈判。推行"准入前国民待遇"，开拓了我国对外开放模式的全新领域，从而促进经济体制的改革以及全面改革。目前国际上已有70多个国家采用"准入前国民待遇和负面清单"管理模式，我国应在考虑现处经济阶段、监管体系国情的基础上，借鉴国际通行制度办法，主动开放，将上海自贸区营造成一个符合我国国情可推行效仿且能立足世界，具有竞争力的国际贸易平台，并在广东、福建、天津复制上海自贸区框架后，积极推进后面一轮又一轮"可复制"的进程。当然，要真正做好自贸区，需要各地大胆试验，着力打造高标准法治化营商环境，完善市场体系，同时提升金融服务业的薄弱环节，特别是目前外资比例还较低的文化、教育、医院医疗等领域都应该对内和对外开放，企业的社会责任、环境能源的可持续发展、知识产权保护等方面，都须不断提升水准。

坚持深化供给侧结构性改革 📌

需求侧经济增长动力回顾

多年以来，关于宏观经济学理论，从经济学新兴学科（如发展经济学、制度经济学、转轨经济学等）到新兴流派（如货币学派、供给学派、新自由主义等），无一不重视研究经济增长动力的相关问题。传统宏观经济学关于经济增长的需求侧"三驾马车"动力解说，曾长期被奉为圭臬。然而，若细心观察不难发现，从 2008 年美国应对金融危机时在宏观调控中采用一系列具有针对性并产生关键性影响作用的"供给管理"措施，到中国全面深化改革时代决心加快推进的经济结构调整和供给侧结构性改革，这些过去并未在主流教科书中被注重、但已在实践中极其举足轻重；看似不合"华盛顿共识"金科玉律却在经济实践中产生重大实效的供给管理调控手段，已合乎逻辑地引发学界的讨论，对"三驾马车"究竟是否经济增长根本动力的讨论也包括于其中。我们所致力构建的新供给经济学已有的观察分析可告诉人们，仅从需求侧看重"三驾马车"并将其认作经济增长的动力，认识远非完整，因为经济发展动力的认知框架，需从需求侧对接供给侧的结构性动力机制的构建，才能得以完成。

追根溯源，凯恩斯在《就业、利息与货币通论》中强调的主要是"有效需求"这一概念，宏观所指，为总供给与总需求动态均衡中有支付能力的总需求，由此而产生的经济增长"三驾马车"理论中所强调的消费、投资、净出口三大动力，自然相应地指向消费需求、投资需求和外资需求。在短期视野和投资、消费、储蓄三部门框架下，传统宏观经济学理论认为有效需求总是不足的：消费者边际消费倾向递减会导致消费需求不足，资本边际效率递减和强流动偏好会导致投资需求不足，并认为这是形成生产过剩危机并导致高失业率的直接原因。加入开放因素分析后，传统宏观经济学理论在四部门框架下认为净出口需求受到实际汇率的影响，而影响程度最终取决于该国出口商品在国际市场上的需求弹性和国内市场对进口商品的需求弹性，总而言之，最终仍落脚在需求侧。

但侧重于需求的以上认识，并不妨碍我们对经济增长"三驾马车"理论做出一个新视角的定位，即其认识框架实已体现了需求侧管理也必须面对结构性问题，即光讲总量是不够的，必须对总量再做出结构上的三块式划分与考察，这当然可称为是一种认识深化与进步的体现。从灵感源自马尔萨斯需求管理的凯恩斯主义开始，宏观经济学强调的就是侧重于总需求的有效需求层面，并随着微观经济学理论分析框架的更新而抽象为大家所熟知的AD—AS（总需求—总供给）模型。20世纪80年代，以美国经济学家弗里德曼为代表的货币学派强调的实际上就是通过货币总量来调节宏观经济。而以消费、投资和出口为核心的经济增长"三驾马车"理论，则使一直以关注总量为己任的需求管理实已展现出结构性特征。虽然都是基于需求侧的分析，但是从以俄罗斯籍经济学家希克斯的相关研究而抽象产生的宏观经济学模型开始，IS—LM（希克斯—汉森）模型和IS—LM—BP模型显然通过产品市场的决定、货币市场的决定以及开放经济的决定为需求管理拓展出更为广阔、也理应继续得到认识深化的结构性空间，其相关研究也使需求管理得以更好地力求"理论联系实际"来满足宏观调控需要，并实际上在需求侧已难以解决调控当局必须面对的结构性问题，所以会合乎逻辑地延展到"供给管理"问题。

按照经济增长"三驾马车"理论，人们已结构化地将消费、投资和净出口视为需求侧总量之下应划分出来认识经济增长的"三大动力"：从动力的源头追溯，人类社会存在和发展的本原层面的"元动力"，当然是人的需求，有需求才会继之以生产活动来满足需求，从而产生供给。也是基于这种"元动力"的认识，才有把需求总量作三分的"三动力"即"三驾马车"认识。凯恩斯主义的分析得出：由于消费需求、投资需求和出口需求构成的有效需求总是不足的，所以认为政府应当通过宏观调控手段刺激总需求，同时还不得不具体处理消费、投资和出口间的关系，从而才可实现宏观经济增长的目标。这一认识框架的内在逻辑，实已指向了一个重要判断：必须把对应三方面需求的结构性响应因素——供给的方面纳入研究，但在传统经济学中这一框架隐含的（非内洽的）"完全竞争"假设下，在绝大多数经济学家那里，这种应继续努力探究的供给侧分析认识，却被简化为"市场决定供给结构并达于出清"而无须再做分析的处理。

无论如何，三大"动力"说赋予需求侧管理以结构性特征，使其得到了注入新鲜活力的新发展。沿着 IS 曲线所表示的投资决定，LM 曲线所表示的利率决定，以及 BP 曲线所表示的实际汇率决定，经济增长"三驾马车"理论推动传统宏观经济学在继 AD—AS 均衡之后，走向 IS—LM—BP 的均衡。相应地，落实到宏观调控政策主张方面，也从原来的强调总量调节合乎逻辑地发展到通过货币政策和财政政策带有结构性地刺激消费、投资和出口需求来实现宏观经济增长的政策主张层面。回归到经济实践中，甚至更加灵活地表现为结构性地调整三大"动力"中的某一个或者某两个，以此来达到弥补一方或两方的疲软，在权衡中最终均衡地实现经济增长的目标。这一点，我们一方面在全球经济宏观调控范例中可得印证，比如 2008 年美国金融危机后相继爆发欧债危机，发达国家市场遭受重创，以中国为代表的新兴市场一致感到出口需求严重不足，从而大角度转向拉动内需、加大国内投资与消费来实现经济稳定增长；另一方面还可在学界对宏观经济的讨论中常年关注三大"动力"在短期与长期中作用的比较、正负面效应、调控手段等等讨论中认识其无可回避性和可观的分量。因此，三大"动力"分析认识对需求侧管理的贡献已无须赘言。

需求侧的增长动因在供给侧

消费、投资和出口只是需求作为经济增长的"元动力"而可进一步做出结构性认知的分析框架，只要沿着"结构性"的角度继续深化认识，就会发现仅在需求侧并不能够真正完成动力认知这一悖论，这强烈呼唤着对与之相对应的供给侧的结构性动力体系与机制的探究。

　　显然，"三驾马车"所强调的消费、投资和出口需求三大方面的分别认知，只有联通至消费供给、投资供给和出口供给，才有可能对应地成为各自需求的满足状态，其中蕴含着由需求侧"元动力"引发的供给侧响应、适应机制，或称其所派生的要素配置和制度安排动力体系与机制。

　　在经济增长动力的全景图上，首先，我们当然应该肯定需求的原生意义，人活着就会有需求，有需求才有各色各样被激活的动机和满足需求的创业、创新活动。但特别值得注意的是，这些创业、创新活动的动力实已传到、转移到供给侧，供给是需求元动力（"第一推动力"）之后由响应而生成的最重要的"发动机"与增长引擎。事实上，人类从茹毛饮血时代发展到今天，已看到科技革命产生巨大的生产力飞跃，创造着上一时代难以想象的供给能力，同时这些原来让人难以想象的供给，并没有充分满足人类的需求，原因在于人类作为一个适应环境进化的物种来说，其需求是无限的。正因为如此，现实地推动人类社会不断发展的过程，虽然离不开消费需求的动力源，但更为主要的支撑因素从长期考察却不是需求，而是有效供给对于需求的回应与引导。在更综合、更本质的层面上讲，经济发展的停滞其实不是需求不足，而是供给（包括生产要素供给和制度供给）不足引起的。在其中一般而言，要素供给（如生产资料、劳动力、技术供给等）是经济层面的，与千千万万的微观主体相关联；而制度供给是政治社会文化层面的，直接与社会管理的主体相关联。人类的长期发展过程正是因为不确定性的科技创新产生一次次科技革命，带来一次又一次生产力的提升，也进而推动制度安排的一轮又一轮改革和优化，使总供给能力一次次大幅度提升，促进并保持了经济的长期发展和趋向繁荣。人类的供给能力现实地决定着人类的发展水平，也正是因为这种原因，我们可划分人类社会的不同发展时代：狩猎时代、农业时代、工业时代、信息技术时代，以后随着生物技术的不断飞跃，我们还可能会迎来生物技术时代。与之相呼应，人类社会经济形态与制度框架上经历了自然经济、半自然经济、自由市场经济、垄断市场经济和"混合经济"的各种形态，包括中国这个世界上最大发展中经济体正在开拓与建设的"中国特色的社会主义市场经济"。我们所处的当今时代，全球化的社会化大生产所具有的突出特点，就是供给侧一旦实现了成功的颠覆性创新，市场上的回应就是波澜壮阔的交易生成，会实实在在地刺激需求增长。这方面例子已有很多，比如乔布斯和他主导创造的苹果产品，再比如"互联网电子商务与金融"这种带有一定颠覆性特征的创新等等。这些动不动就席卷全球的供给侧创新，其真正作用是引导式改变——引领市场潮流和生活方式，改变产品市场的数量、机制、构造和联系，调动与释放了需求的潜力，当然也改变了需求的种类、范围、激励和方式，体现在宏观经济中一定是形成增长的动力。

供给侧针对结构性问题

接下来，我们自然而然、合乎逻辑地应当特别注重供给侧投资的特殊性、针对性和结构特征。需求侧强调的投资需求，概念上还是总量中的"三足鼎立"的一足（即"三驾马车"中的一驾），而一旦表现为对应投资需求的投资供给，便成为生产能力的形成与供给，成为消费和出口的前提，并天然地要求处理其具体的结构问题——事实证明这恰恰不是传统概念的需求管理就能够完全处理好的。在市场发挥"决定性"作用的同时，只要不是纯理论假设的"完全竞争"环境和完全的"理性预期"行为，政府的供给管理就必不可少，而且在实践中往往还会表现为决定性的事项（可观察美国应对世界金融危机的关键性举措）。仅刺激或抑制投资需求，并不能就同时解决好了结构性问题，必须同时处理好投资的结构优化政策与机制，达到基于结构优化形成的投资质量与综合绩效的提升，才形成势必推动经济增长的动力（发动机）。比如，当下中国进入"新常态"增长的最关键投资动力源，就包括应当启动以增加有效供给的选择性"聪明投资"，来实现"补短板、挖潜能、转主体、增活力、提效率、可持续"，以达到投资拉动经济增长的意愿目标。至于外贸的出口净值也绝不属于需求管理可直接解决的对象，真正应抓住的，是在全球化进程中的自身结构优化，以及不断提升国家综合竞争力。

消费供给、投资供给和出口供给，实际上构成了供给侧的动力机制，这种动力机制带有非常明显的结构性特征。与需求侧的均质、可通约明显不同，供给侧的产出是千差万别、不可通约的产品和服务，以及以各种特色表现的必须具体设计、鲜可照搬的制度供给——产品服务供给的升级换代产生"供给创造自己的需求"的巨大动力，制度供给的优化更会带来"解放生产力"的巨大"引擎"与"红利"效果。"物"的供给能力的竞争，也相应地呼唤着与之匹配"人"的利益关系视角的制度供给优化竞争。而通过上述这种与需求侧"元动力"相对应的供给侧的结构性动力机制的优化构建，我们才能促使经济增长的"动力体系"浑然天成又升级换代。

总结上述，"三驾马车"的实质是需求管理由本义的"总量调控"开始引入结构性认知框架，作为重视"结构性"的成果，这一认识有利于更好满足宏观调控需要，但仍然在理论与实践的互动发展中表现出其局限性；这种把消费、投资、出口的划分看作通过需求管理促进经济增长的"动力"即"三驾马车"式表述，既有所得，又有所失：得在确实拓展了需求管理的范畴，失在这种"动力"在需求侧难以自我实现；这一得失悖论势必引导我们将探究目光转向供给侧，与需求侧"元动力"相对应的、回应为消费供给、投资供给和出口供给综合形成的供给侧产出及相关的制度供给，才是真正形成了经济发展中至关重要的供给侧动力机制体系。突破需求管理局限而助力经济增长，亟须推进经济学理论在供给侧研究的创新——在不完全竞争这一更符合真实世界情况的大前提下，认识和把握以物质要素的供给和制度安排的供给所合成的动力源。

经济学理论有关经济增长问题的研讨，可以看作一个还在不断深化揭秘的过程，我们基于一直以来对供给侧的关注所带来的分析认识，可将认识结论定位为：需求侧"元动力"之上认识进一步形成的"三驾马车"，其实在动力全景解释上已无适用性，必须对应、联结供给侧的动力机制构建，因而也必然引出比在需求侧的分析认识复杂得多、艰巨得多的经济学理论创新与政策优化设计任务。

供给侧结构性改革应从非竞争性要素着手

供给侧结构性改革有两方面要义，一是对人与自然关系的调整优化，二是对人与人关系的调整优化。落实到生产要素上，技术是对人与自然关系的本质反映，制度是对人与人关系的本质反映，同时在新经济背景下，信息在反映人与人、人与自然关系的两大分部都将迸发巨大的潜能。因此，从非竞争性要素入手，加强制度的改革和技术的创新，挖掘信息要素的经济潜力，是我国在新一轮经济革命下抢占先机实现弯道超车的必要途径。

深入推进供给侧结构性改革要求我们跳出照本宣科的固化思维，将非竞争性要素放在实践视角之下进行考量。对于当前经济中存在的问题要有清醒的认识，对于这些问题，我们不能视而不见，而应当以问题为导向建立相应的制度供给，以积极的态度破除新动能培育过程中的阻力。同时由于非竞争性要素的"质变特性"，在制度供给的过程中要做好新旧动能转换衔接，保持政策定力和自信，明确供给侧结构性改革的全局性、长远性和战略性，防范化解经济转轨时期可能出现的各种重大风险，实现迈向新经济的平稳过渡。概而言之就是在有效的制度供给和方向引领下，激发技术创新活力，抓住新兴要素提供的历史性新机遇，实现供给侧结构性改革的长远胜利和理性实践。

重新思考"创新驱动"

不论是理论工作者还是实际工作者，所普遍认可的"创新驱动"，显然是一种关于发展动力的描述和认知，但如果放到需求侧与供给侧的分别考察中，便可知实指供给问题。因为需求是永无止境的，即是"永新"而"无新"的，调控管理所讲的有效需求，只能是指有货币支付能力的需求，即可通约总量状态下的有支付意愿与能力的需求，这无所谓其"创新"含义；唯有到了供给侧，创新才是有实质意义的、必然具体细分（即结构化）的、且不确定、千变万化的，因而特别需要制度激励。在一般而言的经济发展中，供给侧的调控管理均不可回避和忽视，对于后发、转轨的经济体，供给管理的重要性还往往会更为突出，比如中国，在特定阶段上和历史时期内，以制度供给统领的全面改革式创新驱动，必然成为其可持续增长的现代化过程能否如愿实现的"关键一招"。

现代经济生活中所体现出的供给侧功能的提升，绝非仅仅停留在古老定律所表达的一般产品概念层面，而是越来越拓展到供给侧的全方位，包括从汽车、电脑、互联网、智能手机等技术创新所带来的产品创新，到电商模式、共享经济等由技术、产品创新所带来的模式创新，实际上都属于供给侧范畴，有些创新落脚在供给侧所供给的对象层面，有些创新落脚在供给侧所供给对象的生活方式层面，但诸如此类不胜枚举的例子中，最具能量的属于供给侧的颠覆性创新。

类似的种种由供给侧所可能带来的颠覆性创新，往往划分了不同阶段乃至不同时代，对于中国的意义特别突出。中国追求现代化的过程，按照"三步走"这一战略构想愿景目标的实现过程而言，现在直观上仍是追赶，"大踏步地跟上时代"，实际上是借助于后发优势，形成综合性现代化水平的提升，最终是要实现"后来居上"的赶超。而要真正实现像中国这样的后发经济体现代化、后来居上的赶超，供给管理特别值得关注。因为这里面具有丰富的可选择性空间，不像需求管理是单一指标的，亦"循规蹈矩"常规化的，按照反周期框架做总量调控即可——需求管理方面在总体框架上大体是认知比较成熟的，但对于后进经济体在真正发挥相关多元主体的潜力和可能的活力方面，空间是有限的。反之，和需求管理可优化互动的供给管理和供给侧鼓励创新的空间却是巨大的。这样就可以回到最早萨伊所说的"供给自动创造需求"来做一轮新的阐发——对此中国的理论界过去曾经给予批判，如归为"庸俗经济学"，但是这话语里面却含有合理的成分，就是带有破坏性创造、颠覆性创新特征的供给，确实有可能塑造市场、引领市场，释放和创造出大量的可对应需求，是"升级换代"式阶段性提升的关键因素。假如没有苹果产品，很难想象市场上会有这么大的需求潜力释放空间，而有了乔布斯主导的苹果产品以后，移动通信附加多重实用功能被普通社会成员由"用户体验"所接受的形势一下进入了一个"升级竞争"的境界。互联网金融现在表现出的某些东西是过去传统金融里无法想象的。"宝宝"软件和叫出租车连在一起，几秒钟之内就可以通过手机完成支付。余额宝和信用卡连通了，也跟理财产品实际上连通了，它承诺可以一天算一次利息，很零碎、细小的资金也无妨，赚多少钱自动结算，它的利率水平曾差不多是理财产品的水平，但绝对不是活期储蓄的水平了，受到低端散户的高度认可，从而打破了原来的金融产品格局，客观上也在助推金融改革新阶段的到来。

中国正处于上中等收入发展阶段，力求跨越"中等收入陷阱"，对接全面小康和伟大民族复兴"中国梦"的历史任务，我们更应以世界金融危机发生之后的经济学反思为重要的思想营养，以宏观经济进入"新常态"为当下背景，切实考虑在"如何实现供给侧的结构性动力机制优化构建"上做好文章、下足功夫，即以调结构、促改革，创新驱动，把握好理性的供给管理。

制度供给的突破："改革是最大的红利"

供给侧研究可引出的一个重要视角和对于中国的特别意义，在于经济、社会转轨中的制度供给问题。一旦在制度供给上有突破，打开的空间就表现为所谓"改革是最大的红利。"

在处理生产产品满足消费需求的同时，必须注重解决供给侧生产什么、如何生产的问题，以及在什么制度、机制下生产的问题。对于中国经济社会转轨来说是特别有意义的是"制度供给怎么样"，这是我们从矫正经济学过去总体认识里需求侧与供给侧不对称性的"破"之后，特别要"立"的第一点。接下来的第二点，要有一些必须明确树立的支点，比如说把非完全竞争作为深入研究的前提确立起来，因为这是资源配置的真实环境。过去完全竞争的分析有很多的理论贡献，但是，在现实生活中，这些假设和实际情况之间又存在明显的不对应，可比喻为它只是一个所谓1.0版的模型，回到现实必须把它升级为2.0版、3.0版。一系列回避不了的供给侧问题，就必须引入我们的分析，虽然这种分析要困难得多。有很多过去注重需求侧时很好处理的经济学问题，现在变成了难题，比如说过去经济运行问题上可以一句话打发掉的"一般均衡中或者反周期调控中市场机制自然解决结构问题"——现在这话仍然有重要意义，但同时，在中国可预见的很长发展阶段中，追赶—赶超的现代化战略要求我们必须在充分发挥市场作用的同时，明确地在非完全竞争支点上，超越"自然解决"框架，在市场并不足以决定一切的时段和事项上，诸如以财政为后盾的政策性金融等，"区别对待"地发挥支持结构优化的作用。第三，应顺理成章提出市场、政府、企业、非营利组织各有所为并相互合作，是优化资源配置的客观要求，包括中国以后一定会发展壮大起来、现在已经很有这方面的动向和意愿的"第三部门"，就是非政府组织、志愿者组织、公益团体的培育和发展。在公私伙伴关系PPP等等概念下，进一步探索推进政府、企业、非营利组织共赢、多赢创新的制度与机制，是供给侧的非常重要的一个观察点和研究导向。在诸如推进城镇化、应对老龄化的一系列公共工程上，动员政府之外的其他主体包括企业、中介机构、社会上的非政府组织等，介入其间，运用创新空间巨大的PPP机制，以更好地处理资源优化配置问题，在中国"后来居上"的现代化赶超中，优化制度、机制供给的全局意义是非常明显的。第四，我们应强调制度供给充分引入供给侧分析后，要形成有机联系、打通物与人两个视角的认知体系。对以"中等收入陷阱"等为代表的一系列具有"居安思危"现实意义的问题，亟须做出有针对性的解释、分析和应对，如从资源环境制约（如雾霾问题）到人际关系制约（如收入分配问题）的矛盾凸显认识分析，引出合格的"对症下药"的建设性意见，并纳入全面配套框架。

第 十 三 章

Chapter thirteen

"多规合一"脱离"陷阱"

　　关注经济增长与发展，人们的视线很难离开"城市"这一概念。不同时期的城市侧重不同的功能，但总体而言，这些功能都体现在经济和社会两个层面。在生产要素和相关资源更加充足的地域，经济发展水平不断推动"市"的形成，从而也推动"城"的发展，进而发挥更多的社会职能。

思考的起点 📌

全面、协调、可持续的发展，需要高水平的国土开发规划。政府牵头提供的这种"规划的供给"，是供给管理与供给体系的极为重要的内容。所谓规划，首先就是从地上地下大系统的空间结构入手，通过组织供给来处理生产力结构和社会生活结构中区别对待和通盘协调问题的解决方案。形成综合要素供给体系这种规划供给必须前置，并以其带出供给管理的全过程。新古典框架主要通过对交易的地理模式、交易效率及分工水平之间关系的研究，阐述城乡之间人的"自由迁徙"的重要作用。运用新供给经济学分析框架，看待布局不合理所带来的经济社会问题，则必须提出其一般都在很大程度上带有突出的结构失调特征，仅仅通过需求侧的总量调节势必收效甚微，尤其是城镇化进程中产生的瓶颈制约，只有通过供给侧有针对性的管理举措，内含于具有统筹安排全局要素功能的顶层规划，才能解决这种结构性问题。在国土开发中由于"地皮"独占性所带来的自然垄断因素，客观地要求政府以规划这种"供给管理"手段防范、摒除空间布局优化上的"市场失灵"。中国"三步走"现代化赶超战略的指导下，经济历经30余年高速增长，先行的工业化与相对滞后的城镇化的基本国情及其相关的复杂的结构性问题，也势必赋予规划更突出和更具挑战性的供给管理属性。从国内视角看来，中国目前规划前瞻性不足、水平不高的表现及影响值得高度重视，经济赶超战略下的城镇化与城乡一体化对顶层规划所应体现的高水平供给管理具有迫切要求。从国际视角看来，世界范围内典型地区和城市的规划提供的实践案例（巴黎、巴西利亚、日本）均已表明，无论城市规划、都市圈规划或是区域规划，规划先行下"多规合一"的顶层规划都应成为供给管理的重要原则与手段，这样才能通过要素供给的优化配置切实缓解经济增长和发展过程中产生的诸多结构性问题。

关注经济增长与发展，人们的视线很难离开"城市"这一概念。不同时期的城市侧重不同的功能，但总体而言，这些功能都体现在经济和社会两个层面。在生产要素和相关资源更加充足的地域，经济发展水平不断推动"市"的形成，从而也推动"城"的发展，进而发挥更多的社会职能。基于土地而设计其上各种功能区、设施和生产生活条件建设的方案，这项工作就是规划。人类社会发展到一定阶段之后，政府所牵头的规划事项当首先处理的是中心区的城市规划。

可认为明确地起源于英国维多利亚时期的规划学科，在规划主体、规划内容、规划方法等诸多方面进行了深入研讨。西方的城市规划学在很大程度上为中国城市规划工作奠定了理论基础。然而，尽管这些规划可谓"事无巨细"，但其特别值得注意的概括性问题还是引发我们的思考：一个统筹全局的"顶层规划"，自然是一种"社会工程"，正如钱学森教授所言，"范围和复杂程度是一般系统工程所没有的。这不只是大系统，而是'巨系统'，是包括整个社会的系统"，它"是与环境有物质和能量交换的，是一个开放系统，其复杂性就在于它是一个开放的系统，不是封闭的系统。"[①]"顶层规划"的用语源于工程学中的术语"顶层设计"，本义是统筹考虑项目各层次和各要素，追根溯源而统筹全局，最终在最高层次上寻求问题的解决之道。用在国土开发利用的空间规划上，当然其广义就是罩住其一切要素的通盘设计。"顶层设计"的内涵可说较"总体规划"更丰富，表达更形象：它具有将各

---

① 吴志强、李德华：《城市规划原理（第四版）》，中国建筑工业出版社，2010年，第223页。

个层面、各个视角的规划有机联通的含义。这种整体把握的系统性联通或称贯通,实际上应落实在中国现阶段已经开始注意到并且正在强调与践行的"多规合一",在相关理论探讨的基础上,绝非是简单地将已有的各个层面进行汇总,而是要真正形成"社会工程"的系统化"升华版"规划,这种规划是一种全面的供给活动与供给体系解决方案,依托于对供给侧优化规律的认识,来力求高水平地编制和实现。

西方规划学理论反思 📌

现代城市规划学科自16世纪建立以来,关注焦点集中于城市空间布局、改造、重建与景观等工业与技术视角。经历1961年以简·雅各布斯为代表的社会学批判后,西方规划学科加入社会学视角,开始进入综合发展阶段,并随着全球化进程而更加关注世界城市与永续发展问题。然而,如对西方规划学发展脉络做一综述,我们认为其一直未很好解决的问题,就在其浅尝辄止的经济学层面。

发展实践中不难发现,在西方,规划学作为一门问题导向的学科,源起于社会中心区域快速发展中在交通、卫生、供水、住房等领域出现的尖锐矛盾,通过"规划"这样的手段,实现资源配置的组织与协调,从而力争消除或者抑制聚居式发展所产生的消极影响,增加推动有序发展的积极影响。在将建筑设计、技术发展、管理科学、生态环境等学科和方法引入规划范畴之后,规划学已经具有相对成熟的体系。然而,规划学一直以来并未很好解决的问题,恰恰是与经济学规律的有机组合。正如经济规划是作为城市规划"红线"而存在,本来不可分割的城市规划与经济规划,其间往往悬而不决的割裂问题,也正集中体现为中国经济发展实践历经"黄金增长"后的"矛盾凸显"之一。城市的产生可说源自最初的分工与随之而来的专业化,分工使交易成为可能,专业化使交易得以长足发展。分工与专业化的组织安排也开始以一种看得见的制度规则的方式存在,那就是经济生活中所必然形成的城市相关规划与安排,这种较农村更为先进的制度规则代表和推动着人类文明的进步，因为其又是新技术、新业态产生的土壤。如盎格鲁—亚美利加这样的先进地区之所以先进，不仅是为后起之秀们提供了产业范式与新技术，而且提供了可供参考的国土空间规划与安排范本。然而，以第一次工业革命为开端的技术飞跃在推动人类经济社会大步前进的过程中，也以生产力进步不断改变着自己曾经诞生于斯的城市面貌，倒逼原有城市规划与安排瓦解式重建，并促成生产关系的演变而改变分工与专业化的原有形态。城市人口的增长，不仅源自产业结构演进而产生的大量人口逐利式聚居，而且源于人口出生率的提高与死亡率的降低，社会问题则往往随着人口在城市中并不均衡的增长而变得更加尖锐。简·雅各布斯的批判，正是建立在对城市所形成的制度究竟将所达成目标指向哪些利益团体的思考之上，而自此，城市制度供给者再也不能继续奉行鸵鸟政策，规划学理论自身及其在发展中国家的实践，均亟待有效结合经济学视角和系统论思维，继续深化探索。

规划的经济学理论基础 📌

西方规划学所认同的城市规划本质功能，在于消除或抑制发展带来的消极影响，并增进其积极影响。正如简·雅各布斯所问："在你还不知道城市是如何运行的、需要为它的街道做些什么之前，你怎么能够知道如何来应付交通问题？"对这一问题的思考正是探索"城市无序的表象之下存在着复杂的社会和经济方面的有序"[①]逻辑之所在。经济学以自己的视角认识城市相关问题的起始远早于现代规划学，从"城"和"市"初具雏形开始，经济学家们就给予了颇多关注，如色诺芬注意到大小都市生活中分工程度的不同[②]，威廉·配第论述分工与生产率增长和成本降低的联系[③]，亚当·斯密

---

① ［加拿大］简·雅各布斯：美国大城市的死与生（纪念版），凤凰出版传媒集团、译林出版社，2006年，第7页、第15页。
② ［古希腊］色诺芬，色诺芬注疏集：居鲁士的教育，华夏出版社，2007年，第420页。
③ 威廉·配第：政治算术，商务印书馆，1960年，第24—25页。

对分工的系统分析[①]，马歇尔对产业集群、分工集聚及报酬递增的研究[②]等。本文就此试从以下五个方面梳理和勾画了基本认识。

政府规划关联于经济学原理中的市场失灵范畴 📌

现代城市规划学的代表人物大都奉行空想社会主义，从托马斯·莫尔的乌托邦、康帕内拉的太阳城、罗伯特·欧文的新协和村到傅立叶的法郎吉理念，都在规划对象的所有制方面强烈主张公有制这一实现形式。若试从经济学角度考评这一源起，则可更多看出主张者们欲站在更高层面上对有限资源进行统筹安排，以实现更加合理规划的追求与意愿。以西方发达国家作为观察对象，工业革命以后，其工业化得到飞速发展，而在此过程中，经济社会问题亦不断凸显：城市人口压力巨大、贫民窟比比皆是、交通拥挤不堪、生态环境不断恶化……从巴黎到伦敦，从欧洲到美国，历经工业化发展阶段的发达经济体，无一不在发展的道路上遇到类似的困扰。由此可见，如同收入分配差距这一问题一样，经济增长亦不能自动解决规划不合理的问题，且在经济发展过程中，收入分配差距的过大往往还能够通过城市中随处可见的贫民窟得以体现。这种市场机制调节不力，恰是经济学原理中所强调的市场失灵。无论是城市规划、城乡区域规划或是都市圈规划等，所提供的成果更多属于公共品范畴，所提供的运转机制则往往囊括诸多正负外部性，而私人部门往往由于视界较窄、较短和信息不对称，加之空间配置一旦形成不动产再作调改则代价极高甚至不可能，引发"试错"机制难以解决好的"市场失灵"。所以，基于经济学原理对规划主体定位，应当主要是政府部门充当规划的牵头人与主持者。当然，从规划的产生到规划的最终落实，全套流程势必是政府机制与市场机制共同作用的结果。特别值得注意的是，针对某些特殊问题，政府由于受到利益集团绑架等因素的影响，也会出现失灵，此时以非政府组织（NGO）为代表的第三方主体的介入往往能够成为使相关规划做

① 亚当·斯密：国民财富的性质和原因的研究，商务印书馆，1974 年，第 2—9 页。
② 马歇尔：经济学原理，商务印书馆，1981 年，第 90—114 页。

得更好的促进主体（例如：1923年，美国纽约为了实现多行政区划共同联合的区域规划，跳出政府的公权范畴，以矩阵组织的形式成立了区域规划委员会，即以NGO的身份参与并落实纽约地区的区域规划）。

发展经济学强调的后发优势阐释后发经济体对顶层规划的诉求

借鉴发展经济学视角看待不同要素，对于某区域、某个城市而言，土地是不可流动的、不可再生的垄断资源，而人口和资本是可以流动的，制度、技术、信息等则都是具有网络共享特征的，可加以综合运用。实际上，经济发展过程中工业化与城镇化阶段性不匹配时常发生。工业化由技术发明和创新来引领，创新的技术首先应用于生产领域，即首先表现出对工业化的推动，由此而产生的城镇化诉求的实现（满足）过程，往往表现出滞后的特征，这种滞后通常一方面表现为对经济增长产生制约，另一方面则表现为社会问题层出不穷。城市的形成和发展，通常遵循其内在逻辑而呈现一种出生、成长、成熟、平衡（衰退）的生态演变，而经济发展在赶超战略的作用下，则可能"压缩"这一过程。由于主要表现在技术层面的后发优势的存在，以中国为代表的、经济赶超战略推动的、超越一般自然生态演变而带有加速工业化特征的经济体，其工业化过程所经历的时间长度被大大缩短，加之本来就存在的城镇化滞后，所以由于错配而引发的矛盾势必表现得更为突出和集中。

与此同时，发展中国家普遍存在的城乡二元结构，也随工业化的不断深入而依靠城镇化进程来弥合。加速工业化进程中对城市规划前瞻性的高要求，超越一般自然发展、带有共享特征的对非竞争性要素的模仿和学习，表现为经济增长目标更多需要依靠成功的顶层规划来实现，因为通盘规划基本已无试错空间，一旦不成功，十之八九是落入"中等收入陷阱"的命运。

鉴于此，中国作为发展中经济体和转轨经济体，顶层规划至少有四项基本要求须同步落实：一是顶层规划总体方向应牢牢把握住"以经济建设为中心"，即为实现现代化全期的经济赶超战略服务，这就要求对都市区、城市群、产业集群的规划基于经济组织的发展、演变规律基础上；二是顶层规划要打足提前量，再对有必要进行规划的相关支撑条件进行全周期科学预测，从而适应后发赶超的工业化与城镇化，降低高速发展过程中基础设施建设等的更新率（当然这需要投融资机制创新——如 PPP 的有力支持）；三是顶层规划应充分加强对技术要素的重视和组合，一方面通过规划营造适于供给侧技术创新的土壤，另一方面将可用的一切新技术覆盖于规划中，将技术红利充分融入发展进程，为未来技术应用留足动态优化的空间；四是顶层规划应把握全球化进程中"经济增长极限"的思想，特别关注自然资源与生态环境的制约，实现人类社会的永续发展。后发经济体可能运用的"后发优势"，在很大程度上关联于其能否通过"高水平顶层规划"的历史性考验。

空间经济学与制度经济学基于"交易"描述城市静态均衡

从经济现象上看，城市产生实际上源自分工形成后生产的聚集作用，并在交易的聚集作用下不断升级。聚集过程形成的中心区被称为城镇和工业区，非中心区则被称为乡郊、野外和农村。这就形成了带有明显结构特征的区域结构、空间布局结构的问题。空间经济学的已有认识是，城镇化是一个城乡资源空间配置问题，资源在空间中的配置结构首先是一种自发演进的有机体，并随着专业化组织与分工的不断升级使城市更具交易的前提条件。福基塔—克鲁格曼模型证明，农业是土地密集型的，所有农民必须分散居住在农村地区，而工业品不是土地密集型的，所以制造业可以集中在城市；以工业品为需求对象，农业与工业不同的空间布局导致城市居民之间的交易成本更低而农民与城市居民之间的交易成本更高。工业生产本来就比农业生产的效率更高，越来越多的制造业者选择居住得更为集中，从而导致城市的出现[1]。盛洪[2]注意到以交易为联通点的空间经济学与制度经济学的联通：由于城市显然是较农村更具效率的地理区域，在市场理性的作用下，交易行为

---

[1] Fujita M. and P. Krugman, When is the Economy Mono-centric: Von Thunenand Chanberlin Unified, Regional Science and Urban Economic, 1995, 25（04）

[2] 盛洪：交易与城市，制度经济学，2013 年，第 3 期。

的聚集空间显然更多集中于城市，而有限的空间在不断集聚的作用下产生拥挤外部性；与此同时，制度经济学认为交易能够带来交易红利，正是无数经济人对这种交易红利的追逐导致人群的集聚，而集聚进一步产生市场网络外部性；以交易为联通空间经济学和制度经济学的基点，最优解产生于拥挤成本与交易红利的均衡，而城市的经济密度和规模也由此来决定。

新古典研究框架强调城镇化进程中的"自由迁徙"

杨小凯在利用新古典分析框架对城镇化问题进行解析时，认为一个地理集中的交易模式节省交易成本的潜力，取决于分工的水平，因为交易效率不仅取决于交易的地理模式，而且取决于分工的水平，反过来，分工水平也受到交易效率的影响。所以交易的地理模式、交易效率及分工水平具有交互作用。在有关城乡二元结构及弥合过程的解释中，认为随着交易效率的提高，城市和农村将会出现一个非对称的分工的转型阶段，此时城市居民的专业化与生产水平、人均商业化收入水平及商业化程度都比农村居民高，自由迁徙将保证城乡之间人均真实收入的均等化，而随着交易效率的进一步提高，这种用生产力和专业化水平差距表示的城乡二元结构将被充分及平衡的分工所取代，此时城乡两个部门之间的生产力和专业化水平将趋同，城乡二元结构也就随之消失①。

新供给经济学解困：供给优化腾挪城镇化及城乡一体化永续发展空间

如上所述，观察城市均衡规模的平衡点试图建立在交易红利作用下的网络外部性与拥挤外部性交点，弥合城乡二元结构的关键则在于非对称分工转型阶段后城乡两部门生产力和专业化水平的趋同。至此，最值得注意的要点已不言自明：无论网络外部性还是拥挤外部性，其实在经济运行实践中间都不是一个静态项，而是随着城市规划水平的高低呈现变化；且城乡二元结

---

① 杨小凯：发展经济学：超边际与边际分析，社会科学文献出版社，2003 年版，第274 页。

构弥合过程中两部门生产力和专业化水平趋同,势必要通过城乡之间所谓的"自由迁徙"来实现,而迁徙是否自由的关键,则恰恰在于随城镇化进程人口不断向城市集中的时期,是否能够达成非常合意的规划而在实现城市生活有序运行的前提下提供足够巨大的容纳空间。"交易""自由迁徙"所涉及的中心区不动产、基础设施建设,具有较长周期的特点,一旦形成某种格局,还会"自我锁定"某些基本的匹配关系,若以"试错法"的逻辑来解释其结构优化状态的达成,便与实际生活中的客观制约情况相冲突,即"改错"的社会代价将极其高昂,甚至是不可能的——往往只可将错就错在其后的"增量"因素上去"找补"(试观察时隔半个多世纪后,人们以何等沉重的心情回顾北京城建规划"梁陈方案"的夭折和当下不得不作的新一轮"京津冀一体化"规划)。虽然缘起是自发的,到了一定集聚度或趋势表现以后,就一定需要"规则先行"式的社会集中规划。在市场对资源配置起决定性作用的运行机制下,单从需求侧进行考察或者不区分需求及供给两侧进行总体考察,都很难解决这一困惑,而若这一其实来自土地"自然垄断"属性及"市场失灵"的困惑不能得到解决,那么经典理论探讨所想要达成的经济发展结果也就并不能实现。鉴于此,我们认为必须运用结合了发展经济学、制度经济学视角的新供给经济学理论来解困。

新供给经济学所强调的供给侧关注,是建立在市场机制于资源配置中总体上起决定性作用的基础上,进而特别要聚焦关注的是需求侧总量视角下和"完全竞争"理论假设下于非完全竞争的现实生活中难以解决的那些结构性问题。采用新供给经济学的分析视角,不难发现:即使市场机制正常运行,甚至是以可达到的最优均衡水平运行,城市中心区许多供给也不能够满足需求,这是城市发展中常常碰到的问题,也是难以保障城市有序的核心原因,这一矛盾随着特大型城市越来越多,尤其是千万人口规模以上城市在发展中经济体越来越多,"城市病"的种种矛盾也日趋突出而表现得更为不可回避。以汽车这一产品为例,其生产者和消费者构成供给侧和需求侧的两端,按一般理解,汽车的供给数量显然应当与人口数量线性相关,但是汽车的更多使用所带来的除了其产量的需求，更重要的是还带来了对道路、停车场、加油站等公用基础设施的需求，针对这些需求的供给并不像一般产品供给那样可以随机分割并通过市场竞争充分提供。市场机制主导下汽车交易行为的增加，不仅仅对规划当中基于"给了张三就不能给李四"的地皮之上公用基础设施的供给提出了要求，而且也对相关资本供给、能源供给和生态环境可持续供给等等方面提出了系列要求。以汽车为例可以举一反三：通讯、管道、水电气网状系统，医院学校、产业园区之点状群式布局等等无一例外，都会对城市相关的供给产生综合性的要求，这些领域总体协调成龙配套后不可分割的"一揽子"组合式供给，所运用的基本要素，首先就是基于同一块已既定的国土面积上的自然垄断性质的公共资源——地皮。所以，随城市发展，由社会权力中心牵头人为做出"顶层规划"的迫切性越来越明显，相关种种不动产配置必涉及的工程须依"建筑无自由"原则而放入规划的笼子，越来越成为各国实践中的基本遵循；规划水准的高低，也越来越成为经济社会发展中所不能忽视而必须超越"交易""迁徙"眼界给予特殊对待和处理的事项；"规划先行""多规合一"也就自然而然已成为并将继续成为人类社会国土空间利用领域的主潮流。在规划领域，实际上我们早已经通过各个专项规划试图对国土空间进行统筹使用，例如：国民经济和社会发展规划、城乡建设规划、土地开发利用规划、生态保护规划以及公共交通、市政设施、水利、环卫、文教医疗等专业规划，并由各有关部门承担编制、执行，但在诸多因素的共同作用下，这些基于规划全局可用土地的功能区和公共资源配置框架，必然具有非常明显而复杂的结构关系，如何让这些非均质的千差万别的因素得到合理衔接和搭配，是一个典型的在供给侧有机结合实现通盘结构性优化的问题，也正是新供给经济学视角下市场机制难以充分发挥作用但又必须与市场机制对接、兼容的领域。显然，通过顶层规划合理安排所涉及的各种要素，为国土的城镇化和城乡一体化永续发展腾挪空间并激发经济增长活力，这一通盘优化问题已成为必须应对的严峻挑战，对于发展中经济体，其挑战性质实亦关联如何克服困难凸显、力求跨越"中等收入陷阱"的历史性命题。

从中国看顶层规划的供给管理属性 📌

所谓规划，首先就是从地上地下大系统的空间结构入手，通过组织供给来处理生产力结构和社会生活结构中区别对待和通盘协调问题的解决方案。我们认为这实质上就是形成综合要素供给体系必须前置的规划供给，并以其带出供给管理的全过程。中国现阶段城乡发展中的经济社会问题，在很大程度上都带有突出的结构性特征，仅仅通过需求侧总量方面的调节和市场自发的要素流动，在国土空间格局优化上势必收效甚微，尤其是城镇化进程中产生的"城市病"等相关问题，更多表现为中心区及周边发展中所面临的瓶颈制约，这种制约的缓解只有通过供给侧有针对性的管理方略和手段，首先是具有统筹安排全局不同要素功能的顶层规划，来争取充分利用发展空间和提高社会综合绩效。

中国规划前瞻性不足、水准不高的表现及影响

中国基础设施和与基本公共服务供给在前面几十年的一大教训，是规划缺乏前瞻性与有效统筹，主要体现在以下三个方面。

第一，因"顶层规划"层面提前量和统筹不到位而不得不在短期内重复施工。作为基本公共服务设施的重要组成部分之一，上下水管道系统和类似涵管、光纤等的建设及翻修窘境，近几十年来在全国多个城市最为人们所熟知。这些多埋藏在地下而与城市道路交通系统并行、共存，一旦涉及建设或翻修，需要对城市道路"开膛破肚"。在前瞻性和统筹规划不到位的情况下，各地被老百姓称为"马路应装拉链"的现象屡见不鲜，每多做一次路面的挖开和复原，必多一次为数可观的固定成本投入，同时每一次整修所带来的停水、停电、交通堵塞、环境污染等问题又必给公众生活带来诸多不便，引发不满和抱怨。与城市道路交通系统并行的地下管道系统通常有自来水、污水、供暖、地热、光纤、光缆等等，各种管网系统在地下盘根错节、错综复杂，且分别归属于不同的专业管理部门，哪一个系统出了问题，都扯动别

家，免不了大动干戈。至于某处立交桥因净高不足在建成使用不到十年时就不得不炸掉重建、某个地标建筑因设计不周在短短几年内经历"热闹非凡的剪彩，颇费周章的拆除"，与上述情况皆属同类。每次建、每次拆和每次再建，都创造统计上表现"政绩"的GDP，但总合起来绝不是人民之福，实成民生之痛。除以上的市内中心区典型问题案例外，随着中国道路交通的发展，高速公路建设中也明显存在某些前瞻性不足问题。北京最长、最繁忙的干道线路之一八达岭高速，建成没几年光景，便开始出现经常性的堵车，到后来，八达岭高速公路似乎已经不适合称之为"高速""一堵九天"的例子使公众视为畏途而又无可奈何。当年沈阳—大连间的沈大高速，刚建成时还有人批评"超前了"，没几年却面对拥堵而不得不全线封闭，让施工力量重新进场全程增建车道，历时一年有余，百姓怨声不绝。"江苏—上海"的沪宁高速，建成没几年就塞车严重，因不敢再用沈大路封闭施工的加宽模式，改为逐段单边双向行驶在另一边加宽的施工方案，同样怨声如沸。有了这么多的教训，亟须反思：若在修建当初，能够将建设的前瞻性与财力预算安排更多地体现"提前量"，算总账下来要合算得多。实践已反复证明：基础设施和公共服务条件建设中，既要注意防止过度超前、大而无当，又要防止提前量不足、反复折腾，但这几十年最主要的教训是来自于提前量不足的方面，原想可以紧打紧用节省一些，结果是很快落伍，不得不折腾，反倒劳民伤财。

不时听到有人批评中西部欠发达地区高速路建设超前了，因为"路上空空荡荡，没有几台车"。对此需从全局规划视野认清：高速路作为准公共产品客观上需要在全国尽快成网，这个网在东部发达地区可以密一些，在中西部欠发达地区可以稀疏一些，然而一定要成网，由此才能以这种准公共产品性质的基础设施支持欠发达地区加快发展，调控、缩小区域差异，因为"要想富，先修路"正是反映着通路、通高速对于相关欠发达地区加快发展的先导性和支撑性：路刚开通时，主要是外面的车辆去这些欠发达地区收土特产等，但会带入商品经济意识和市场观念、示范作用，其后本地一些"能人"会加快原始积累过程并仿效着经商与创业加工，也会由租车跑生意发展到自己买车做生意，路上跑的车辆也就会越来越多了。

第二，轮次间供给满足需求的区间较短而不得不频繁升级。基本公共服务设施"需求供给双方达到均衡"，意味着该基本公共服务设施恰好满足公众真正所需。如按照时间序列在一定时期内连贯观察，基本公共服务设施的供给相对于需求，大体上呈现这样的轨迹：伊始表现为需求高涨，政府着手组织供给，总规模适度大于需求，或至少使供给与需求达到均衡，其后需求又高涨，下一轮供给侧的条件建设不得不再度开始。若前瞻性较高，从"供给大于需求"过渡到"需求供给双方均衡"的区间持续时间较长，下一轮供给开始的时点可以较晚，在全周期内公众满意度较高，从长期看其综合性绩效水平也较高，但对于每一轮次的集中投入规模要求亦较高。任何供给主体的投入能力都是有限的，所以这种设施条件建设只能分轮次逐步"升级换代"地进行。由于规划水准和前瞻性不足是主要问题，中国目前基本公共服务设施建设项目施工后供给满足需求的时间段较短，这在一定程度上表现了初级阶段国力支撑较弱，而同时也往往反映着前瞻性不到位，从现象上表现为短期内便需要扩建或重建，并以公众满意度的损失等造成社会代价。首都机场扩张工程二十几年内不得不上马三次，是典型案例之一。

第三，部分地域配套事项明显滞后，使综合效益无法如愿发挥。转轨时期基本公共服务设施前瞻性欠缺的另一个突出表现是配套要素到位相对滞后。例如，某些城市近年目标规定下的棚户区改造和保障房建设能够按时竣工，但部分地区供暖、燃气等配套系统并未随之落实。在廉租、公租房小区内，群众子女入托和入学、老人赡养以及就近就医等问题，也未得到配套解决。再如，在一些边远县、乡镇和欠发达地区，政府"金"字号工程既已落实，各项补贴转入"人头卡"内，而群众因缺乏金融网点难以取现的情况也时有发生。所以在基本公共服务设施落实的概念内，需要有必需配套事项的长远打算和足够的前瞻性，才能因地制宜、发挥建设项目的正面效应，真正满足民生所需。基础设施和基本公共服务条件建设缺乏前瞻性带来许多问题：一是重复建设造成的资金浪费，提升规模时往往需要更大规模资金支持；二是给公众生活带来的不便与不满，包括：反复施工给公众生活带来的负面影响，供给滞后使公众满意度降低；三是为"寻租"增加机会，甚至导致"越寻租—前瞻性越差—越不规范—越易寻租"的恶性循环，等等。

经济赶超战略实施中的城镇化迫切要求顶层规划

以上规划前瞻、统筹不足的问题，实际上正是经济赶超战略实施中城镇化滞后于工业化的突出表象之一。城市诞生伊始，大都是"孤岛"式的存在，城市的较小规模决定着对规划没有过高的要求，且城市之间看似都是规划者可轻易利用的广阔空间。然而，城市作为经济增长的引擎，会粒子加速器式地见证要素利用中乘数效应的实现、反复实现和更快实现，引擎动力带动下的经济社会产生的量变和质变，促使城市群落的生态问题快速显见。城市绝非一个封闭系统，而是一个开放的巨系统：城市发展所需的要素不仅来自其系统内部，而且来自外部，这个外部开始是指相邻区域，后来随着全球化时代的到来注入新内涵，扩展至更大的地理范围；城市发展所产生的无论正外部性或是负外部性，都有至关重要的影响，这种影响可以是将固体垃圾排入城市周边的农村，也可以是将技术扩散至落后的城区或将创新的产品交换至农村。与现代城市规划起源时期不同，这种内部颇具成长性、外部广泛联系性的城市生态系统，恰已构成了中国城镇化进程的最重要背景，而中国在此阶段上显然已不适合再走发达经济体曾经走过的、在较落后技术基础上、在较缓和交互影响背景下的规划老路。

此外，中国极为特殊的基本国情所形成的多方约束，也决定着经济赶超战略下的中国城镇化必须从顶层通盘把握。

首先，中国城镇化进程面临作为最大发展中国家弥合二元经济走向"共富"过程的严峻现实挑战。由于自然和历史原因，中国是世界上最大的多民族城乡二元经济体，改革开放以来，虽力求通过首先允许一部分地区、一部分人先富起来而走向共同富裕，但意愿中的"共富"进程明显滞后，并由于主要的制度变革尚未到位，城乡二元特征仍然十分明显，区域差距和居民收入及财富差距有所扩大，最发达的东南沿海、北上广中心城市景象堪比发达国家，而广大的中西部一些地区则形似贫穷落后的非洲国家。如何将城乡、区域差距和居民收入差距、财产差距保持在各方面能够承受的范围内，已形成一种严峻的挑战，并将深刻地影响、联动发展进程中的供给环境与机制优化问题。

其次，中国城镇化进程中必须考虑"半壁压强型"的巨大能源、环境、空间压力约束。在"胡焕庸线"①所提供的重要认识线索下，中国高度集中于东南沿海一带的人口密度、汽车空间密度及能源空间消耗密度等，形成了明显的"半壁压强型"资源、能源耗用及相伴随的环境压力，再加上前些年"压缩饼干式"和粗放式外延型经济发展阶段中超常规的高峰期密度提升系数，又再加上中国资源禀赋条件决定的基础能源"以煤为主"伴生的异乎寻常的环保压力，势必引发高压力区和高压力阶段上基础能源禀赋结构叠加，可持续发展矛盾凸显，其所形成的"非常之局"，使得以供给管理"非常之策"调整结构、优化供给环境、释放增长空间的任务，越发迫切和不容回避。

第三，"中等收入陷阱"历史性考验阶段。"中等收入陷阱"作为一种全球统计现象，是真实世界中的"真问题"，更是一个在中国"十三五"及中长期经济社会发展过程中关乎现代化"中国梦"命运的顶级真问题。基于1962—2013年全球数据，对成功跨越"中等收入陷阱"经济体的路径进行研究，可得到相关结论：成功者跨越"下中等收入陷阱"期间GDP增长率均值则至少为8.50%，跨越"上中等收入陷阱"持续时间均值为15.9年，

---

① 由胡焕庸教授于1935年提出，其以黑龙江瑷珲和云南腾冲为两点确定的直线，将中国领土划分为东南和西北二部（故亦称"瑷珲－腾冲线"）。该线倾斜约45度，以该线为界，当时东南半壁36%的土地供养了全国96%的人口；西北半壁64%的土地仅供养4%的人口，二者平均人口密度比为42.6：1。随着以后年月里人口普查工作的陆续进行，相关数据显示，60余年间东南部人口的绝对数值则由4亿多增长为12亿多，但占比较1935年只减少了2个百分点（数据口径均不包括中国台湾）。截至目前，已历70年的发展过程中（包括多轮次的"支边"等），"胡焕庸线"这条"神奇的中部主轴"对中国人口分布格局所揭示的内容则基本未变。

这期间 GDP 增长率均值为 5.08%；中国前面跨越"下中等收入陷阱"持续时间为 14 年，GDP 增长率均值为 9.87%，表现不错，但今后在"十三五"及中长期将面临跨越"上中等收入陷阱"的严峻考验。国际经验还表明，中等收入经济体成员在试图摆脱"下中等收入陷阱"和"上中等收入陷阱"的过程中，不乏出现"晋级—退出—再晋级"的反复。我国如何避免这种问题，顺利走出中等收入陷阱的潜在威胁，又伴随有国内外一系列矛盾纠结和棘手难题，特别是渐进改革"路径依赖"之下制度性"后发劣势"的可能掣肘。这是摆在决策层及全体国民面前一道严肃的历史性考验课题，并对优化供给环境和机制提出了重大要求。

我们认为，中国中等收入发展阶段所强调的规划，即"顶层规划"，与西方所研究的规划学范畴相较，应是比城市规划、区域规划更高层次的通盘规划安排，是在囊括事无巨细的规划学所研究范畴基础上加入更丰富的经济学认识，带有国情针对性和追赶—赶超战略目标的全套开发安排，实际上也是一种"以非常之策破解非常之局"的重要的制度安排与设计方案供给。区域规划一般分为以城市为中心的区域规划和以整治落后地区、开发资源为目标的区域规划，相关的国土规划、主体功能区规划、都市区规划、城市群规划等类型，实际上从要素、对象、关系等方面显示城市规划的内容层次。而与先"自然发展"、再针对性规划的西方发达经济体不同，中国目前城镇化所处的时代背景和国情约束势必要求总体上的规划先行，这里所指的规划绝非仅停留在城市规划或者区域规划层面，而是综合各个维度需要覆盖一切相关因素的顶层规划。而且，这种规划绝非各特定子规划由各部门制定后简单捏合就能"内洽"的，特别应当注重其打通各项的逻辑联系，在规划学基本原理基础上，特别注重经济学相关理论成果的融汇。在所有相关因素的通盘考虑下，我们认为，政府应力求从供给侧优化视角搭建大系统控制框架，为达到"多规合一"的高水平提供可行路径。

顶层规划过程正是设计与组织供给管理的过程

基于新供给经济学的分析框架，"规划"的实质可被重新定义为，是从国土空间结构着眼，通过组织供给来处理生产力结构和社会生活结构中区别对待和通盘优化协调的过程与方案，即通盘供给管理的过程与蓝图。规划中必然涉及、覆盖产业结构、技术经济结构、功能区间的结构、企业布局和产业集群结构、物流中心与网络结构等等生产力结构，一旦其基于国土空间布局的厂房、路网、地下管网等不动产的落地及相关要素的投入得到实现，就自然而然地再难以随时随意实现自由流动与调整。在城市产生和发展的自然过程中，这种空间上的选择起初都是市场主体本身决策，且在规模效应、聚集效应等的作用下，市场主体的规模结构、产业的技术结构等都在不断发生变化，同时，市场个体在生产、交换、分配、消费过程中形成的空间布局结构伴随需求的产生以及供给的回应而形成初级阶段的试错式调整，在城市发展过程中还随经济增长自发形成富人区与贫民窟的分隔等等，但很快会有试错不能解决的难题出现：人口激增后环境恶化；个体理性却自发地形成了布局上的集体无理性；城市中各类不动产布局失当的矛盾问题不断累积，等等。通常便以强制性的旧城改造、城区扩大、城市重建等规划活动来做出重新安排，进而实现生产要素的有序供给，减少发展过程中的成本与制约，这实质上就是一种供给管理中掌控空间布局结构的过程。这一点在发展中国家的特殊性更为突出，因为发展中国家已有借鉴先行国家相关经验教训的"后发优势"，可以从一开始就把这种空间上的结构选择主体明确为政府；在实践操作中表现为地方为达成经济发展目标所进行的招商引资等，是在政府已经通过的国土开发等相关规划基础上进行的；与此同时，产业的培育、技术进步的推动、经济区域的协同发展、企业空间位置布局可能产生的聚集效应等等，实际上都建立在当地政府相关规划的基础之上。不仅如此，与生产力结构相关的市政基础设施结构也必须被囊括在规划范畴之内，从住宅区布局到交通、供电供热、给排水、文教卫生、生态环境等配套系统的建立健全，越来越带有包罗万象的特征。这就对全局视角下的顶层规划提出了更高的要求。从中国与国际经济社会发展实践来看，不论多么细致的专项规划，若不能实现供给侧的多种规划有机结合及合理衔接、匹配，必不能达到供给优化的目标。

回顾新供给经济学对"供给管理"的定义及其内涵的阐发，作为与经济学理论框架中"需求管理"相对应的概念提出的这一概念，合乎逻辑地强调于供给侧机制中多样化而理性的政府作为，特别注重与政府产业政策、区域政策等相关联的结构优化，强调增加有效供给的宏观调控①，也包括有针对性的财政政策、货币政策供给以及制度供给。顶层规划的过程是供给管理的过程，顶层规划正是应当作为供给管理的重要手段来加以认识和定位的。

顶层规划这一供给管理活动的牵头主体应是政府

西方社会、也包括中国学界不乏对于政府充当规划主体角色的怀疑与抨击。"我发现整个 20 世纪，不仅仅是现代文明摧毁了前世留下的大多数建筑结构，在我们和过去之间挖掘了一条巨大的鸿沟，而且更糟的是，在每一个大陆，我们都采用了一种毁灭性的文化，这预示着我们将丢失更多。"②作为纽约市地标保护委员，安东尼·滕（Anthony M. Tung）明确表示在权利、贫困、政治等因素的影响下，以政府作为规划主体造成城市保护无力。不仅如此，西方规划学某种意义上正是起源于对政府作为城市规划主体无力亦无意解决大量贫民窟等社会问题的质疑。如彼得·霍尔所言："城市规划运动早期的许多远见，尽管不是全部，都源于在 19 世纪的最后数十年和 20 世纪初盛极一时的无政府主义（Anarchism）运动……当这些理想付诸实践时，往往是讽刺性地通过他们所憎恨的国家官僚机构来实施的。认为城市规划具有无政府性质。但其后的各国实践，却大同小异地由政府运用其强制力，牵

---

① 贾康、苏京春：新供给经济学，山西经济出版社，2015 年，第 66 页。
② ［美］安东尼·滕：世界伟大城市的保护：历史大都会的毁灭与重建，清华大学出版社，2014 年，第 1 页。

头形成规划后予以实施。现已形成为全球主要经济体的通行做法。

与西方发达国家相比，中国更是如此不同，在由计划经济转向市场经济的同时，全面践行经济追赶—赶超战略，在社会主义市场经济体制认识中将市场由"基础性"升为"决定性"作用的进程中，国民经济黄金增长期的工业化飞速推进，同时暴露出城镇化的滞后及其水平的低下。这种经济发展显然是超越自然过程的发展。基本国情势必将供给优化手段中的顶层规划推上至关重要的位置，也势必将顶层规划的供给主体锁定为政府牵头。

顶层规划是市场失灵领域的供给，这一失灵绝非表现在需求侧无力，而是基于土地的自然垄断和不动产布局调整的极高成本，无法便捷形成供给的回应机制及其优化结果，表现为结构性问题的瓶颈制约，有必要由政府进行针对性的供给管理来统筹协调。综合来看，"城市病"等等如仅以市场作为基础、以企业主体为依托，会因为眼界过于微观而落入竞争式试错的僵局，无法解决总体布局的高水平合理性问题，如基础设施规划的协调性与打足"提前量"问题，水、电、气等等多种网管的"准公共产品"充足配置问题……因此，顶层规划是在多种综合要求之下，政府（针对跨区域规划则更多是指中央政府、针对跨国规划则是指各国政府协调）必须牵头承担的重要职能。当然，在顶层规划下，势必有更多细分的城市规划、专项规划、专业规则等等，表现形式必然是一般已成既成事实的"建筑无自由（少自由）"式的管束、审批之类。当然，这些顶层规划框架设计及供给优化原理下的布局，也必须与市场机制的充分发挥作用兼容和对接，其规划实施过程，也越来越需注重PPP（公私合作伙伴关系）式的发挥市场主体作用来进行公用设施建设。

从国际典型案例看规划供给管理的实践及实现路径 ✐

国际和历史双重视角下，世界诸多著名城市区域的规划都颇具借鉴意义。综合看来，无论城市规划、都市圈规划或是区域规划，国际案例可证实"多规合一"的顶层规划作为供给管理的重要手段，能够通过实现供给侧的优化来化解经济增长和发展过程中已经产生或即将产生的诸多结构性问题。

从规划到顶层规划的巴黎供给管理案例：奥斯曼规划及"奥斯曼"
回归

正如爱德华·格莱泽所言："纽约是一场有些混乱但十分精彩的爵士
乐即兴演奏会，杰出的音乐家们对于他们身边正在发生的事情只给予了最微
不足道的关注，而巴黎则是一首精心创作的交响乐。"① 巴黎这座城市的规
划工作多年来被全球各界奉为典范。巴黎得益于两次大型综合规划工作，一
是 19 世纪拿破仑三世统治时期奥斯曼男爵主持的对巴黎的重建，二是 1966
年戴高乐时期保罗·德罗维耶主持的对巴黎的改造。其中，后者更是为现代
城市规划树立了标杆。

奥斯曼主持对巴黎的重建，总结来看有四个关键要素：法治框架；旧
格局的破除；迎合时代感的交通体系重建；公共空间的创新。巴黎很早就有
关于土地利用的法规，且在 1589 年制定了建筑法规，相关规划设计（比如：
建筑的高度限制）都必须在法治框架下进行，尽管有批评认为这对整体重建
工作带来限制，但这也使得相关工作在可循边界内得以顺利开展。为了破除
旧格局，奥斯曼拆除了圣日耳曼德普莱街区的修道院监狱且砍伐了卢森堡公
园的一部分树木，将这些区域纳入整体规划方案。在电梯还没有出现的年代，
奥斯曼大量使用了当时较高的建筑，并通过修建更宽、更直的街道来适应公
共汽车和蒸汽火车。布洛涅森林公园等公共空间的创新，为市容市貌加分不
少，同时也为居民提供了追求健康生活的环境条件。

1966 年的改造发生在饱经二战之苦后的巴黎，与奥斯曼花了 17 年
的长时间代价不同，保罗·德罗维耶仅用 7 年就完成了改造。此次规划
充分体现了前瞻性，在大区域内综合地、整体地体现了各专项规划的有
机结合。巴黎此次改造的特点可总结为四个方面：第一，未来人口的预
测。在规划之前，规划组对人口进行的预测是，20 世纪巴黎地区的人口

---

① ［美］爱德华·格莱泽著，刘润泉译：城市的胜利，上海社会科学院出版社，
2012 年，第 142 页。

将从 900 万增加到 1400 万—1600 万之间。第二，待建区域的划定。在预期人口大幅膨胀基础上，规划组认为应当划定一个巨型区域，作为改造巴黎的待建区域。第三，建设模式的选择。在巨型尺度上，规划组没有严格模仿霍华德·阿伯克隆比在大伦敦模式中创建的卫星城模式，而是采用斯德哥尔摩式的卫星城模式，在更大的区域、以更大的尺度来开展。紧邻内城西侧的拉德芳斯作为最大的一个卫星城，至今都是巴黎都市圈内最著名区域之一。第四，交通系统整体布局。由于准备在大区域范围内创建巨型卫星城市，交通系统的整体布局成为整个规划能否成功的关键，实际上，这也正是此次巴黎改造的亮点和核心所在。由于规划地域广袤，涉及人口众多，保障城市运转效率的关键在于公交是否能够实现高效，巴黎规划并建成的是当时世界范围内最为先进的高速交通系统，具有通勤铁路的特点，可以在短时间内长距离运输旅客，从而使巨型区域规划之下的各卫星城之间、卫星城与内城中心成功融为一体。巴黎的整体改造规划中，交通系统建设方面开支巨大，公路总费用达到 290 亿法郎，中心区公共交通 90 亿法郎[1]。与此同时，大区域规划下新住宅的建设，办公楼、购物中心等等的匹配，对经济社会发展产生了巨大的不动产溢价乘数效应。

产生于顶层规划的巴西利亚：静态与动态理性看待两极评价

尽管巴西利亚于 1987 年 12 月 7 日已被联合国教科文组织确定为"世界文化遗产"，但是对其总体规划的评价却因其近似准柯布西埃的特性而经常得到近乎两极的评价。对巴西利亚的负面评价主要集中在这座城市的规划建造过于"乌托邦"，没有进行相关的人口预测、经济发展分析、土地使用规划，甚至没有模型和制图，交通运输、阶层固化等细节问题的不良处理，也给城市规划带来了一些负面评价。然而，持赞赏态度者认为，对巴西利亚规划的评判更应放在其时所处的历史背景中，巴西利亚为当时巴西加快内地开

① ［英］彼得·霍尔著，童明译：明日之城：一部关于 20 世纪城市规划与设计的思想史，同济大学出版社，2009 年，第 360 页。

发和经济社会发展贡献巨大，且不可否认的是，在卢西奥·科斯塔对其的规划之中，土地利用分工明确，功能清晰，布局合理，便于组织居民生活。作为城市设计史上的里程碑，巴西利亚几乎是在"一张白纸"上对居民区、行政区、建筑物等做出通盘设计规划，还匹配建立国家公园、阿瓜斯·埃曼达达生物保护区、依贝格和加瓦萨瓦多自然保护区、圣巴尔托罗摩和德斯科贝托环境保护区等自然景观，集中体现了城市和谐并全面彰显了城市总体规划的强大与有效。

从较狭隘的两极评价中跳出来看，巴西利亚这一原本只有 20 万人口的城市，经过总体而言成功的城市规划吸引了大量人口，迅速成长为巴西四大城市之一，是依靠顶层规划实现的。这种规划并非像世界许多城市那样主要进行旧城区的改造，而是在近乎"白纸"式的开发区建造一座行政中心功能为主的新城。正如世界遗产委员会评价所言，"城市规划专家卢西奥·科斯塔和建筑师奥斯卡·尼迈尔设想了城市的一切"，巴西利亚的规划正体现了经济发展规划、国土规划、功能区规划、生态环境规划的有机结合，是所谓"多规合一"的现实版典范。然而，与此同时，值得我们注意的是，相比旧城区改造规划，巴西利亚新城的创建显然具有更大的空间优势，基于此进行的科学布局与想象力的发挥，在极小程度上受到限制，这是全球许多待改造城市都并不具备的先决条件。此外，没有哪一次规划能够一劳永逸，随着新城的成长，人口、车辆、住房以及诸多配套设施的需求和供给系统势必更加错综复杂，比如现阶段看，巴西利亚的交通规划，已经由于过多的车辆而与当初所建高速公路期待的高运转效率出现了矛盾，诸如此类的发展矛盾未来还可能在方方面面出现。

多轮顶层规划下的日本：经济赶超下城镇化的典型范例

东京是全球人口承载量最大的城市区域之一，主城及周边所承载的人口规模高达 3600 万，但这个在全球范围内不多见的大首都、超大型城市，同时也是全球生产效率最高的城市区域之一。

通盘看，日本共进行了五轮"全综"规划，每一轮都是典型的顶层规划，通过供给管理有针对性地化解发展中不断产生的结构性问题，焕发整体经济社会增长和发展的活力。第一，1947—1973年期间，日本经济经历高速增长的黄金期，年均增速在9%以上。1960年前后，日本重化工业高速发展，沿海工业带形成。基于"国民收入倍增计划"中提出的"太平洋工业地带构想"引发太平洋沿岸与非太平洋沿岸之间的矛盾。1962年，以地区间均衡发展为目标，日本开始进行全国性综合开发计划（简称"一全综"），通过规划东京、大阪、名古屋、北九州四大工业基地在地方层面的扩散，试图达到缩小收入差距、区域差距、实现国土均衡发展的目标。第二，1969年，日本通过第二次全国综合开发计划（简称"新全综"），在发展相对稀疏的地区，规划建立了大工业基地、大型粮食基地和大型旅游基地，推动劳动密集型工业产业向太平洋沿岸集中。"新全综"囊括通盘的网络规划（包括信息通信网、新干线铁路网、高速公路网、航空网、海运网等）、产业规划（包括农业基地、工业基地、物流基地、观光基地等）和生态环境规划（包括自然保护、人文保护、国土保护、资源适度开发等）。通过信息网络和交通网络成功连接"城市点"，实现了"城市面"的战略性整体开发。第三，1977年，日本以"三全综"主要对居住问题进行顶层规划，以同时推动历史及传统文化复兴、自然与生产生活和谐、抑制人口与产业向大城市集中等为规划内容，建立新的生活圈，为第三产业的健康发展培育良好环境，地方经济得以振兴。第四，1987年，日本的"四全综"以分散型国土开发规划和交通网络规划相配合，以顶层规划有效缓解了东京发展极化问题。"四全综"是加速日本"后工业化"进程浓墨重彩的一笔，在国土规划的基础上要求：全面铺设交通网，建立"全国一日交通圈"；全面铺设通信网，切实提高各个中心的连接能力；全面铺设物流网，以高效的物流服务加强中心之间的连接；在广域、圈域内同时建立社会治理网络，全面防范社会安全问题。可以说，"多规合一"的顶层规划推动和保障了日本多中心的过渡和实现。第五，日本1998年全国综合开发计划是由"硬件"建设向"软件"建设转变的标志，在既成规划网络和布局基础上，以行政、居民、志愿者组织、民间企业为合作规划主体，进行了生产生活环境的全面提升。

顶层规划下所完成的供给管理是经济增长与发展的关键之一

以上典型国际案例首先证实，无论是在老牌发达国家法国的首都巴黎，还是通过后发追赶最终成功实现赶超的日本，或是同为发展中国家巴西的首都巴西利亚，无论是城市规划还是区域规划，关键时点所开展的重大规划，供给管理的主体都是政府。殊途同归的选择再次向我们印证了一个结论，那就是中国在以经济建设为中心的历史阶段，尤其是经济赶超战略践行中攻坚克难的发展阶段，顶层规划的牵头主体只能是政府，这一点应毋庸置疑。

本文所选取的巴黎、巴西利亚和日本三个典型案例，其顶层规划供给管理过程最终达成的具体目标各不相同。从巴黎的案例来看，供给管理的具体手段是以政府为主体进行的城区重建和改造，其有效地、针对性地解决了战后工业化建设进程中大量移民和农村人口无处安居、住房短缺、配套设施不齐全、缺乏改建空间、土地资源利用率不高等一系列当前发展已经存在及后续发展可能面临的经济社会难题，尤其保罗·德罗维耶主持完成的城市改造，是一个立足于更高层面、针对更大区域、融汇了各个专项规划的典型的供给管理解决方案，最终将人口、不动产、资源能源、土地等诸多要素进行了空间上的重新分布，并通过专项规划成功实现了空间分布相对分散要素的联通。与巴黎的旧城改造不同，巴西利亚则较为极端地体现了通过顶层规划这一供给管理过程，能够从供给侧完成"城"的建造和"市"的搭建：在"城"的建造方面，巴西利亚独特的建筑风格受到世遗组织的褒奖；在"市"的建造方面，则颇具极端色彩地突出印证了新供给经济学所强调的"供给创造需求"，在规划这一供给管理过程完毕之后，相关链条上的要素得以在短时间内涌入、运行、互动、发展。中国最值得重视的通过顶层规划供给管理实现发展优化的典型案例当属日本，同样顶着经济赶超战略实施中先行工业化与滞后城镇化错配的压力，日本坚持通过五轮"全综"系列规划逐步理顺了供给侧发生结构性问题的关键要素，"全综"这一名称及其实际内容，也就是我们所强调的"多规合一"的顶层规划。沿时间纵轴综合来看日本的各次顶层规划，其接续之间呈现出鲜明的螺旋式上升特点，这也印证了通过供给管理对解决供给侧结构性问题、真正实现供给侧优化的动态特点与动态平衡规律性。

特别具有价值的细节，是针对人口要素的处理。无论是巴黎极大扩充自身辐射区域后通过高效率的通勤交通维持原中心城市的高效率、日本通过建立交通网络实现人口要素流动的畅通，还是巴西利亚并不完美的公路规划致使城市运行出现阻滞而遭到诟病，交通运输系统无疑都是城市运转效率的保障，同时也是区域发展、大城市功能优化的前提条件。从国际经验来看，四通八达、密度足够且立体化的网状公共交通以及交通运输体系，以现代化交通工具提供人口与要素便捷流动，是提升城市承载能力的重要基础条件。

"规划现行、多规合一"顶层规划的供给管理对策建议 📌

我们一直所强调的规划，首先就是从地上地下大系统的空间结构入手，通过组织供给来处理生产力结构和社会生活结构中区别对待和通盘协调问题的解决方案，实质上就是形成综合要素供给体系必须前置的规划供给，以其带出供给管理的全过程。基于此，中国现阶段必须先行且走向"多规合一"的顶层规划至少应考虑环境、层次、逻辑和模式四个方面。

环境：实现法治框架下的规划先行

规划必须从全局、长远视野注重经济社会发展的生态演进，发展中经济体更应注重践行经济"追赶—赶超"战略过程中城镇化与加速工业化匹配方面特别应当打出的"提前量"。这种前瞻性之意并非在于所有规划都要在精确科学预测下做到丁一卯二严丝合缝，而是科学打出有弹性的"提前量"。这就要求顶层规划一方面做到避免规划中缺乏前瞻性导致很快出现严重供给短缺所引发的试错式沉没成本，另一方面做到可放可收。例如巴黎虽然在

1966年规划前期进行了人口预测，从而划定了巨型规划区域范围，但实践中，1969年突然爆发的经济危机和人口变化使原计划不得不重新调整，8个新城中的3个被取消①，其余的也相应缩小了规模，这样的调整并没有对整体规划造成过大的影响或阻滞，通盘规划只是缩小规模，而大部分综合功能仍然得以实现。

经济社会发展尤其是其高速发展进程中，最大限度上避免"试错—改错"巨大社会成本的有效手段就是"规划先行"，所有项目建设都应当建立在具有前瞻性，力求高水平的科学规划基础之上，法律所规定的规划权的行使决不能独断专行、率性而为、朝令夕改。顶层规划关系一个经济体通盘的经济增长和社会发展，尤其可说是关系到发展中经济体能否实现赶超战略目标，具体内容涉及一个经济体国土范围内从城市到农村的所有区域，在落实中涉及土地开发利用、生态环境、文教卫体、交通、市政、水利、环卫等各行各业各个方面。

层次：打开制度结节，开展先行的多轮顶层规划

现阶段，中国尤其应当在多轮顶层规划开展之前打开行政审批制度结节，达成"多规合一"的合意结果。截至目前，"行政审批制度改革"显然已经涉及更深层的系统性体制性问题层面，要从"减少审批项目的数量"推进至"真正使审批合乎质量要求"，真正达成法治化、系统化、标准化、信息化、协同化、阳光化，就必须结合"大部制"改革，实现政府职能机构的协调联动。除了提高行政法制程度，顺应精简机构的要求之外，更要扩充动态优化设计，以后择时启动整个"大部制"框架下的、行政审批的国家标准化工作，而后联通"规划先行，多规合一"相关工作的开展。多年来相因成习的由不同部门分头来处理的国民经济发展规划，形式上可以具体化到国土开发、城乡建设、交通体系、环境保护、产业布局、财政跨年度规划等等，

---

① ［英］彼得·霍尔著，童明译：明日之城：一部关于20世纪城市规划与设计的思想史，同济大学出版社，2009年，第361页。

都应该纳入"多规合一"的综合体系，并基于全国统一的行政审批信息数据库和在线行政审批平台里的有效连通，矫治多部门管规划、"九龙治水、非旱即涝"的弊端，提高政府决策的信息化和整合水平，并实现业务流程的优化再造。这样一个系统工程，设计不可能毕其功于一役。

经济社会是不断发展变化的，城市规划和区域规划，某一次的规划都做不到一劳永逸。尤其就中国的经济社会发展现状而言，所有发展中出现的矛盾和问题亦不可能通过某一次顶层规划全部解决，势必要通过动态处理结构性问题的多轮顶层规划逐步落实、解决。但每一轮顶层规划都应当建立在基于现状对未来进行力求科学预测的基础上，应积极利用先进信息技术（例如：云计算和大数据）进行国土开发功能预测、人口预测、产业发展及结构变动预测、资本增长及流动预测、各项需求的预测等，对人口数量和结构、产业总量和结构、环境压力和制约等等做到心中有数，再将这些合理地打上"提前量"纳入城建、交通、文教卫体、市政、水利、环卫等方面规划的考虑，从而最大限度避免沉没成本的发生和指导各种要素有序流动与功能互补、提高增长质量、社会和谐程度和发展可持续性。

逻辑：基于要素分类对"多规合一"的内在把握

立足于中国目前所处的中等收入发展阶段，沿经济增长与经济发展这一线索思考，如何通过顶层规划实现供给侧各项要素安排的统筹协调、结构优化，是"规划先行、多规合一"的目标所在。经济增长要素可分为竞争性要素和非竞争性要素，前者包括土地、劳动力和资本，后者则随第三次科技革命的爆发在以往所强调的技术和制度基础上，增加了信息。除了这些经济增长的动力要素以外，某一经济体发展过程中还存在制约要素，主要包括财政三元悖论制约、社会矛盾制约、资源能源制约、生态环境制约等。顶层规划，显然就是将以上经济增长要素与经济发展制约要素全部纳入系统考虑的一种通过供给管理实现供给侧优化从而促使经济活力最大化的手段。竞争性要素具有效用分割式专享、仅供有限使用的特点：土地要素总量固定、可流转其使用权但不可流动其形态；劳动力要素可流动、有变化，但其变化具有代际特性与职业黏性；资本要素可变化且可流动，但"一女无法二嫁"。特别值得注意的是，在经济增长中，土地要素对经济增长产生贡献的效应往往与交通网络有关，交通网络越发达，土地要素对经济增长做出有效贡献的能量（经济上可量化为"级差地租"）就越大。科技创新与制度供给，则大体或完全属于效用不可分割，受益无竞争性的"公共产品"。随着经济发展，无论采用发展经济学中所强调的弥合二元模式的城乡一体化这一说法，还是采用规划学中所强调的区域性、大都市圈或城市群这一说法，都是体现城市自身形态的升级，而这一升级于经济增长的要素支持效应方面，实际上就是特定国土空间上环境承载能力、多元要素流通能力、合意配置能力等等实实在在得到的提升。除了数量增长以外，国内外经济学家持续追踪的研究已经不断印证和揭示着非常竞争性要素的重要作用，以技术、制度和信息构成的非竞争性要素更多决定着质量增长的实现。技术的发明创造即人们所称的创新，其主体正是劳动力（人力资本）要素，在国内外学者对城市的相关研究中不难发现一个共识，那就是人与人思想交流碰撞中产生的智慧火花通常是创新产生的先决条件，而顶层规划下制度的通盘安排实际上决定着这种碰撞产生的概率，信息互联互通的程度则决定着多大范围内的智慧可以出现碰撞和同一范围内的智慧可能产生碰撞的次数。最后，经济发展的相关制约要素则决定着经济增长要素在多大程度上能够顺利发挥作用，顶层规划中应当尽量通过合理的供给侧安排减少经济增长制约。

我们现所强调的"多规合一"，实际上包括国民经济和社会发展规划、城乡建设规划、土地利用规划、生态环境保护规划以及文教卫体、交通、市政、水利、环卫等专业规划，即专门规划涉及的方方面面。从专项规划上看"多规合一"，城市通盘规划中的交通规划决定着城市的运转效率。由于能够切实缩短空间距离，城市交通规划同时也是都市圈、城市群规划能否形成的关键所在。城市生态环境规划目标在于通过规划实现人工生态、自然生态、环境保护与经济发展的有序组合和平衡，在稳态中实现城市和谐、高效、持续发展。城市生态环境规划在工业化时期,首先是体现制约特征,因为生态环境达标是劳动力再生产和社会成员生存与发展的基本条件,是不能击穿的底线,在后工业化时期,则颇具更高层次追求特征(如人文、生态视角的"望得见山,看得见水,记得住乡愁")。

模式:锁定不同发展阶段每轮顶层规划的主要矛盾

经济社会发展的不同阶段,其所面临矛盾的紧迫性会有所不同。"多规合一"的顶层规划下,每一轮顶层规划都应当首先锁定解决当时面临的主要矛盾。经济发展实践从国外经验来看,首先应当解决的矛盾,就是在原有产业布局基础上进行均衡性区域规划。就中国现状看,东南沿海以长江三角洲、珠江三角洲为代表的工业地带已然形成,东、中、西部发展不均衡、城乡发展不均衡。顶层规划首先应当考虑的是工业化相对落后地区增长极的培养、工业化中等发达地区城市点的扩大以及工业化发达地区城市辐射力的增强,这势必要求通过国土规划、产业布局规划、交通规划、环保规划及专项规划的合理衔接、合理搭配,形成有效合力。中国广袤土地上,经济发达程度还没有达到所有城市点能够广泛实现便捷连接的阶段,势必针对工业化程度不同的区域进行规划中重点的区别对待。

针对工业欠发达地区,可启动依托当地资源禀赋建立差别化工业基地的规划项目,工业化水平的提升势必吸引更多人口入驻目标城市,因此目标城市应根据工业、产业发展规划预测未来的人口增长、收入增长,并针对劳动力数量、人口结构及居民收入的预测,有针对性地配以交通、文教卫体、市政、水利、环卫等方面的专项规划。

针对工业化中等发达地区,可启动以几个"城市点"共同带动"城市面"的一体化规划发展。这一轮顶层规划,是基于由几个"城市点"所划定的大区域共同构成"都市圈",而其最终追求的发展目标则要形成"城市群"式的均衡发展。以中国现阶段经济社会发展的案例观察,"京津冀"一体化就是这一阶段必须优化顶层规划的典型。北京"大城市病"已非常突出,其周边的河北地区在全国范围内却在某些乡面甚至属于落后区，显然有协调化、均衡化的必要和可用空间。这一类型的顶层规划，应特别注重"网络"和"网状结构"这一概念的应用和落实。交通运输网络是"一体化"规划中的首要关键，地铁、公路、城际铁路等的供给全面跟进，能够实实在在地缩短附属中心与原城市中心之间的空间距离。就中国目前通信网络、物流网络已然近乎全面建立且正趋健全的状况看，是否能够如愿建立高速便捷的交通运输系统，落实到居民交通成本的降低，是"一体化"式顶层规划能够合意实现的必要条件。空间经济学和制度经济学原理所阐述的交易费用成本和红利，对于原本住在大城市的居民而言，红利是远远大于成本的。此外，就发展经济学所强调的发展和改革释放的红利而言，大城市的居民能够更快、更多、更好地享受，也是人口集中于大城市的重要原因。然而，对于人口已达2300万以上的北京市而言，城市运转中所面临的问题绝非再建几条环路可以解决，势必要突破现有格局，建立"大首都圈"，以北京市、天津市为点，以外围的河北省为一体，在顶层规划中疏解首都非核心功能，确立卫星城式的"副中心"所在地、所承担职能等等，在既有信息网络、物流网络的基础上，首先通过高速交通运输体系的落成提升"京津冀"区域空间上的整体性、缩短"副中心"、边缘区与主城中心的空间距离。与此同时，应当在"副中心"等区域全面落实国土规划、产业规划、功能区规划、公共交通规划、住宅区规划等一系列规划有机结合的顶层规划，完成新城建设。在这一点上，中国"京津冀"一体化进程其实颇具与巴西利亚建设相类似的优势，河北地区作为北京和天津两大直辖市的外围，一直以来发展相对落后，固安等连片开发的快速发展与原有开发不足直接相关，也显示了超常规改进的潜力，疏解首都非核心功能给出旧城改建的较大空间有利于科学、合理的顶层规划下城市群综合功能的实现。在新城建设的过程中则应当特别注重为未来发展预留动态优化的空间，同时可在预算约束线以内尽量高水平地加入对建筑设计规划、自然生态规划与人文保护规划的创新。

针对几大片工业化发达地区，应在着力推动产业结构转型、优化升级的过程中灵活掌握因地制宜的都市圈、城市群规划模式，以最大限度提升这些地区的辐射面，提振大都市圈以及大都市圈构成的城市群模式下聚合效应的产生。如前文所述，现代城市的产生和发展是生产力不断集聚的结果，城市在诞生伊始数量少，相互之间影响小，而随着城市自身规模扩大、数量增多，已形成或未形成都市圈的几个甚至更多数量的城市，在地理区位、自然条件、经济条件、贸易往来、公共政策、交通网络等多重作用因子下，会逐步发展形成一个相互制约、相互依存的统一体。中国目前较为典型的城市群包括沪宁杭地区、珠三角地区、环渤海地区等，这些区域已经形成的"一体化"态势，需在进一步发展中高水平制定区域层面贯彻总体发展战略的顶层规划，至少应把在区域内会产生广泛关联影响的产业发展、基础设施建设、土地利用、生态环境、公用事业协调发展等方面的规划内容有机结合。

供给侧优化实现、经济增长潜力活力释放与脱离"陷阱" 📌

以供给管理优化推动"规划先行、多规合一"的顶层规划的功能实现，至少能够从以下几个方面进一步激活中国经济的增长空间。第一，产业布局优化能够通过聚集效应提升要素投入产出效率。第二，城市承载能力的提升能够切实缓解城镇化中"城市病"因素的制约，一方面能够容纳更多生产要素的共存，另一方面能够给予相关生产要素之良性互动的合理空间，从而使全要素生产率的提升成为可能，比如主体功能区的合理配置、产业孵化园区的建设和高新科技的勃兴等。第三，"多规合一"能够消除"九龙治水、各自为政"的低效、不经济弊端，使要素安排更为合理，各项运转费用节省，制度运行成本降低，提升经济社会综合效率，并给予多元化观点碰撞带来创新以更大空间，以更好的环境条件允许市场机制和投资活动充分发挥作用，增进经济活力。第四，优化能源结构、减少资源浪费及减少代际负外部性。顶层规划能够有效促进能源资源使用结构和方式的优化，最大程度提升前瞻性并减少能源资源浪费来缓解发展中的能源、资源瓶颈制约，并降低代际间负外部性。最后，减少治理成本、缩小贫富差距及经济社会发展成本的降低。"多规合一"能够实现以更加良好的城乡一体化布局降低社会治理成本，并有助于缩小贫富差距，避免助推收入阶层固化，减少社会安全隐患，提升公民幸福感等，以最大程度提升供给体系的能力、质量和效率，减少经济发展中社会矛盾摩擦所带来的负面影响。

我国现阶段已经发展到工业化的中段，城镇化已然成为推动经济发展和经济增长的一个重要进程，加之中国人口众多、人口结构性问题突出、人口流动性问题凸显、"胡焕庸线"不可逾越，越来越多的问题其实都要浓缩在城镇化、都市圈、城市群的不断推进过程中去解决，而这里面的一个核心问题，就是顶层规划、多规合一，在吸收全球各大典范城市的经验以及失败城市教训的基础上，真正实现供给侧优化，释放出经济增长的潜力与活力，安顿好生产要素，激发全要素生产率，从而实现脱离"中等收入陷阱"！

参考文献

[1] ALEXANDER GERSCHENKRON: Economic Backwardness in Historical Perspective[M]. Harvard University press, 1962.

[2] ACEMOGLU DARON, SIMON JOHNSON AND JAMES A. ROBINSON, THE COLONIAL ORIGINS OF COMPARATIVES DEVELOPMENT: An Empirical Investigation[J]. American Economic Review, 91, 2001.

[3] ALESINA ALBERTO AND ELIANA LA FERRARA, Ethnic Diversity and Economic Performance[J]. NBER Working Paper No10313, 2004.

[4] ADB report. Energy Efficiency and Climate Change Considerations for On-road Transport in Asia[D]. 2006.

[5] BREZIS, PAUL KRUGMAN, TSIDDEN: LEAP-FROGGING IN INTERNATIONAL COMPETITION: a Theory of Cycles in National Technological Leadership[J]. American Economic Review, 83, 1993.

[6] BECK THORSTEN, ASLI DEMIRGUC KUNT AND ROSS LEVINE: Finance, Inequality and Poverty; Cros-Country Evidence[J]. World Bank Policy Research Working Paper, 2004.

[7] BOURGUIGNON, F. AND C. MORRISSON: Income Distribution,

Development and Foreign Trade: A Cross-sectional Analysis[J]. European Economic Review, 34, 1990.

[8] CLARKE GEORGE, LIXIN C.XU AND HENGFU ZOU: FINANCE AND INCOME INEQUALITY: Test of alternative theories[R]. World Bank Policy Research Working Paper, 2003.

[9] GALOR ODED AND JOSEPH ZEIRA: Income Distribution and Macroeconomics[J]. Review of Economic Studies, 1993, 60(1): 35-52.

[10] HOLDEN, PAUL AND VASSILI PROKOPENKO: The Financial Sector and Poverty Reduction in Developing and Transition E-conomies[R]. IMF Working Paper, Washington DC, 2001.

[11] JEAN-BAPTISTE Say, A Treatise on Political Economy (or the Production, Distribution, and Consumption of Wealth)[M]. Batoche Books, Kitchener, 2001, Part One: the Production of Wealth.

[12] KUZNETS SIMON: Economic Growth and Income Inequality[J]. The American Economic Review, 1955, 45(1): 1-28.

[13] MARION J. LEVY, MODERNIZATION AND STRUCTURE OF SOCIETIES: a Setting for international Relations[M]. Princeton University press, 1996.

[14] M.ABRAMJORITZ: Thinking about Growth[M]. Cambrige University press, 1989.

[15] R.VAN ELKAN: CATCHING UP AND SLOWING DOWN: Learning and Growth Patterns in an Open Economy[J]. Journal of International Economics, 41, 1996.

[16] RODRÍGUEZ FRANCISCO, The Policical Economy of LLatin American Economic Growth, World Bank's Global Development Network Research Project[D]. Latin American and Caribbean Economic Association(LACEA), 2001.

[17] ALEXANDER GERSCHENKRON: Economic Backwardness in Historical Perspective[M]. Harvard University press, 1962.

[18] ACEMOGLU DARON, SIMON JOHNSON AND JAMES A. ROBINSON, THE COLONIAL ORIGINS OF COMPARATIVES DEVELOPMENT: An Empirical Investigation[J]. American Economic Review, 91, 2001.

[19] ALESINA ALBERTO AND ELIANA LA FERRARA, Ethnic Diversity and Economic Performance[D]. NBER Working Paper No10313, 2004.

[20] BREZIS, PAUL KRUGMAN, TSIDDEN: Leap-frogging in international Competition: a Theory of Cycles in National Technological Leadership[J]. American Economic Review, 83, 1993.

[21] BECK THORSTEN, ASLI DEMIRGUC KUNT AND ROSS LEVINE: Finance, Inequality and Poverty; Cros-Country Evidence[D]. World Bank Policy Research Working Paper, 2004.

[22] BOURGUIGNON, F. AND C. MORRISSON: Income Distribution, Development and Foreign Trade: A Cross-sectional Analysis[J]. European Economic Review, 34, 1990.

[23] CLARKE GEORGE, LIXIN C.XU AND HENGFU ZOU: Finance and income inequality: Test of alternative theories[R]. World Bank Policy Research Working Paper, 2003.

[24] GALOR ODED AND JOSEPH ZEIRA: Income Distribution and Macroeconomics[J]. Review of Economic Studies, 1993, 60(1): 35-52.

[25] HOLDEN, PAUL AND VASSILI PROKOPENKO: The Financial Sector and Poverty Reduction in Developing and Transition E-conomies[R]. IMF Working Paper, Washington DC, 2001.

[26] KUZNETS SIMON: Economic Growth and Income Inequality[J]. The American Economic Review, 1955, 45(1): 1-28.

[27] MARION J. LEVY，MODERNIZATION AND STRUCTURE OF SOCIETIES：a Setting for international Relations[M]. Princeton University press，1996.

[28] M.ABRAMJORITZ：Thinking about Growth[M]. Cambrige University press，1989.

[29] R.VAN ELKAN：Catching up and Slowing Down：Learning and Growth Patterns in an Open Economy[J]. Journal of International Economics，41，1996.

[30] RODRGUEZ FRANCISCO，The Policical Economy of LLatin American Economic Growth，World Bank's Global Development Network Research Project[R]. Latin American and Caribbean Economic Association(LACEA)，2001.

［31］马克思，恩格斯 . 马克思恩格斯选集 [M]. 北京：人民出版社，1995.

［32］林毅夫，蔡昉，李周 . 中国的奇迹：发展战略与经济改革 [M]. 北京：格致出版社，1994.

［33］亚历山大·格申克龙 . 关于现代工业化的"前提"概念的反思，经济落后的历史透视 [M]. 北京：商务印书馆，2009.

［34］罗伯特·J. 巴罗，夏维尔·萨拉 – 伊 – 马丁 . 经济增长（第二版）[M]. 北京：格致出版社，2010.

［35］樊纲 . 论"国家综合负债"：兼论如何处理银行不良资产 [J]. 经济研究，1999.

［36］约翰·梅纳德·凯恩斯 . 就业、利息与货币通论 [M]. 北京：商务印书馆，1999.

［37］约翰·梅纳德·凯恩斯 . 精英的聚会 [M]. 南京：江苏人民出版社，1998.

［38］保罗·萨缪尔森，威廉·诺德豪斯 . 经济学（第十八版）[M]. 北京：人民邮电出版社，2008.

［39］西斯蒙第.政治经济学新原理[M].北京：商务印书馆，1964.

［40］大卫·李嘉图.李嘉图著作和通信集（第二卷）：马尔萨斯《政治经济学原理》评注[M].北京：商务印书馆，1979.

［41］马尔萨斯.政治经济学原理[M].北京：商务印书馆，1962.

［42］马克思.资本论[M].北京：人民出版社，2004.

［43］斯坦利·L·恩格尔曼.剑桥美国经济史，第三卷[M].北京：中国人民大学出版社，2008.

［44］保罗·克雷·罗伯茨.供应学派革命：华盛顿决策内幕[M].上海：上海人民出版社，2011.

［45］吴敬琏，丁守和，付利.经济思想家丛书：马尔萨斯[M].北京：中国财政经济出版社，2006.

［46］吴敬琏，丁守和，黄进.经济思想家丛书：李嘉图[M].北京：中国财政经济出版社，2006.

［47］吴敬琏，丁守和，吕静.经济思想家丛书：马歇尔[M].北京：中国财政经济出版社，2006.

［48］林伯强，牟敦果.高级能源经济学（第二版）[M].北京：清华大学出版社，2009.

［49］魏一鸣，焦建玲，廖华.能源经济学（第2版）[M].北京：清华大学出版社，2011.

［50］盛洪.现代制度经济学（第二版上卷）[M].北京：中国发展出版社，2009.

［51］顾钰民.马克思主义制度经济学[M].上海：复旦大学出版社，2005.

［52］苏京春.应重视供给侧的非竞争性要素[N].中国经济时报，2019-06-04(004).

［53］贾康，苏京春.发展中的股份制：以"重建个人所有制"的资本

社会化达成资本私有制的积极扬弃 [J]. 全球化，2019(04)：74—88+135—136.

［54］苏京春，许静 . 论经济增长中的非竞争性要素 [J]. 财政科学，2019 (03)：9—18.

［55］苏京春 . 建立新的供给响应机制是新动能形成的关键 [N]. 中国经济时报，2018-08-08(005).

［56］苏京春，武靖州 . 基于"新框架"的创新视角审思"供给侧"[J]. 中国经贸导刊 (理论版)，2018(14)：61-63.

［57］王溯之 . 试论国营企业自有资产的性质和归属——兼论国营企业混合所有制的可行性 [J]. 商业研究，1988—1.

［58］汪良忠 . 论混合所有制占主体的市场经济制度 [J]. 财经研究，1993（7）.

［59］梁稳根，谭均云，康就升 . 混合所有制企业探微 [J]. 求索，1993(2).

［60］倪吉祥 . 关于我国混合所有制形式的现状、问题和建议 [J]. 改革，1993（3）.

［61］晓亮 . 大有发展前景的一种所有制形式——混合所有制 [J]. 党校论坛，1993—11.

［62］朱东平 . 论混合所有制的经济合理性 [J]. 经济研究，1994—5.

［63］宋宁 . 我国混合所有制经济发展的现状、问题和建议 [J]. 经济评论，1994—7.

［64］朱东平 . 混合所有制下企业内部的最佳激励机制 [J]. 学术月刊，1994—9.

［65］李立 . 混合所有制是建立现代企业制度的途径之一，经济论坛 [J]. 1994—12.

［66］杨尧忠 . 关于"新的财产所有结构"问题的思考——评混合所有制与联合所有制之争 [J]. 荆州师专学报，1995（8）.

［67］樊纲，张晓晶 ."福利赶超"与"增长陷阱"：拉美的教训 [J].

中国经济改革研究基金会国民经济研究所研究报告.

［68］胡欣欣. 论战后日本经济增长的"高积累、低福利"机制 [J]. 日本学刊，1994，P1—12.

［69］屈锡华，王海忠. 经济增长中的社会福利指数模型 [J]. 经济研究，1995（5），P70—73.

［70］吴培新. 经济增长理论的突破性进展（上）[J]. 外国经济与管理，1995（4），P3—7.